SUMMERHILL

夏山學校

實驗教育百年經典，
愛、自由、與自主學習的實踐

A. S. 尼爾 Alexander Sutherland Neill
——著——

王克難／譯

目次

四十周年新版　出版緣起

遠流出版董事長　王榮文

一九八四年，在心理學家吳靜吉博士的領導策劃下，我們企圖雄大的推出《大眾心理學全集》，以「每本書都解決一個或幾個你所面臨的問題」為編輯概念，出版一系列既能對消極求安身立命的人有幫助，又可對積極在社會上求進步發展的人有用處的叢書。

四十年來，遠流大眾心理學叢書影響深遠，其中有些書源遠流長，不被時代淘汰，《夏山學校》即是其一。這本書原名《愛的學校》，由王克難翻譯、立志社一九六五年印行一版。我一九六七年就讀政大教育系時僥倖與它相遇，深受感動。「教育家當如是也！」

後來我經營出版，對這本好書念念不忘。策劃大眾心理學叢書時，跟吳博士建議納入此書。找到王克難，一九八四年重新上市，時移勢易，萬千家長、教師奉為圭臬，此書遂成為台灣實驗教育之先驅也。

如今《夏山學校》重出江湖，未曾見識尼爾辦學觀念的新一代家長、新一代教師，應當拭目以待。關心子女教養的父母、有志教育創新的青年，擁此經典，觀念長青！

推薦序

敞開一個空的空間

吳俞萱（詩人，民主教育工作者）

「我不想被我怕的東西綁住。」女孩說完這句話，我深吸一口氣，學著不怕她的堅毅。

女孩繼續說：「我很怕高，但怕高限制了我的自由，我必須突破它。攀岩最怕的就是忽然掉下來的那一刻，所以我每次攀岩，爬一爬就會先讓自己掉下去。習慣瞬間掉落的感覺，就不再害怕了。」

第一次看這個十七歲的女孩在野外攀岩，迅速抓握和踩踏，輕巧地轉換自己的重心，將身體持續拉升。當她登頂，隨即後仰，一路懸空降下。落地之後她又轉身，再次向上攀爬。

她突破了身體的局限，在反覆的自我磨練之中習得了將身體推到極限的知識。那動作的俐落來自專業，牢牢掌握了身體，也牢牢掌握了自由。那自由太美，令人暈眩。

她是我在全人實驗中學教過的學生。而我在那個學校遇見的每一個學生與校友，包含國際變裝皇后妮妃雅和無氧攀登世界高峰的登山家呂忠翰，他們內在的自由與責任感讓我驚醒——原來，揮霍自由，就是進入嚴厲清醒的自我規範。服從自己設下的紀律，愛著途中的所有困難，不拋棄自己對自己許下的承諾，這是追夢人的生命質地，也是民主教育如此堅持呵護的「人」的自然本性。

英國的夏山學校催生了台灣的第一所民主學校：全人實驗中學。而這幾年，我在美國、祕魯、保加利亞、德國的民主學校任教，這些學校也跟夏山的民主精神一樣，體現於「以學習者為主體」的課程設計、學生自行決定學習內容和節奏進度、師生直呼彼此的名字、隨時隨地進行平等的溝通和論辯、師生一人一票在每週「全校自治會」決議生活規範和學校運作制度。他們和夏山同樣熱切地探問：舊有的體制教育有什麼問題？理想的學校是什麼樣子？為什麼要給孩子自由？孩子如何「成為他自己」？

夏山學校的創辦人尼爾說：「我在普通學校執教多年，對一般教學方法也有相當的了解，我知道那種教育方法全是錯誤的，因為那些方法是以成人的觀念決定孩子應該怎樣成長和怎樣學習。」我在柏林民主學校的時候，曾問教師團：「德國的公立高中和民主學校有什麼差異？為什麼德國會出現民主學校？」他們說，批判性思考是德國每一堂課的主軸，但是，師生權力不對等，學生也沒有選課的自主權，所以，民主學校仍然是更好的教育模式，讓每一個孩子依據自己的意志來開展學習內容並深入探索，獲得源源不絕的學習動力。

自發的學習動力，帶來幸福。尼爾說：「幸福是怎樣獲得的？我的答案是：消除權威。讓孩子做他自己，不要教導他，不要教訓他，不要勉強他上進，也不要逼他做任何事。」在民主學校，孩子學英文沒有高於玩滑板，坐在教室沒有高於在球場廝殺，參與全校自治會沒有高於在樹下疊輪胎，討論社會年金制度沒有高於打電動，寫一張提案申請書沒有高於寫一張桌遊計分表，成人沒有高於孩子。

尼爾尖銳地指出：「我們的文明是不正常和不快樂的。我認為病根是出在家庭的不自由。小孩因頑固思想和仇恨力量而窒息。他們從搖籃時期就感受到窒息，被訓練得對生命說不，因為他們年幼的生命裡是一長串的『不』：不許吵鬧、不許手淫、不許說謊、不許偷東西，等等。他們也被訓練對一切生命發展的負面力量說『是』：尊敬長者、尊敬宗教、尊敬老師、尊敬古人的格言。不要發問——只許服從。」

夏山學校已經一百歲了，尼爾對社會的反省為什麼還沒過時？因為，我們「被自己害怕的東西綁住」：害怕未知，害怕冒險，擔憂孩子沒有競爭力，擔憂他們缺乏維生的專業，於是強加一套價值觀和意義系統在孩子身上，限制了他們的視野，讓他們不敢用自己的眼睛去看，而是順著成人焦慮和恐懼的目光去認識世界，活得茫然、虛偽和僵化。

究竟，要怎麼信任孩子，允許他們走向自身的自由，把「活著的權利」還給孩子？

有天，一個不進教室的十六歲女孩來到我的課堂。我問她，最近過得如何？她說：「我過得很空虛，一直問自己要幹嘛、在幹嘛，覺得人生沒意義。我並不真的『空虛』，因為我一直在感受『空虛』。空虛這個感覺讓我打開了覺知，我開始察覺生活的細節。恍然大悟很多忘了感謝的事。有人說生活裡藏著禮物，現在我每天一樣過得空虛可是我為了尋找每天的禮物而去注意生活裡面更小的細節。當我感謝日常中的大小事，生活就會給我更大的禮物。」

尊重孩子的流動，也尊重他們的靜止。為孩子敞開一個空的空間，就是讓他們從一無所有去追尋無所不在的生命意義。

不要害怕孩子超出我們的想像，我們應該慶祝他們突破我們的想像。我們孕育孩子，孩子孕育自己，我們要有足夠的信任和耐心，等待他們將自己一次次重新生下來，無所依憑，跟隨自己的心，學習承擔自由的限界，承擔自己和世界交往的倫理秩序，摸索一種親身試驗出的、每一刻鮮活不拘的愛。

吳俞萱 詩人，民主教育工作者。著有《交換愛人的肋骨》、《帶著故鄉行走》、《熱戀——邊界往返的信》等十一本書。旅居歐洲，持續創作。

推薦序
打造一個自由，自主與自治的教育環境

喬安娜（新竹瑟谷自學基地共同創辦人）

得知遠流出版公司要重新出版《夏山學校》，實在是太開心了，因為幾個月前我才在圖書館的漂書區發現這本書，書看到一半的時候不禁感嘆著：為什麼已絕版！

第一次聽到「夏山學校」是在將近二十年前，當時我正在人本教育基金會的森小師資培訓課程。剛接觸到體制外教育的我，明白了原來過去所接受的教育是多麼威權與不正義。但即使我對體制外教育充滿理想與熱情，對於夏山學校的學生可以選擇不上課，整天在校園裡四處遊蕩，仍然是無法理解與想像。小孩怎麼可以不用學？大人怎麼可以都不教？因為這個無法理解，我也就從來沒特別去找書來看。

誰想得到，二〇二三年，我和一群夥伴在新竹成立一個瑟谷模式教育的自學團體「新竹瑟谷自學基地」，而這個教育模式正是參考夏山學校的運作，甚至更強調孩子的自由，自主與自治。我們不主動提供課程，不告訴孩子他們需要什麼，讓他們自由發展，在生活中自然地進行學習。

就在我和夥伴們共同經營新竹瑟谷自學基地一年多之後，我終於和《夏山學校》相遇。因為有了在新竹瑟谷自學基地的經驗，再來對照尼爾在夏山學校的經驗，內心激動不已，彷彿有個前輩從一百年前來到我眼前，跟我說：「是的，這樣做是可以的。沒問題的。」

所以，這所百年前在英國所創立的學校，到底可以為現今的教育工作者帶來什麼樣的啟示呢？面對ＡＩ的挑戰，什麼樣的教育才是我們下一代需要的呢？

根據尼爾的孫子亨利（Henry Readhead）表示，當初尼爾在辦校時，心裡想的並不是孩子需要什麼樣的教育，而是**一個人的成長發展需要什麼**。他的教育目標是讓孩子健全的發展，而不是要想辦法讓孩子長成什麼特定的樣子。

經歷過體制內教學之後，尼爾認為，兒童發展唯一需要的是愛，一種無私的愛，不求回報的愛。而給予孩子這種愛的方式，就是給孩子自由，讓他們自由地發展。小孩不需要成人去告訴他，什麼才是重要的。小孩在一個自由的環境中進行探索，去跟世界互動，會因為這些互動進而引發思考，去實驗，去創造。當他自己真的很想要學會，內在的動機出現了，學習自然就會發生了。

在新竹琵谷自學基地的辦學過程中，我與夥伴們也曾討論過是否真的完全不要提供課程，等待孩子提出需求。其中一位夥伴說，其實孩子的眼睛是很銳利的，他們會在生活中觀察大人在做什麼，自然知道對自己來說什麼是重要的。以古典教育中最重要的3R：閱讀（Read）、書寫（Write）、算術（Arithmetic）來說，小孩的環境中四處都有文字，他們的生活中也充滿了金錢交易事件（各種購買的行為），他們怎可能會不知道識字跟算術的重要性？

如同尼爾在書中說的，辦一所讓兒童自由發展的學校，放棄所有的管訓、指導、約束，以及一切道德訓練，需要的不是勇氣，而是一個堅定的信念，相信孩子天生是善良的，而這個信念在夏山學校運作了四十年之後，也成了尼爾絕對的信仰。尼爾認為相信孩子天生就是聰明與現實的。只要大人不給予約束，小孩就會盡可能地發展他的潛能。

新竹琵谷自學基地的辦學夥伴們也抱持著同樣的信念看待團體裡面的孩子。在短短不到兩年的時間內，我們看到中班的孩子到了大班已經開始識字；從一開始對數字完全沒有概念到已經可以進行簡單的算術；低年級的孩子在獲得經濟自主權之後，從剛開始對於金錢毫無概念，一下子就花到口袋空空，到一年半後可以謹慎地評估自己手上的資源，在資源與想要之間取得平衡，可以不把錢花完同時又滿足地走出便利商店。

AI世代的孩子在未來將會面對什麼樣的挑戰，顯然不是我這一輩人能預測的。更何況，新世代的孩子所面對的各種應用媒體以及學習工具越來越多變，我不認為我有辦法跟孩子說，「你要學這個東西，因為這個對你的未來很重要。」因此，身為一個教育工作者，我認為保持孩子的好奇心以及探索世界的熱情，對人能產生信任，能夠掌握人際關係，學習如何學習，學習如何在跌倒之後爬起來，然後在看清楚之後，繼續往前等等，這些能力應該會比累積「知識」還要更重要。讓孩子發展成一個健全的成人，也是我的教育目標。

前述的這些能力，都是兒童在自由遊戲中會自然發展出來，而非大人能「教」出來的。我們大人能做的，是提供在這些過程中孩子所需要的情感支持與陪伴，在孩子有想做但自己還做不到的時候，提供孩子所需要的協助。孩子才是學習的主體，大人提供的只能是協助，不能僭越孩子的主體性。所以，孩子想學習什麼，用什麼樣的方式學習，什麼時候開始，什麼時候停止學習，都該由他們自己做決定。

辦學的第一年我曾有過憂慮和懷疑，孩子整天看著平板，整天遊戲，整天無所事事，這樣真的可以嗎？但是在讀過《夏山學校》之後，我更加理解了是什麼讓尼爾從信念變成絕對的信仰。今年是新竹瑟谷自學基地的第二年，我已經看到了孩子在這樣的環境中的轉變，他們變得更有自信，更加認識了解自己，也更知道如何表達自己的想法以及如何聆聽他人。他們能夠反思，能夠面對，修正自己的錯誤，變得更有韌性，有彈性，而且在關係中能夠如實真誠地對待彼此，無論對方是大人還是小孩。這些種種改變，只要親身經歷過，親眼見過，就很難不成為信仰。

再次感謝遠流重新出版《夏山學校》。我衷心期盼我們的社會有更多大人能夠願意放下自己對孩子的偏見與控制，好好地認識了解孩子的真實需求。孩子就是未來。未來不可預測，因此有無限可能。

喬安娜（**Lōa Só-êng**）在宜蘭鄉下出生，在同村共養、自由遊戲的環境中長大，長成了一個跨領域的自主學習者。年過半百，對生命與世界仍然充滿熱情與好奇。東海大學外文系畢業後，待過貿易公司，廣告代理商，後來轉做軟體專案管理方面的工作。二〇〇二年自籌經費前往英國，取得曼徹斯特大學資訊系統與管理碩士學位。回台後，進入荷蘭在台辦事處工作，深刻體驗到荷蘭社會中的自由、多元、創意與活力。二〇一二年正式成為獨立教育工作者，在新竹地區帶領共育支持團體。二〇二三年與夥伴共同成立新竹瑟谷自學基地。

推薦序

百年猶酷的《夏山學校》

葉丙成（無界塾創辦人）

有一所學校，在台灣做實驗教育的人，很多人都聽過它。也有許多爸媽是因為這所學校而選擇了實驗教育。它給了我們許多教育工作者很大的勇氣，去開創、去實踐我們心目中理想的教育。這所學校是在一百年前的英國成立，但它的理念與精神，即使放到今日ＡＩ時代，仍讓許多人驚艷。

這所學校，叫做「夏山學校」。

我是在創辦「無界塾」實驗教育的頭幾年，看到《夏山學校》這本書的。二〇一四年底，台灣通過實驗教育三法。那個時候也是我在台灣各地到處跟中小學老師宣講教學創新、翻轉教學理念講數百場演講的時候。為了不希望自己只是出一張嘴的講者，我認為應該要負責任地來實踐我們談的教育理念。於是在二〇一五年我創辦了「無界塾實驗教育機構」，成為台北市第一家涵蓋小學、國中、高中的實驗教育機構。我與一群充滿教育理想的夥伴們，一同打造我們心目中能把孩子培養成未來關鍵人才的教育。

辦過實驗教育的人，應該都會同意，最開頭的幾年是最痛苦的時候。因為真正的教育是需要時間醞釀發酵，才會在幾年後開花結果。補習可以在短期兩三個月就看到考試分數進步，但實驗教育沒辦法在兩三個月就改造一個孩子的身心靈。這時候如果家長沒能給更多時間去等待孩子的蛻變時，就會產生很大的焦慮，也會因此有許多質疑跟抱怨。那是任何辦學的人最痛苦的階段。

在當時的我們，堅信只要讓孩子有時間充分地探索之後，自然會找到自己的興趣跟動力在學習的道路上邁進。於是我們在無界塾設計了一系列需要數年時間引導孩子自主探索的制度跟模式。

但是每個孩子的步調是不一樣的，每個生命都有自己的節奏。有的孩子從一開始就很積極探索，但也會有一小部分孩子會有「耍廢」的階段，尤其是剛轉來的學生。這時候如果家長比較焦慮的，就會對學校有許多的質疑。即便我們跟家長說，這是正常的，孩子會在一段時間之後找到自己的方向，但因為新學校頭幾年沒有足夠的案例說服家長，很難讓這些家長安心，有的就轉學了。

那段期間，我們都壓力很大。深怕又被哪個家長抱怨或是轉學。雖然堅信我們的設計是對的、是有效的，但沒有幾年的時間看到孩子的改變之前，要如何讓爸媽們安心？被抱怨多了，我自己的信心也開始動搖了起來。

直到有一天，我看到了《夏山學校》這本書。我很驚喜地看到創辦人在書裡提到他們「自由發展」的理念，跟我們的理念一樣。看到他講的許多孩子的案例，都是在耍廢一段時間後，找到了自己學習的興趣跟動能。看到那些案例，我更加堅信所努力的方向是對的，也更有勇氣跟底氣堅持讓孩子探索自己興趣的制度設計。又比如說在看到書中提到夏山學校裡學生自治的做法，我也發現跟無界塾的許多做法相近。在這當中我得到許多鼓舞。

我還記得在看完《夏山學校》這本書的那個下午，讓我對我們所堅持的教育路線，又重新找回了堅持下去的信心跟勇氣。無界塾後來能持續發展做到相當成功，我要感謝那個讓我重拾勇氣的下午。

前幾天，剛好是無界塾的期末學生成果發表會。在我們無界塾高中畢業去念大學的四屆孩子們，回來跟我們聚餐。這些孩子去了大學，一個比一個還認真上課學習，有在清大拿書卷獎的，也有在創作、社團非常努力的，大家都有在自己領域有很棒的表現。這些孩子裡，有幾位都是中小學時曾有好一段耍廢歲月的孩子，但後來都在無界塾找到自己的路，現在在大學都表現極為傑出。如今我們不再依靠《夏山學校》書中的故事給我們勇氣，我們在十年的辦學歲月中，也看到了讓我們自己欣喜、感動、自豪的無界孩子們的成長案例，讓我們對自己的路更有信心跟勇氣。

雖然《夏山學校》這本書裡面談的許多觀念，不見得所有的人都認同。但這本書確實可以讓許多人打破習慣的思考框架，對教育開始有全新不同的思考。感謝《夏山學校》在過去一百年來，給許多對教育一樣充滿理想的人們，實踐教育夢想的勇氣。也希望這本書可以給你跟我當年一樣的勇氣，去實踐自己心目中理想的教育！

葉丙成 國立台灣大學數學系畢、美國密西根大學電機暨計算機科學系博士，創辦線上遊戲學習平台PaGamO、實驗教育機構BTS無界塾創辦人。二〇二四年就任教育部政務次長。

第一篇

夏山學校

「上課完全自由。孩子們可以上課，也可以不上，只要他們喜歡，他們可以終年不上課⋯⋯」世界上真有這樣的學校嗎？聽起來簡直不可思議！夏山學校的創辦人尼爾認為：「學校應適應學生，而非學生適應學校。」他以六十年的時間，實踐了這個突破傳統教育觀念的理想，終於證明「自由發展」的教育是行得通的，並且值得做！

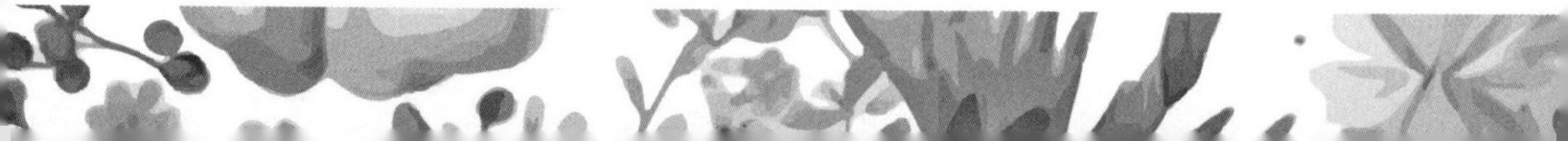

夏山的宗旨

這本書敘述一個現代學校——夏山（Summerhill）——的故事。它創始於一九二一年，校址在英格蘭東薩佛郡（Suffolk）的里斯敦鎮（Leiston），離倫敦約有一百哩。

稍稍介紹一下夏山的學生。有些孩子五歲就來了，有些則遲至十五歲才來。一般孩子在學校念到十六歲，我們通常有男生二十五名、女生二十名。

學生按照年齡分成三班，小班從五到七歲，中班從八到十歲，大班從十一到十五歲。學生之中有些來自英國以外的地區，現在（一九六〇年）我們有五個北歐學生，一個荷蘭學生，一個德國學生和一個美國學生。孩子們也按班級住宿，每班有保母一名。中班住在一幢石頭房子裡，大班則睡在茅屋裡，只有一兩個年紀稍長的學生有單人房間。男孩由二到四人共一間房，女孩也是一樣。宿舍裡沒有內務檢查，也沒人替他們整理，他們完全自由。同時，學生沒有規定的制服，他們可以在任何時間自由穿著任何衣服。

報章雜誌稱夏山為**放任學校**，暗示它是一群無法無天的野蠻孩子就讀的學校。因此我覺得有據實報導夏山的必要。我不免有點偏心，但我願意盡量將夏山的優點與弱點一併報導，它的最大優點是培養出生活未被恐懼與仇恨摧毀的健康自由的孩子。

不言可喻地，一個讓活潑兒童坐在書桌上學習多數沒有用的學科的學校是個壞學校。只有相信這種制度的人，只有一些沒有創造性的公民——他們需要一群馴服的、無創造性的，能適應今日以金錢定成敗的文明的子女——才認為這種學校是好學校。

夏山開始時是一所實驗學校，但現在已非如此，它已成為一所示範學校。因為它證實「自由發展」是行得通的。當內人和我創辦這所學校時，我們有一個基本的目的：**讓學校適應兒童**，而非使兒童適應學校。

我在普通學校執教多年，對一般教學方法也有相當的了解，我知道那種教育方法全是錯誤的，因為那些方法是以成人的觀念決定孩子應該怎樣成長和怎樣學習。在開始採用那種方法時，心理學還是一門無人知曉的科學。

所以我們決定辦一所可以使兒童自由發展的學校。為此，我們不得不放棄所有管訓、指導、約束，以及一切道德訓練與一切宗教教育。有人說我們勇敢，其實這並不需要勇氣，所需要的不過是一個堅定的信念，認為孩子天性是善良而不是邪惡的。四十年來，我們這一信念從未動搖，而且已成了絕對的信仰。我的看法是：孩子生來是聰明和現實的，假如成年人不給他約束，他會盡可能地發展他的潛能。從理論上說，在夏山凡有做學者的天份和志向者，就會成為學者；同時，只適合做清道夫的就會發展成清道夫，但至今我們尚未教出一個清道夫來。我說這話並不含任何勢利的意思，因為我情願學校教出個快樂的清道夫，也不願見它培養出一個神經不正常的學者。

夏山學校到底是個什麼樣子呢？首先，上課是自由的，孩子們可以上課，也可以不上，只要他們喜歡，他們可以連續好幾年不上課。學校確有課程表，但這只是給老師備課用的。

孩子們多半由年齡分班，有時也依其興趣而定。我們沒有新的教學方法，因為我們並不覺得教學方法本身很重要。一所學校採不採用特殊的多位數除法的教法並不重要，只有對那些想學多位數除法的人來說，多位數除法才重要，而且如果一個孩子**真的**要學它，不論什麼教法，他都能學會的。

從小班就進夏山的孩子一開學就欣然上課去，但從別的學校轉來的學生卻發誓他們再也不要上那些倒楣的課。他們在校內到處遊蕩，甚至於礙事，而絕不願意上課。這種情形有時要持續好幾個月，恢復愛上課所需的時間和他們對以前學校懷恨的程度成正比。最高紀錄是一個從教會學校出來的女孩子，她一直遊蕩了三年之久。一般孩子從怕上課到恢復與願意上課的時間是三個月。

對「自由發展」概念陌生的朋友，一定會想像小孩子如果想玩就可以整天玩遊戲的學校，該是個如何天翻地覆的地方，許多大人說：「假如我從前上了那種學校的話，我一定會一事無成。」又有人說：「當那些孩子要跟受嚴格訓練的孩子競爭的時候，他們就會發現自己太差了。」這使我想到傑克。他十七歲時離開此地到一家工廠上班。有一天人事主任找他談話：「你就是那個從夏山來的孩子嗎？現在你和從別的地方來的孩子相處之後，對夏山的感想如何？假如你現在可以再選擇的話，你願意去念伊頓（Eton，英國最好的貴族中學）還是夏山？」

傑克回答說：「當然是夏山囉！」

「什麼是夏山獨一無二的好處呢？」

傑克搔了一下腦袋。「我不曉得，」他慢吞吞地說：「我想是它給你一種絕對的自信心吧！」

「不錯，」人事主任不動聲色地說：「當你剛一進門時，我就發現了。」

「老天，」傑克笑道：「假如我真給你這種印象的話，你不會在意吧？」

人事主任說：「我就喜歡這樣。絕大多數人被我叫到這裡來時，都表現得手足無措，很不自然。你進來和我談話時，好像是和我平等的。哦，你剛剛說你想轉到哪個部門去？」

從這個故事我們可以看到，學問本身有時不如性格來得重要。傑克參加大學考試並未被錄取，因為他討厭讀書。他對蘭姆（Lamb，英國名作家）的散文和法語雖然一無所知，但這對他的生活並無妨礙，他現在已是一個很成功的工程師了。

然而孩子們在夏山也學到很多東西。也許我們十二歲的孩子不能和一般同年齡的孩子在學寫字、拼音或是數學分數上互爭長短。但只要需要創造力的考試，夏山這群孩子就遙遙領先。

學校裡沒有考試，但有時我們會為了好玩而考試，下面是幾個例子。

◆下面這些在哪裡——馬德里，星期四群島，昨天，愛，民主，仇恨，我的老虎鉗在何處？

（啊呀，這下可難回答了吧。）

◆給下面各字下定義（後面括弧裡數字表示要幾個答案）：

HAND（三）：只有兩個學生答出第三個答案來：測量馬匹高度的單位。

BRASS（四）：金屬之一種，面頰，陸軍高級官員和樂隊之一部分。

◆把《哈姆雷特》裡面著名的獨白「To-be-or-not-to-be」翻譯成夏山孩子們的用語。

這些考題顯然不是認真的，卻很討學生喜歡。在回答標準上，通常新生總是比不上那些已習慣了的舊生，並不是他們智力不夠，而是他們嚴肅慣了，因此任何諸如此類的玩笑都會使他們迷惑。

以上是我們上課輕鬆的一面。在所有班上，可以學的東西都很多。假如為了某種原因，一個老師不能按時授課的話，學生通常都會大感失望。

九歲的大衛，有次因百日咳不得不被隔離。他一直哭得十分傷心，他抗議說：「那我就不能上羅傑小姐的地理課了。」大衛差不多一生下來就進了我們學校，他對於必須留給他的功課有一套明確的觀念，他現在已經是倫敦大學的數學講師。

幾年以前，有人在學校大會（在會中，每個學生與教職員都有一票，以通過所有學校規章）上建議對犯規的人應該罰他一星期不准上課，其餘學生都抗議說這懲罰太嚴了。

教職員和我都衷心憎恨任何考試。對我們來說，大學入學考試是個緊箍咒。但我們不能拒絕教學生那些必修課目。只要考試制度存在一日，我們便不得不對它屈服。所以夏山的老師也都有教這些必修課目的準備。

很少學生要參與考試，只有那些想進大學的才想要。而這些學生應付考試似乎沒有碰到特別的困難。他們通常在十四歲左右開始用功讀書，大約經過三年便去參加考試。當然他們並不是每個人都一試即成，但重要的是，他們會再接再厲。

夏山也許是世界上最快樂的學校。這裡沒有逃學的學生，也很少有想家的學生；打架的很少，吵架雖難免，但極少有像我們小時候那種激烈的打鬥發生；我不常聽見學生哭，因為自由兒童比那些被壓制的小孩怨氣少得多。仇生仇，愛生愛，愛的意義就是贊同兒童，這在任何學校都是極重要的。假如你責罰或大罵孩子，你便不可能和孩子站在一邊。夏山的兒童知道成人是贊同他們的。

請注意，我們並非超人，我們也有人類的缺點。有一年春天我花了好幾星期種馬鈴薯，到六月，當我發現六株馬鈴薯被連根拔起時，相當冒火。但是我的生氣和一個專制者的生氣有別，我生氣只是為了馬鈴薯本身，而不是像專制者為了那種是非黑白的道德感而生氣。我並沒有說偷挖馬鈴薯是錯的，我沒有讓這件事變成善惡之事，我只表示那是**我的**馬鈴薯，**我的**馬鈴薯不該為別人侵犯。我希望我能把這一點解釋清楚。

讓我再換個方式講。對孩子來說，我不是個可怕的權威者，我和他們是平等的，我對馬鈴薯事件發脾氣，就和一個小孩的腳踏車輪胎被人放了氣而發脾氣一樣。當你和小孩平等時，你對他發脾氣是沒有危險的。

有些人要說：「這些都是廢話，學校不可能有平等。尼爾仍是上司，他大些，也知道得多些。」這是真話，我是上司，假如房子失火，孩子們都會跑到我這裡來。他們知道我大些，也知道得多一些；但這不相干，因為我和他們打交道是和他們站在平等的地位，就像「馬鈴薯」那種情形一樣。

當五歲的比利因我不在邀請之列而叫我離開他的生日宴會時，我馬上毫不遲疑地離開，就像當我不要他在我房間而叫他出去一樣。描寫這樣的師生關係實在不大容易，但每位訪問過夏山的客人都知道，我所說的理想的師生關係是什麼意思。他們可以從學生對教職員的一般態度看出來。化學老師陸先生是德雷克，其他教職員被稱為哈利、烏拉、柏姆，我是尼爾，廚子是愛絲德（都以名字稱呼，而非稱某某先生或老師）。

在夏山每個人都享有同等的權利，任何人不准亂彈我的鋼琴，我也不能未得孩子允許而用他的腳踏車。在學校大會上，一個六歲孩子投的票與我的票一樣有效。但是聰明狡黠的人士會認為，實際上只有成人的話才算數，六歲的孩子難道不會等你舉手再舉手嗎？我倒願意他們有時能這樣！因為我的提議被否決太多次了。自由兒童是不易受別人影響的，因為他們沒有恐懼，而無所恐懼是孩子所得能到的最大恩典。

我們的孩子不怕教職員。學校有條規定：晚上十點以後樓上走廊要保持安靜。有天晚上，差不多十一點左右，一場丟枕頭架在上面打得起勁，我放下我的筆，上去抗議。當我上樓梯的時候，聽見一片劈啪的腳步聲，走廊立刻變得鴉雀無聲。突然間我聽見一個失望的聲音在說：「啊！只不過是個尼爾。」於是亂丟亂鬧馬上又開始了。當我解釋說我正在樓下寫書時，他們表示關心，並且馬上同意停止吵鬧。他們剛剛匆忙躲藏，是以為我是他們同年的睡眠值星官前來檢查。

我要再強調他們對成人沒有懼怕心理的重要性。一個九歲的小孩會跑來告訴我說，他扔球打破了一扇窗，因為他知道那不會使我動怒。他也許要賠償那扇窗，但他不怕會被教訓或懲罰。

幾年前學校自治會解散，無人出來競選。我覺得機會來了，就貼了張佈告：「因為無政府，我因此宣告我為獨裁者，尼爾萬歲！」學校裡馬上就有怨言。下午，六歲的唯唯來找我說：「我把健身房一塊玻璃窗打破了。」

我揮手打發他走開，說：「別拿這種事來煩我。」他走了。

一會兒他又回來說打破了兩塊玻璃窗，這時，我很好奇，便問他在打什麼主意。

「我不喜歡獨裁者，」他說：「我不喜歡沒飯吃。」

（我後來發現反對獨裁者的氣出到廚子頭上，所以她關上廚房門回家去了。）

我問唯唯：「那你打算怎麼辦呢？」

「再多打爛些窗子。」他倔強地回答。

「好，再去打吧！」我說，他真的再去打了。

當他回來時，他宣布打破了七塊玻璃窗，但是他很正經地說：「你放心，我會賠。」

「怎麼賠法呢？」

「從我的零用錢裡扣下來，那要花我多久時間？」

我很快的計算了一下說：「差不多要十年。」

他看起來憂慮了一下，然後臉孔突然開朗起來。「哦，」他叫起來：「我不必賠。」

「但這是我的私人財產。」我說：「你不管那條私有財產的規則了嗎？」

「我知道，但現在沒有什麼私有財產規則了，現在沒有自治會。那是自治會訂的規則。」

也許我臉上那種表情使他加了一句：「不過，我還是賠就是了。」

他並不需要賠償。不久我到倫敦演講時提到這個故事，講完時，一個年輕人走上前來交給我一張一鎊的支票，「賠償那小子打破的窗子。」兩年之後，唯唯還在告訴人家他打破窗子的事和那個替他賠錢的人：「一定是個大傻瓜，因為他見都沒有見過我。」

當孩子不知恐懼為何物時，他們和陌生人很容易接觸相處，英國人的保守基本上就是恐懼。這也是為什麼最有錢的人也最保守。夏山兒童對客人和陌生人特別友善，是我和同仁最感驕傲的一點。但我們也必須承認，多數客人都是孩子喜愛的。最不受歡迎的訪客是老師，特別是認真到想要察看他們的圖畫和作業的老師。最受歡迎的是會講故事的人，傳奇和旅行故事非常受歡迎，航空故事尤甚。拳擊手或網球健將馬上會被包圍，但高談理論的客人則常常受到冷落。

客人常見的評語是他們不知誰是教員和誰是學生。那是實情，孩子們經常受到鼓勵，習慣於一視同仁的氣氛，因此尊師重道那一套便無用武之地了。教職員和學生吃得一樣，而且要遵守同樣的校規，同時學生也不願教職員有任何特殊的優待。

從前我每星期對教職員有一節「心理學」談話，有的學生埋怨說不公平。於是我改變計畫，使十二歲以上的都可以參加談話。每星期二晚上，我的房間裡擠滿渴盼聽講的小孩，他們不但聽，而且也常自由發言，應孩子們的要求，我的講題有：「自卑感」、「偷竊」心理學、「強盜」心理學、「幽默」心理學、「為什麼人會成為道德家」、「手淫」、「群眾」心理學。顯然地，當他們到社會上時，他們已對自己和別人有相當的認識。

訪問夏山的客人最常提到的問題是：難道孩子們不會反過來責備學校不教他們數學或音樂嗎？我的答案是：這代年輕的貝多芬或愛因斯坦不會甘心在自己專長的領域被埋沒的。

孩子應依他們自己的意志，而不該按照焦急的父母或自以為是的教育家的看法生活，所有家長與教師的關心和指導只會造成機器人的一代。我認為不可能只強迫小孩學習音樂或任何其他東西，而不把他造成沒意願的人。你把他們訓練成甘心情願接受**維持現狀者**——對於一個需要乖乖坐辦公室、站櫃檯、機械式的趕著八點半火車等人才的社會，這自然是件好事；只有由那些畏畏縮縮的小人物支撐，由一批嚇得要死的唯唯諾諾者支撐的社會，才需要這樣的人。

夏山一瞥

讓我來描寫夏山標準的一日。早飯從八點十五分到九點，學生與教職員自行將食物從廚房拿到餐廳。九點半上課時床舖應該已整理好。

每個學期開始時，每位老師都公布一張時間表，德雷克的實驗第一堂在星期一，第二堂在星期二等等。我的英文和數學也有一張時間表，摩理斯教的地理與歷史也是一樣。年紀小的學生（七至九歲）上午經常和他們的老師在一起，但他們也到科學館或美術室上課。

沒有學生是被強制上課的。但是，如果吉姆自星期一來上過英文之後，直到下星期五才見人影時，其他學生便會怪他影響全班課程進度，他們可能因此不准他上這堂課。

課一直上到下午一點，但是小班和中班學生在十二點半吃中飯。學校開兩次中飯，教職員和大班生在一點半吃。

下午全部是自由活動。我不知道孩子們整個下午做些什麼。我自已則種菜，但很少看見附近有學生。有時我看到中班學生在玩官兵捉強盜，大班學生則忙著搞機器、無線電、製圖和圖畫。天氣好的時候，大班生在戶外遊戲，有的則在工藝室裡修腳踏車、造船或造玩具手槍。

下午茶是在四點鐘開始。從五點起便有不同的活動，小班生喜歡聽別人講故事，中班生喜歡在美術室工作，畫圖、剪花紙、皮工、編籃子等，通常總有一批大班生在忙著做陶器。事實上，不論早晚，陶器都引起學生的興趣，年紀大的孩子從五點一直做下去。木工室和金工室每晚都是滿滿的。

星期一晚上，學生用父母給的零用錢去看電影，星期四換片子時，那些有錢的又會去。星期二晚上，教職員和大班學生聽我講心理學，同時小班生有不同的讀書小組。星期三晚上是舞蹈之夜，跳舞唱片是從一大堆唱片中選出來的，孩子們個個都是跳舞能手，有些訪客說他們跳得都遠不如學生呢！星期四晚上沒有特別節目，大班生到里斯敦或奧德堡（Aldeburgh）看電影。星期五晚上是留著派特別用場，像排演話劇等等。星期六晚上是最重要的晚上，那是「學校大會」開會之夜，會開完後，通常接著跳舞。冬天，星期六晚上是演戲之夜。

工藝課沒有時間表，木工也沒有規定的時間。孩子做他們自己願意做的。他們願意做的幾乎總是玩具手槍、長槍、船或風箏，他們對精細複雜的木工不大感興趣，連年紀較長的孩子也不願做複雜困難的木工。很少有幾個學生對我的嗜好——打銅器——感到興趣，因為你不能對一個銅盆有太大的幻想。

天氣好的日子，你也許看不見夏山這群男孩，他們在校園遠處撒野造反。但你會看到女孩子，她們總在房子附近，不常離開大人太遠。

你會常發現美術室滿是女孩在畫圖，和用線、布做多彩多姿的手工藝。大致來說，我認為男孩子比較有創造性，至少我從未聽見男孩說他因無事可做而感到無聊，但有時卻聽見女孩子如此說。

也許我發現男孩比女孩更有創造性，是因為這所學校的設備比較適合男孩子的緣故。十歲以上的女孩子很少用鐵工室或木工室，她們提不起勁玩機器，對於電器或無線電也沒有興趣。她們有自己的工藝課，包括陶器、剪油紙塊、畫圖和縫紉，但這對一些女孩子來說還是不夠。男孩和女孩一樣喜歡烹飪，並自己編導戲劇和設計服裝與佈景。一般說來，學生的表演才能達到很高水準，這是因為他們演得真而不賣弄。

女孩似乎和男孩一樣常去化學實驗室，工藝室大概是唯一不吸引九歲以上女孩的地方。

女孩對於學校的各種集會不如男孩積極，對這現象我沒有很好的解釋。

直到幾年前，女孩子到夏山都來得較晚一點，我們有許多從教會學校來的「問題學生」，我從未覺得這樣一個孩子是自由教育的真正代表，這些晚來的女孩的父母大都不知自由的真諦，如果知道，他們的女兒就不會有問題。女孩們在夏山糾正好之後，馬上就被父母送到一個「能受教育的好學校」。但近幾年來有些家長因為依賴夏山才送他們的女兒到這裡來，那些都是一群很好的，充滿創造力與進取心的女孩子。

我們偶爾會失去一些女孩子，那常常是父母家庭經濟拮据，而又要讓她們的兄弟繼續讀昂貴的私立學校的關係，重男輕女的舊傳統仍很難消失。父母妒嫉心也曾使我們失去一些學生，那些父母擔心孩子把忠於家庭的心都轉向學校。

夏山至今仍有經濟上的困難，只有極少數的父母會有耐心和信心把他們的小孩，送到一個以遊戲作為代替書本的方式之一的學校來讀書。父母一想到孩子到二十一歲也許還不能自立謀生時，便會感到恐懼。這是一種理想的情形，因為從前曾有些老頑固在絕望的情形下把兒子送來這裡，這種父母對兒童的自由毫無興趣，私底下他們也許認為我們是一批瘋子。對那批老頑固很難講道理的。

我想起一位軍界人士想送他九歲兒子來這裡上學。

「這地方看起來還可以，」他說：「但我怕一件事，我的孩子在這裡也許會學到手淫。」

我問他為什麼怕這件事。

他說：「那會對他有很大的害處。」

我客氣的說：「可是手淫對你並沒有多大害處，是不是？」他帶著他的孩子拂袖而去。

還有一位貴婦，向我問這問那，問了一個小時，然後向她丈夫說：「我不能決定讓不讓瑪琪來這裡上學。」

「別費心了。」我說：「我已經替你決定了，我不收她。」

我不得不向她解釋我這話的意思，我說：「妳並不真正相信自由。假如瑪琪來這裡的話，我也許要花半輩子工夫向你解釋自由是什麼，到最後你還是不會相信。那結果對瑪琪是有毀滅性的，因為她將面對一個可怕的疑慮，誰是對的，家呢？還是學校？」

最理想的家長，是那些來這兒之後說：「夏山是我們孩子該來的地方，沒有別的學校可以代替它。」

當我們開始辦這所學校時，真是困難重重。我們只能收留中等以上家庭的兒童，因為我們收支一定要平衡，我們沒有富翁做後台。學校早期曾有一個堅持匿名的捐助者幫我們度過一兩次難關，後來也有位家長贈送我們一筆厚禮——一間新廚房、一座無線電、擴建小木屋和一間新工藝室。他實在是個理想的捐助者，因為他沒有條件，也不需任何報答，他只簡單地說：「夏山給了我的吉姆我想要給他的教育。」這位先生是真正相信兒童自由的人。

我們一直不能收受窮苦人家的孩子，而只能收受中等家庭的孩子，實在是件憾事。有時假如兒童有太多的錢或貴重衣服，他們的真性便不易看出。當一個女孩知道在她二十一歲生日時會得到一筆相當數目的金錢時，她的本性就不太容易了解。幸好絕大多數夏山的孩子，現在的和過去的，都未被金錢寵壞，大家都知道離開學校後必須自立謀生。

在夏山，我們從鎮上雇來一些不住在學校的女工。她們是一些肯做事又做得好的年輕女孩，在一種因為沒有人管她們的自由環境中，她們做得比那些受命做事的更勤快更好。無論從哪方面來說，她們都是頂尖兒的好孩子，我常因為她們生來窮苦就非努力工作不可而感到慚愧。我不得不容忍那些連鋪床力氣都沒有的富家小姐，雖然我必須承認自己也討厭鋪床，我那並不漂亮的藉口是：我要做的事太多。但這並不能說服孩子，他們嘲笑我：大材而不能小用。

我一再提到夏山的成人並非聖賢，我們並沒有比別人高明到哪裡去，而我們的人性弱點也常與我們的理論衝突。一般家庭如果孩子打破一只盤子，父母通常會教訓孩子——盤子變得比孩子更重要；在夏山，假如女工或孩子打破一只盤子，我不作聲，我內人也不會有意見。意外就是意外。但是假如那個小孩把借去的書扔在雨裡淋，我內人就會生氣，因為她極重視書本。在這種情形下，我個人則不在乎，因為我對書本並沒多大興趣。但從另一方面來說，我看到一隻被弄壞的鉗子會不高興。我重視工具，而工具對她來說並不值什麼。

在夏山，我們的生活永遠是在「付出」。客人比小孩更為累人，因為他們也要我們付出，也許「施」比「受」更有福，但是顯然付出是很累人的。

兒童與成人的衝突在星期六晚上學校全體師生大會上便顯現出來了。這是極其自然的。因為假如大人和小孩聚在一起，每個人為了完全遷就小孩而犧牲一切，一定會把他們寵壞。於是成人抱怨說，假如高年級學生上床以後還繼續吵鬧，他們便不能入睡。哈利訴苦說，他花了一小時工夫為前門做了塊木板，出去吃中飯，回來發現比利把那塊木板改成書架。我控訴那些借了我的焊接工具而不還我的男學生。我內人則埋怨三個小班生晚飯吃過以後說他們又餓了，拿了麵包和果醬回去，結果第二天早上麵包都扔在走廊。彼得傷心地報告說，一群孩子用他珍貴的黏土在陶器室互丟玩鬧。因此成人的價值觀和孩子的年幼無知一直不斷地起衝突，但這種衝突對事不對人。老師對學生個人毫無惡感，而且夏山的衝突也是有活力的。這裡永遠有事發生，整年沒有一天是無聊的。

幸好教職員都很大方，雖然我承認我花三磅買了一罐特級油漆，而後發現一個女學生拿去漆舊床架時，心裡的確不是滋味。我對我的車子、打字機和我工作室的工具也相當不大方，但我對人沒有占有心。假如你對人有占有心，就不應該做老師。

在夏山，損壞東西是一種自然行為。這種行動可以用高壓手段控制，但心理力量的損耗卻不能以任何方式壓制，因為兒童有此需要，而且也必須使他們滿足。通常，每天孩子們來問問題不下五十次之多。「今天晚上該去看電影嗎？」「為什麼不和我個別談話？」「你看見潘慕沒有？」「愛拉在哪裡？」

一天的工作就是這些，但我不覺得有任何辛苦，雖然我們沒有真正的個人生活。部分原因是這房子不適合學校——這是成人觀點，因為孩子就住在我們頭頂上。一學期結束了之後，內人和我都精疲力竭。

學校值得贊揚的是教職員同仁很少發脾氣。孩子們也一樣，他們實在可愛。假如一個小孩可以自由做自己愛做的事，他通常不會有怨氣。他不會故意惹大人生氣以取樂。

我們有位女老師對批評非常敏感，女學生就常開她玩笑。他們不會開任何其他教職員的玩笑，因為別人不會有反應。你只能嘲笑那些好面子的人。

夏山的孩子也和別的孩子一樣具有侵略性嗎？每個孩子都有一些拓展世界的傻勁。不自由的孩子表現出過度的侵略性，是過度反抗別人對他們表示的恨。在夏山沒有小孩覺得大人恨他，他們自然不需要侵略心。夏山所有挑釁的孩子永遠是從一些沒有了解和愛的家庭出來的。

我小時候曾在一間鄉村小學讀書，打得流鼻血是司空見慣的事，一週至少一次。強悍的打鬥是由恨而來的，充滿恨的孩子需要打鬥。當孩子生活於一個沒有恨的環境中時，他們就不會再表現恨了。

我想佛洛伊德學派之所以如此強調人類的侵略心，是因為他受當時一般家庭情形的影響。你不能用一隻鎖住的狗研究狗的心理學，也不能在人性受到長期的恨和生命的枷鎖的束縛下研究人類心理學。我發現在夏山的自由環境中，侵略心不會像在那些嚴格的學校裡那麼明顯。

但在夏山，自由並不是否定一切常識。我們對孩子採取一切可能的安全措施。每六個孩子必須有一個救生員，才准許在海中游泳。十一歲以下的孩子絕不許單獨在街上騎腳踏車。這些都是小孩子自己定的規章，並經「學校大會」通過的。

但我們對爬樹沒有任何限制。爬樹是生活教育的一部分，假如防止一切的危險，會使孩子變成懦夫。但我們不准他們爬屋頂，不准他們用氣槍或其他可以傷人的武器。當孩子們突然用木頭刀亂打時，我總是很著急，我堅持木刀頭上一定要包上橡皮或布。但即使如此，當這陣瘋狂勁兒過去之後，我會特別輕鬆。面對現實的小心和無謂的焦急，兩者的界線是不易劃分的。

在學校裡，我從來沒有特別寵愛的人。當然，我對某些人難免有偏愛，卻盡力不表現出來。也許夏山的成功在於孩子覺得他們都被一視同仁，受一樣的看待和重視。我也怕校方對小孩太感情用事，我們太容易把鴨子看成天鵝，或者把一個會塗幾筆的小孩看成未來的畢卡索。

在我教過的大多數學校裡，教員辦公室就像勾心鬥角、仇恨和嫉妒的地獄一樣。我們的教員辦公室是個很快樂的地方，在這裡看不到其他地方習見的仇恨。在自由的氣氛中，成人和孩童得到一樣的快樂與和諧。有時一個新來的教職員對新環境和小孩們反應會一樣，他也許會不刮鬍子，早晨賴床，甚至犯校規。可幸的是，他們跳出這些癖性所需的時間比小孩要短得多。

每隔一星期的星期天，我為孩子講些以他們自己為主角的冒險故事。多年來都是如此。我曾帶他們去遙遠的非洲、海洋的底處，以及無際的天空。不久以前，我講故事說我死掉了，夏山便由一個很嚴厲的名叫墨勒的人接收，他強迫學生上課，學生只要一說「去你的」就要挨頓揍。我描述學生怎樣溫順地服從他的命令。

那些三到八歲的孩子聽了非常生氣：「我們才沒有呢。我們統統逃走，我們用鎚子敲死他，你想我們能忍受這樣的人嗎？」

最後，我發現只有再活過來把墨勒先生踢出校門，才能大快人心。聽故事的小孩都是小班生，而且從來沒有受過嚴格教育，但他們的反應和憤怒是自動自發的。一個教師不和他們站在一邊的世界，對他們來說是可怕的，並不只是因為他們在夏山的經驗，家裡的經驗也是如此，爸爸媽媽也都是站在他們這一邊。

一位美國的心理學教授來參觀時，批評我們學校是一座孤島，未能與社區融合，也不是一個較大社會的一個單位。我的回答是：假如我在一個小鎮上設立一個學校，試著把它變成當地的一部分，後果如何呢？一百個家長中有百分之幾會贊成自由上課？有幾個會允許小孩手淫？如果要使夏山變成社會的一部分，我一定得和現實妥協。

夏山是一座島，它也必須是一座島。因為學生和父母離得很遠，甚至有些在外國。因為不能把所有的父母都聚在里斯敦，夏山不能成為里斯敦的文化、社會生活與經濟的一部分。

我必須即刻說明，我們這個學校對里斯敦並非孤島。我們與當地居民有接觸，我們友善相處，但基本上我們不是那個社會的一部分。我從來不會想讓當地報紙登載我們的老學生成功的故事。

學生有時和當地小孩在一起遊戲，但是我們的教育目標和他們的大有距離。我們沒有宗教，所以也不屬於鎮上任何宗教團體。假如夏山是鎮上一部分，它便有義務給學生宗教教育。

我深深感到我的那位美國朋友並不了解他批評的真義是什麼。我想他的意思是：「尼爾只不過是一個反抗社會的叛徒，他的制度不能使社會變得更和諧，也不能溝通兒童心理學與社會對兒童心理學的漠視之間、生命與反生命之間，以及社會與家庭之間的鴻溝。」我的回答是：我不是一個積極的社會改革者，我只能對社會宣揚它如何需要除去它的仇恨、懲罰與迷信。雖然我將我對社會的想法寫下和說出來，但是如果我以行動改造社會，社會就將像對付人民公敵似的把我宰掉。

舉例來說，如果我試著創造一個社會，其中所有的少年都可以過他們自由的性愛生活，那我就成了不道德的引誘青年的罪人，即使未能入罪也會名譽掃地。儘管痛恨，我也不得不在此點上妥協，因為我知道我最重要的工作不是在改造社會，而是為少數孩子帶來幸福。

夏山教育和一般教育的比較

我相信生命的意義在追求幸福，在尋找興趣。教育是人生的預備，我們這樣的文化不算成功，我們的教育、政治和經濟都領著我們走上戰爭的道路。我們的醫藥無法完全征服疾病；我們的宗教沒有消除高利貸和搶劫；我們鼓吹的人道主義依然同意野蠻的打獵。時代的進步只是機械的進步——無線電、電視和噴射機的進步。今日的世界，戰爭威脅日增，因為人類的社會良知還是極為原始。

假如喜歡發問，我們可以問問下列難答的問題：為什麼人類好像比其他動物有更多的病？為什麼人類在戰爭中互相殘殺而其他動物卻不？為什麼癌症日日增加？為什麼有那麼多自殺案件？那麼多瘋狂的色情犯罪？為什麼有反猶太主義？為什麼恨黑人、私刑黑人？為什麼有恨與憎？為什麼性是猥褻和低級趣味？為什麼私生子是社會的恥辱？為什麼當世界早已失去愛、希望和慈悲後，宗教還繼續存在？為什麼……一千個關於我們這虛浮文明社會的為什麼！

我問這些問題，因為我的職業是教師——和小孩打交道的職業。我問這些問題，因為老師經常討論關於學校課程的問題常是無關緊要的。我要問，討論法文和古代史有什麼好處？它們的價值和人生重要的基本問題——追求幸福——比起來是微不足道的。

我們的教育中有多少是真的有價值的？真能讓孩子表現他們自己？工藝大都是在一個專家

監督下依樣畫葫蘆。即使以遊戲指導聞名的蒙特梭利（Montessori）制度來說吧，那種方式只是使孩子造作的從做中學習，並無創造性。

在家裡，孩子永遠居於被動地位。每一個家庭中至少有一個長不大的成人，會自告奮勇教湯姆怎樣玩他的電動火車。當搖籃裡的嬰孩想看牆上的東西時，一定會有人抱他起來。有誰覺得每次我們教小湯姆怎樣玩他的玩具時，我們便是在剝削他的生命中最大的快樂——發現的快樂和征服困難的快樂——呢？我們讓孩子相信他們不行，必須依賴大人幫忙。

父母不能了解學校裡書本是多麼不重要。小孩和大人一樣，只學得會他們喜歡學的東西。所有的獎品、分數和考試都妨礙正常性格的發展，只有書呆子才主張唯一的教育是從書上得來的。

書本是學校中最不重要的一部分，所有學生需要的只是讀、寫、算，其餘應該有的是工具、泥巴、運動、戲劇、圖畫和自由。對大多數的青少年而言，學校課程不過是在浪費時間、精力和耐心，它剝奪孩子們最重要的權利——玩耍，製造出一批小老頭。

在師範學院或大學裡對學生講課時，我常常對這些滿腹無用知識的青年男女感到驚訝。他們知道的很多，辯論對答如流，古文出口成章，但他們對人生的看法卻幼稚如嬰兒。他們只被教給怎樣**了解**，但未學到怎樣**感覺**。這些學生很友善、和氣和熱心，卻缺乏情感因素，和使思想臣服於情感的能力。我介紹他們一個他們陌生的感情世界。一般教科書很少提及人性、愛、自由或自由意志。這種教育制度如果繼續下去，只會使知識與感情繼續分離。

挑戰僅傳授知識的教育制度的時候已經到來。雖然學生應該學數學、歷史、地理、一些科學、一點點藝術和不可或缺的文學已成定論，但我們也應該知道，普通小孩對這些科目都不甚感興趣。

我由夏山每一個新生那裡都得到證明。當他們知道學校是自由的，每個人都雀躍不已，「哈！哈！你不會逼我做無聊的算數和其餘那些功課了吧！」

我並不是不重視讀書，但讀書應該放在遊戲之後。學校也不應該以遊戲方式使讀書更誘人。

讀書的重要性雖然是不可否認的，但也要看人而定，行行出狀元。尼金斯基（Nijinsky，俄國著名芭蕾舞星）在聖彼得堡，起初考試成績不佳而不能參加國家芭蕾舞團。他就是學不會一般課程，因為他根本心不在焉。幸虧後來有人作弊把答案和試卷一起給他——至少他的傳記上是這麼寫的。假如尼金斯基因考不取而不能學芭蕾的話，對世界該是多麼大的損失啊！

有創造才能的人，因為要替他們的才能和天份找一種適當表現的媒介才去學習。我們真不知道有多少創造才能，在以讀死書為重的教育制度下犧牲掉了。

我看見過一個每天晚上為幾何哭的女孩子。她媽媽希望她進大學，但這女孩全心全意要在藝術上求發展。她已經第七次落榜了，但我為此感到非常高興。也許她母親這下子能遂了她的心願，讓她去演戲。

不久以前，我在哥本哈根遇見一個十四歲的女孩，她曾經在夏山待過三年，而且講得一口流利的英語。「我想妳在妳們英文班上是第一名吧？」我說。

她做了一個鬼臉。「不，我是最差的，因為我不懂英文文法。」她說。我想這句話是成人所謂教育的最佳寫照。

那些沒有熱情的學生在訓練之下念完大學，而將來成為沒有想像力的老師、平庸的醫生和無能的律師。他們本來也許是上等的技工、頂呱呱的泥水匠或第一流的警察。

在夏山，我們發現差不多到十五歲才能專心或願意念書的孩子，幾乎都是對機械有興趣，而且以後會變成好工程師或電機匠；我不敢勸從不讀書的女孩上課，尤其是數學和物理這兩門課。因為她們常常花許多時間做女紅，有些後來便做縫紉或設計工作。讓一個適合做裁縫的人學習不等方程式或波以耳定律的課程，實在荒唐。

卡德威爾・庫克（Caldwell Cook）寫了一本書，叫做《遊戲方式》（*The Play Way*），他提到自己怎樣以遊戲的方式教授英文。那本書極有趣而且內容豐富，但是總覺得不過是一種新的鼓吹學習至上的方式而已，庫克認為學習是如此重要，因此不惜在學習的苦藥上加以糖衣。他認為除非小孩學得到東西，否則他就在浪費時間，這種看法是道枷鎖——一個困住成千盲目教師與督學的枷鎖。五十年前教育的口號是「從工作中學習」，今日的口號是「從遊戲中學習」。遊戲因此成為一種達到目的的手段，要達到什麼好目的，我實在不知道。

假如一個老師看見小孩玩泥巴時，不准他玩而訓以河岸會因此決堤的大道理，他的目的何在？哪個小孩會關心河岸決堤？有些所謂的教育家認為只要小孩受教育，不管教的是什麼。當然今日一般學校與大量生產的工廠並沒有分別，教師除了教學，然後相信教學本身是最重要的以外，又能做些什麼呢？

有一次，我向一群教師演講，開始時我說將不討論課程和教學方法。聽眾聽得很入神，達一小時之久。完畢時大家誠心鼓了一陣掌，主席接著說我已準備回答問題。但至少四分之三的問題是關於課程和教學方法。

我不是在炫耀自己。我只是痛心地指出教室的牆壁像牢獄一樣的建築，如何限制教師的視野，而使他不能看清楚教育的真義。他只教育了孩子的頭腦，卻忽略了極重要的感情領域。

我希望年輕的老師能興起一個大的新教育運動。因為當今的高等教育無法招架社會的罪惡。一個受過教育的精神病人和一個未受過教育的精神病人沒有任何不同。

所有的國家——資本主義國家也好，社會主義或者共產主義國家也罷——都有一套極完備的教育制度來教育年輕人；但是最完備的實驗室或工藝室都不能幫助約翰、彼得和伊凡超越社會罪惡——那些由父母、教師和近代文化的摧毀性所造成對感情的傷害。

夏山的畢業生

父母對未來的恐懼，對孩子的健康常常具有負面的影響。這種恐懼不時表現在父母願望中，他們期望孩子比他們學得更多。這樣的父母不讓小威利想讀的時候才學習閱讀，他們怕如果不加督促，孩子就會一事無成。他們也等不及讓孩子照自己的速度發展生長。他們常問：「假如我的兒子十二歲還不認得字，他一生還有什麼指望呢？假如他十八歲考不取大學，他除了當工人還有什麼事好做？」我卻已學會如何等待和觀察一個沒有進步或進步很少的小孩，我從不懷疑如果他不被摧殘或傷害的話，他將會有成功的一天。

當然一些勢利眼會說：「哼！你說做司機是成功的！」我個人對成功的認定是：**能快樂的工作和積極地生活**。依這定義而論，絕大多數夏山的學生都生活得很成功。

湯姆五歲時來夏山，十七歲離開，在這段期間他一堂課也沒上。他把所有的時間都消磨在工藝房裡做手藝，他的父母為他前途憂慮萬分。他對讀書從來沒有過一點興趣。但在他九歲時某一天晚上，我發現他在床上看《塊肉餘生記》（*David Copperfield*）。

「喂，」我說：「誰教你看的？」

「我自己教自己。」

幾年以後，他來問我：「你怎麼加 $1/2$ 和 $2/5$？」我告訴他，然後問他要不要再知道多一點。「不要了。謝謝。」他說。

後來，他找到一份在照相館洗照片的工作。當他還在做學徒時期，我在一個晚宴場合上遇見他的老闆，我問他湯姆工作得如何。

「他是我雇用過的孩子中最好的一個。」老闆回答說：「他從來不用走的——永遠在跑。週末時，他讓我們很頭痛，因為即使星期六和星期日，他都不肯離開照相館。」

傑克不能認字，沒有人能教會他。即是他自己想學，也不知為什麼，總有許多字音分辨不清。他離開學校時十七歲，還不會讀。現在傑克成為工藝專家，他的特別愛好的是金屬品。他現在已經能讀，據我所知，他只能讀與機械有關的雜誌和偶爾念念心理學。我想他從未念過一本小說，但是他說得一口標準的英語。從前有一位不知傑克底細的美國客人對我說：「傑克真是個聰敏的孩子啊！」

黛安是一個樂天但對書本沒興趣的女孩，她不是念書的材料，我一直懷疑她將來要做什麼。當她十六歲離校時，任何督學都會說她沒有受好教育。今天，黛安在倫敦介紹一種新式烹飪。她也成了專家，更重要的是，她對她的工作**非常滿意**。

有一家公司要求所有職員必須通過標準大學考試，我替羅勃向公司寫的推薦信上說：「這位青年並未通過任何考試，他不是讀書人，但他有勇氣。」羅勃得到了那份差事。

十三歲的新生雪菲告訴我，她討厭所有的科目，當我告訴她如果不想上課就不必去時，她高興得叫了起來。但在逍遙一陣子後——幾個星期內她的確很高興——我發現她生活得很無聊。

「教我些東西，」有一天她說：「我無聊死了。」

「好！」我很高興的說：「你要學什麼呢？」

「我不知道。」她說。

「我也不知道。」我說完就走開。

幾個月過去了，她又來找我：「我想參加大學入學考試，」她說：「我要你教我。」

每天早晨她和我和其他教師上課，她念得很好。但她曾私下告訴我說那些科目她並不感興趣，不過她的目標使她有興趣。雪菲因可以做自己而發現自己。

有趣的是自由兒童對數學有興趣，也在歷史和地理中找到興趣。他們只選擇自己喜歡的科目念。剩下來的大部分時間都花在其他的興趣上——木工、鐵工、畫圖、看小說、演戲、做白日夢、聽爵士樂等等。

八歲的湯姆曾經不斷敲我的門問：「喂！我現在該做什麼？」沒有人能告訴他他該做什麼。

六個月後，如果你要找湯姆就得到他房間去。你會發現他一天到晚埋在一大堆紙裡，聚精會神地在繪製地圖。一天，一位從維也納大學（University of Vienna）來的教授碰到湯姆，問了他許多問題。後來這位教授告訴我：「我想考考那孩子地理，他卻告訴我一串我從未聽過的地名。」

這裡我也必須提到一些失敗的例子。芭貝，一個十五歲的瑞典孩子，與我們生活了大約一年。在這段期間內，學校沒有一樣東西可以提起她的興趣。她來夏山太晚了，在她前十年的生活中，都是老師替她決定要讀什麼，所以她一點主動能力也沒有了。她對一切都已厭倦，幸運的是，她家很富有，因此可以保證她有一輩子安閒的生活。

我也有過一對南斯拉夫籍的姊妹，一個十一歲，一個十四歲。學校不能引起她們的興趣，她們整天用家鄉話咒罵我。一位存心不良的朋友常翻譯給我聽。要使她們合作就像要使太陽從西邊出來一樣難。我簡直不能與她們交談，因為我們的共同語言只有藝術和音樂。她們母親來接她們回去的時候，我的確如釋重負。

這些年來，我發覺夏山要念工程的學生不必擔心參加入學考試，他們直接到各種實習訓練中心去。孩子們在進大學前有先看看世界的傾向。有一個在船上當茶房而環遊世界，兩個男生到非洲肯亞種咖啡，一個到澳洲，一個竟去了英屬蓋亞那。

白德克是自由教育下培養出來的標準無畏精神的代表。他八歲來到夏山，十八歲考取大學後離校。他想當醫師，但是那時他父親暫時沒有錢供他念大學，於是德克便想趁那段時間看看世界。他到了倫敦碼頭，花兩天找工作——他想做任何船上的工作——甚至打工都可以，但發現許多真的水手都失業，所以便失望地回家了。

不久之後，一位同學告訴他，西班牙有位英國太太要找司機。德克抓住這機會，到西班牙幫助這位太太蓋了一幢房子，或只是把原有房子增大，開車與她在歐洲逛了一圈，回來後進大學。那位太太決定資助他學費。兩年之後，她叫他休學一年，開車送她去非洲肯亞，同時替她在那邊也蓋了一幢房子。德克在好望角完成他的醫學教育。

拉雷十二歲來我們這裡，十六歲通過大學入學考試後離校，到大溪地種水果。他發現那行業收入有限，所以改做計程車司機，之後又到紐西蘭。我聽說他在那邊做各式各樣的工作——

包括計程車司機在內。後來他進入布利斯班大學（Brisbane University）。不久以前，那所大學的一位主任來看我，他講了一些拉雷令人羨慕的作為。「放假時，學生們都回去了，他卻到鋸木廠做工人。」拉雷今天在英國愛薩斯（Essex）郡開業行醫。

說實話，一些不成功的老畢業生顯然都有他們不成功的原因。我不能在此詳說。成功的畢業生都是從好家庭出來的孩子——德克、傑克、拉雷的父母自始至終支持我們學校，所以這些孩子從未面臨到最令人厭倦的難題：家庭與學校誰對？

夏山出過天才嗎？沒有，至少到今天還沒有，也許有一些尚未成名的發明家；出過些傑出的藝術家和有高度技巧的音樂家，據我所知還沒有一個成功的作家；一個第一流的家具設計師，一些演員，一些科學家和數學家，他們尚無原創性發明，我們的學生——平均一學期四十五名左右——畢業後大部分都從事創造性的獨立工作。

不過，我常說，一代自由兒童還不能完全證明什麼。甚至一些在夏山的孩子對不上課也有一種罪惡感。生活在一個考試是某些專業將來唯一入門的世界上，他們免不了有此感覺。更糟的是常有些好管閒事的親戚會說：「啊喲！十一歲了，字還認不得幾個。」因此孩子們會茫然覺得整個外面世界是反遊戲而重工作的。

一般來說，自由教育對十二歲以下的孩子，幾乎確定有效。但對十二歲以上的孩子，則需要充分的時間，才能將他們從填鴨式教育中解放出來。

個別談話

從前我主要的工作是「個別談話」，而不是教書。大多數孩子心理上都需要受到關照。對剛從別的學校轉來的學生而言，個別談話的目的在使他們快點適應自由的環境。假如一個孩子內心有所束縛，他不可能適應自己，變得自由。

個別談話是在火爐邊的閒談，我抽著煙斗，孩子如果喜歡也可以抽煙。抽煙常是打開話匣子的方式之一。

有一次，我讓一個十四歲的男孩來和我談談。他剛從一家典型的私立學校轉來。我發現他的手指已為尼古丁染黃，所以我遞支香煙給他。「謝謝，」他說：「我不抽煙。」「抽一根吧！你這大騙子。」我微笑著說，他取了一支，我是一箭雙鵰。他從前的校長既嚴厲又要規矩，他非說謊不可，我給他香煙是表示我贊成他抽煙，叫他做大騙子是表示我和他平等。同時，我是在打擊他的「權威情結」，讓他知道現在的校長也會咒罵人，並不生他的氣。但願當時有照相機，可以將他臉上的表情照下來。

他是因為偷東西而被學校開除的。「我知道你是個大騙子，」我說：「你騙鐵路公司的錢，最好的方法是怎樣的？」

「尼爾先生，我從來不騙人。」

「啊！」我說：「那不行，你一定得試試才行，我知道不少方法。」於是我告訴了他一些。他目瞪口呆，以為到了瘋人院，校長竟然教他做個更高明一點的騙子。他告訴我，他一輩子也忘不了這次談話。

哪一型孩子最需要個別談話呢？讓我舉幾個例子：

小班老師露西有次來找我，對我說貝格好像很不快樂和不合群。我說：「好吧，告訴她來『個別談話』。」貝格於是到我房間來。

「我不要什麼個別談話，」她一坐下來就說：「一點意思也沒有。」

「很對，」我贊同地說：「完全是浪費時間，我們絕不要個別談話。」她想了一下，然後慢慢地說：「那麼，我不在乎一丁點個別談話。」這時候她已坐到我的膝頭上，我問起她的爸爸媽媽，特別是她的小弟，她說他是個小混蛋。

「一定是，」我同意地說：「你想媽媽喜歡他比喜歡你多些，是不是？」

「她對我們兩個一樣喜歡，」她很快說，然後又加一句：「她是這樣說的。」

有時孩子突然一陣不快樂，是因和另外一個孩子吵架，但通常總是家裡來信，說弟弟或妹妹有新腳踏車或洋娃娃等引起的。貝格上完個別談話後，便高高興興的走開了。

新生就沒有這樣容易。我們有個十一歲的孩子，人家告訴他小孩是醫生帶來的，使這孩子祛除說謊和恐懼是很困難的。因為很自然地，這樣的孩子對手淫必然也會有罪惡感，假如要孩子幸福，就必須去掉他們這種罪惡感。

大多數小班生不需要個別談話，而最理想的是當孩子**要求**個別談話時，給他幾次連續談話。通常總是大一點的學生要求個別談話，一些小班孩子偶爾也會提出要求。

十六歲的查理，自卑感很重，我問他什麼時候最有自卑感，他說洗澡時。因為他的生殖器官比同年紀的男孩子都小。我解釋給他聽為何他會有這種恐懼。他在家中最小，上面有六個姊姊都比他大得多，連最小的姊姊也差十歲。父親早死，家中女人掌權，因此，他從小就想做女人，因為他以為唯有那樣他才可以有權。

大約經過十次個別談話以後，查理不再來找我了。我問他為什麼，「現在不需要什麼個別談話了，」他很高興的說：「我的『工具』已經跟伯特的一樣大了。」

曾經有人告訴查理，手淫會使他長大以後陽萎。此一恐懼影響到他的生理。其實他的問題並不那麼複雜，將罪惡感與陽萎謊言除掉，他就不藥而癒了。一兩年後查理離開夏山，他現在是一個健康快樂和有前途的青年。

絲薇亞有一個從不稱讚她的父親。他整天批評她。相反的，她一生的欲望就在博取父親的愛，當她述說這事時，她哭得非常傷心。她的情形很棘手。分析女兒並不能改變父親，對絲薇亞來說，在她長大離開家庭以前，她是無法可救的。我警告她也許會因逃避父親而嫁錯人。

「什麼樣的『錯人』？」她問道。

「一個像你父親那樣的人，他會虐待你。」我說。

絲薇亞是個很悲慘的例子。在夏山，她是一個和氣友善和從不侵犯別人的女孩。一回到家，她則好像惡魔一樣，其實她並不需要被分析，她的父親才需要。

另外一個棘手的例子是佛羅倫絲。她是私生子，但是她自己並不知道。依我的經驗，每一個私生子都直覺地知道自己是私生子。佛羅倫絲總覺得她的出生有些神祕，我告訴她父母，唯一治療佛羅倫絲仇恨不快樂的方法便是告訴她真話。

「不行，尼爾，我不敢。我倒不在乎，但是如果我告訴她，她不能保守祕密，那外婆就不會把遺產給她。」

看樣子我們只有等外婆去世之後，佛羅倫絲才能得到幫助。假如一個重要的真相非隱瞞起來不可，那我就愛莫能助了。

一個二十歲的男孩回夏山來待了一陣，他要求我給他個別談話。

「你在夏山的時候，我不是和你談過十幾次了嗎？」我說。

「我知道，」他著急地說：「那十幾次我並不需要，現在我覺得我需要。」

如今，我不給予正式治療。當你把出生、手淫，家庭內如何造成仇恨與嫉妒的情況都和一般普通孩子一樣了解清楚以後，就差不多了。要治療一個有精神疾病的孩子，是要讓他情感得到發洩，如果和他講了一大堆心理分析理論和告訴他有某種癖性，是治不好他的。

我記得曾經試著幫助一個十五歲的孩子。一連幾個星期他都在個別談話時悶聲不響，要不就只回答單字。我決定用激將法，他下一次再來個別談話時，我說：「我要告訴你我的看法，聽著，你是個既懶又笨，驕傲又討厭的傻瓜。」「我？」他氣得滿臉通紅：「你憑什麼說我？」從那時起，他談話容易得很，回答也針對重點了。

還有十一歲的喬治。他的父親是格拉斯哥附近小鎮上的一個貿易商，他是由他的醫師推薦到我這兒來的。喬治的問題是他有強烈的恐懼心，他怕離開家，甚至去鎮上學校都會害怕。每一次離開家就怕得大叫起來。他父親費了九牛二虎之力才把他弄到夏山來，他哭著抓住父親不讓他回家，我建議父親留下待幾天再說。

我已從醫師那裡得到他的病歷。醫師的診斷和評語，依我看來，是正確而有幫助的，但父親要回去的問題變得很嚴重，我試著和喬治談話，但他一味地哭著要回家，「這是監牢。」他嗚咽著，我不理他的哭泣繼續說下去。

「但是你四歲時，」我說：「你的弟弟被送到醫院，後來他們用棺材把他裝回來（嗚咽聲大起來），你怕你如果離開家，同樣的事情會發生在你身上——你會被裝在棺材裡送回來（哭聲更大點），但這還不是最主要的，喬治，**你殺了你的弟弟**。」

他極力抗議，恐嚇要踢我。

「你並沒有**真正**殺掉他，喬治，但是你覺得他從媽媽那裡比你得到更多的愛，有時你希望他死掉才好。當他**真的**死掉時，你便有了可怕的罪惡感，因為你以為你的願望殺了他，同時以為上帝會懲罰你的罪，在你離開家的時候把你殺掉。」

他止住了哭聲，第二天，他雖然在火車站上鬧了一場，但是終於讓他父親回家了。

喬治許久後才不想家，但是一年半以後，他堅持獨自經過倫敦回家度假，也用同樣方式回到夏山。

我愈來愈感到，假如孩子在自由環境下讓他們的情結自然消失，就不需要治療；但是像喬治這種情形，光有自由是不夠的。

過去我曾和小偷個別談話，結果醫好了。有的小偷不肯來上個別談話，但經過三年自由生活，他們也醫好了。

在夏山，是愛在治療一切，是認同和自由在治療一切。我們四十五個孩子中，只有一小部分有個別談話，我愈來愈相信，富創造性的工作有治療之效。假如可能，我會讓孩子們練習更多手藝、戲劇和舞蹈。

讓我在此申明：我是為疏導他們的感情才和他們個別談話的。假如一個孩子不愉快，我和他個別談話。但是假如他認不得字或者恨數學，我不用分析療法治療他。有時在上個別談話時，我才發現不認字是因為媽媽經常督促他要「像你哥哥一樣聰明、可愛」，或者憎恨數學是由於不喜歡以前的數學老師而引起。

不用說，我是所有孩子父親的替身，內人則是他們母親的替身。從社交方面來說，我太太遠比我不討好，因為在我得到所有女孩子的愛時，我太太則得到她們所有不自覺時對母親的恨。男孩把他們所有對母親的愛給我太太，和所有對父親的憎恨給我，但是男孩不如女孩來得容易表現自己的仇恨，因為他們較善於處世而不善於對人。一個生氣的男孩只會踢球，但生氣的女孩卻會對一個母親替身說尖酸的話。

但是說句公平話，只在一段時間內，女孩子是尖酸而難應付的，那段時間就是青春發育期以前或者發育期的第一年。不是每個女孩都會經過這段困難，一切都得看她們以前的教育，說得更恰當一點，得看她母親對權威的態度而定。

在個別談話時，我向孩子指點出他們對家庭和學校的反應兩者之間的關聯。任何對我的批評我都當做是對他們父親說的，任何對我太太的控告，我也分析成對他們母親的控告。我盡量保持客觀，如果自己牽涉進去，對孩子來說是不公平的。

當然，有時候主觀的解釋也是必要的。以珍妮為例，十三歲的珍妮在學校告訴同學說尼爾要見他們。一群孩子來告訴我：「珍妮說你要見我。」後來我講給珍妮聽，叫別的孩子來找我就是她自己想來找我。

個別談話用的是些什麼方法呢？我沒有一定的方法。有時，我以「你照鏡子時，喜歡不喜歡你的臉？」這個問題開頭，答案永遠是否定的。

「你最不喜歡哪一部分？」回答永遠是鼻子。

成人也是做同樣回答，對於外人來說，面孔就代表一個人。我們想到一個人的時候，就想到他的臉，與人講話時，我們也是看對方的臉，所以面孔就是我們內心的反映。當一個孩子說他不喜歡自己的面孔時，他就是在說不喜歡自己這個人。我第二步要做的就是把話題從面孔轉到他的自我。

「你最恨自己的是什麼？」我問。

通常回答總是關於身體方面的，「我的腳太大」、「太胖」、「太小」、「我的頭髮太硬」……

我從不參加意見——從來不同意他是胖或瘦，我也不勉強去改變話題，假如孩子對身體有興趣，我們就談身體，直到對此沒有話可談為止。然後就繼續談性格。

我常做一個遊戲：「我現在寫幾樣東西測驗你，你照自己的評估給自己打分數，舉個例子，我現在問你會給自己對遊戲的能力和勇敢等等打多少分。」於是遊戲開始。

下面是一個十四歲男孩給自己的分數：

長相：「不太高明，差不多四十五分。」

頭腦：「哈！六十。」

勇敢：「二十五分。」

忠實：「我絕不出賣我的朋友——八十。」

音樂：「零分。」

手工：（伊伊呀呀回答不清楚。）

仇恨：「這太難了，不行，我不能回答這個。」

玩遊戲：「六十六。」

合群：「九十。」

愚蠢：「啊！那個！差不多百分之一百九十。」

當然，孩子的回答給我們一個共同討論他的機會。我發覺最好是從他的自我開始，因為人對自我都有興趣，然後，在我們轉到他的家庭時，孩子已感興趣而談吐自然了。

對年幼小孩來說，這種方式更自然。我跟隨孩子的興趣走。下面是我和一個六歲女孩典型的個別談話。她跳進我房間對我說：「我要個別談話。」

「好。」我說。

她舒服的坐下來。

「什麼是個別談話？」

「不是吃的東西，」我說：「但是我口袋裡倒好像有塊糖，啊！在這裡。」我把糖給她。

「你為什麼要個別談話？」我問她。

「艾佛玲有過，我也要。」

「好，由妳開始，妳想談什麼呢？」

「我有個洋娃娃，」（停了一下）「你壁爐上那東西哪裡來的？」（她顯然不在等答案）

「你來以前誰住在這房子裡？」

她的問題表現她想知道一些基本問題，我猜想很可能是關於孩子出生的問題。

「小孩是從哪裡來的？」我突然問道。

瑪麗馬上站起來，生氣地走向門口。

「我恨個別談話。」她說著就走掉了。但是幾天之後，她又要求一次個別談話。這樣，我們慢慢就有了進展。

小湯姆，六歲，他說只要我不講「不乾淨」的事，他就不在乎個別談話。頭三次，每次他都憤怒離開。我知道為什麼，因為我了解只有「不乾淨」的事他才感興趣，他是「不准手淫」的受害者之一。

很多孩子從未接受過個別談話，他們不需要。這些孩子在沒有經歷過父母說謊與教訓下長大。治療並非立竿見影，接受過的通常在一年之內不見什麼成效，可是我稱這些孩子叫做「烘了一半」，對年紀大一點離校的學生的心理狀態從不悲觀。

達姆因為在別的學校留級而被送到我們這裡。我和他執行一年密集的個別談話。可是並沒有顯著的結果，當他離開夏山時，看起來好像是一輩子都不行似的。但是一年之後，他父母寫信來說，他忽然決定要做醫生，同時已在大學裡非常用功讀書了。

比爾看起來更沒希望。他接受了三年個別談話。離開學校時，他顯然是個年紀十八而沒有目標的人。他東換西換，做了一年事，然後決定去做農夫，現在我聽到的所有對他的報告都說他幹得很起勁。

個別談話實際上就是再教育，目的在解除所有由道德和恐懼造成的情結。一個像夏山這樣自由的學校可以沒有個別談話，那不過是用來加速我們的再教育而已，一如盛夏前先來一下春季清理一樣。

自治

夏山是以民主方式自治的學校，一切有關團體生活，包括對妨礙團體的犯過者都由星期六晚上學校大會投票處理。每位教職員和孩子不論年齡長幼，都只有一票之權，一個七歲孩子的票，和我的票效力一樣。

有人也許會笑著說：「但是你發言有更多效力，是不是？」好吧，讓我們來看看。有一次在開會時，我站起來提議十六歲以下的孩子不准抽煙，我的看法是煙會上癮，有毒，而且小孩並沒有抽煙的需要，大都是因為想裝大人才抽煙的。反對意見紛紜，投票結果我慘敗。

後來的結果倒是值得一提。我被擊敗以後，一個十六歲的男孩提議十二歲以下的孩子不准抽煙。他的提議通過。但是在下一次大會時，一個十二歲的孩子提議推翻新的抽煙規定，他說：「我們都偷偷到廁所抽煙，就好像別的傢伙在嚴格的學校一樣，這違反我們夏山的立校精神。」他的講話博得一片掌聲，新的抽煙規定便被推翻。我希望此例能證明，我的建議不一定永遠比一個孩子的建議更有力量。

有一次我強調不守睡覺規律要受罰，因為晚上太鬧，第二天早上有些孩子會有頭重腳輕、睡眠不足的狀況。我提議凡犯規一次就要罰他所有零用錢。但一個十四歲孩子卻提議，要是誰在熄燈後能不睡，每小時就倒得一角錢，我只得了幾票，他卻得到絕大多數的支持。

夏山自治沒有官僚作風，每次開會都由一新主席主持，他是由前任主席指定的，而秘書的工作是志願的。睡覺值星官很少有做過幾個星期的。我們自治會規定不少規律——也有些好的。舉例來說，沒有救生員時，不准在海裡游泳，救生員永遠由教職員擔任。不准爬屋頂，要準時上床，否則罰款。假期前一天的星期四或星期五要不要停課，也由學校大會舉手表決。

大會成功與否，則看主席的能力強弱而定。要維持四十五個精力充足的孩子的秩序實在不易。主席有權對搗亂者課以罰款，如果主席弱的話，便有很多人被罰款。

教職員常在孩子討論時予以協助，我也一樣。雖然有許多時候我必須保持中立，但是，有一次我看見一個被告小孩藉故逃過，雖然他私下已經告訴我他犯了規。在這種情形下，我必須站在個人這一邊。

我當然和別人一樣，對任何一個提議投票，或者自己也提建議。舉個例子，有一次我提出該不該在走廊上玩足球的問題。走廊在我樓下，我解釋說，我不喜歡在我工作時有踢球的吵鬧聲。我提議禁止室內踢足球。一些女孩子還有年紀較長的男孩子和幾乎全體教職員都贊成我的提議，但是我的提議並未通過——這就是說，我得忍受我辦公室下面的吵鬧聲。最後，在幾次開會爭論之後，我終於獲得大多數票，通過禁止在樓下走廊玩足球。在我們的民主學校少數人要求他的權利的辦法，就是不斷的爭取，這種方法不論大人小孩一樣有效。

另一方面，在學校生活中有的地方是不經過學校自治會的。內人主持臥室的佈置、菜單和學校會計，我則負責聘請老師，假如他們不能勝任的話則請他們走路。

夏山自治會不但擬定校規，同時也討論學校共同生活的問題。每學期開始時，睡覺時間由投票決定，睡眠時間按年齡而定。繼之一般行動的問題也被提出來：運動小組一定得選出來，期終舞會小組也一樣，還有戲劇小組，睡覺值星官和負責糾舉在學校外有不規矩行為的糾察員等等。

所有提議中最令人興奮的就是食物。我不止一次提議取消第二輪補菜來使一個沉悶的大會重新恢復生氣。廚房裡偏向任何一人的喜好都會受到嚴厲處置，但是如果廚房提出浪費食物這個問題時，大會就不感興趣了。孩子對食物問題大都是自我中心的。

學校大會避免討論功課。孩子十分實際，理論使他們感到厭倦，他們喜歡具體，不喜歡抽象。我有一次提議應該定條規律禁止罵髒話。我陳述我的理由：我在帶一個太太參觀我們的學校，她的小男孩可能來上學，這時，樓上突然傳出一個不雅的形容詞，這位母親立刻帶著她的孩子匆匆離去。「為什麼，」我問同學們：「我的收入應該因為那個笨傢伙在客人面前說粗話而遭受損失嗎？這並不是道德問題，這完全是經濟問題，你們罵髒話，我就失去一個學生。」

但我卻被一個十四歲的男孩駁倒。「尼爾胡說八道，」他說：「顯而易見，如果那位太太吃一驚的話，表示她並不相信夏山，她送她孩子來上學，他第一次回家說了『見鬼』或『他媽的』，她馬上就把他抓回去了。」大會同意他的說法，我的提議於是遭到推翻。

學校大會常常要處理「霸凌」的問題。我們這個團體對霸凌的處罰很嚴格，我發現學生自治會佈告欄上有關霸凌的規律——「所有的霸凌案件都將嚴格處理。」有人在下面特別劃線。霸凌在夏山並不像在「普通嚴格學校」那麼多，原因不難想像。在大人的嚴格統治下，小孩變成仇恨者，小孩如果向大人發洩他的恨意，就會被處罰，所以他就只有發洩在小一點和弱一點的孩子身上。但這種情形在夏山很少見，常常霸凌的案子調查出來，不過是珍妮叫小碧瑛「瘋子」而已。

有時偷竊案也在大會中提出。不曾有人因偷竊受罰，但通常要賠償。孩子們常常對我說：

「約翰偷了大衛的錢，這是心理案子呢，還是該提出大會呀？」

假如我認為是心理案件，需要個別處理，我會告訴他們由我來辦。假如約翰是個快樂的正常孩子，同時他偷了些無關緊要的東西，我就讓這案子提出，最多扣他的零用錢，把債還清而已。

大會怎麼開呢？每一星期開始時，選出主席一名，不得連任，開完會由他指定下任主席。這種方式一直延續到學期結束。如果誰有怨言、控訴和建議，就在大會上提出。

下面是個標準的案子：吉姆把傑克的踏腳板拿去裝在自己的車上，因為他的車子壞了，而他想和其他幾個男孩在週末出去旅行。因為人贓俱獲，大會於是決定吉姆要退還傑克的踏腳板，同時罰不准去旅行。主席問：「有反對的嗎？」

吉姆站起來大叫：「當然有。」他說不公平：「傑克從來不用他的爛車子，它已經棄置在樹叢裡好幾天了。把踏腳板還給他可以，但我覺得對我的懲罰不公平，我不認為該罰我不准去旅行。」

大會於是熱烈討論他這個案子。在討論之中，大家才發現，平常吉姆每星期都從家裡收到零用錢，但是六個星期以來零用錢都沒寄到，因此他身上一文不名。大會於是投票將判決取消，這取消當然是適當的。

但吉姆的事還沒有完。最後大家決定設立一個捐助基金幫助他修車，由同學湊錢幫他買踏腳板。於是他便歡歡喜喜地旅行去了。

通常，大會的判決都為犯過者接受，如果判決不被接受，他可以上訴。在這種情形之下，主席會把這案子在散會之前再提出。上訴的案子會更慎重的研究一番，通常原判總是對上訴者不公平，孩子們也知道。如果上訴的人覺得他被判得不公平，很可能他的話實在有道理。

在夏山沒有任何犯過的孩子對團體的判決有反抗與怨恨，我常對被罰者的順從態度感到驚訝。

有一學期，四個年紀最長的男孩在大會中被控做出各種不合法的事——像賣他們從家裡帶來放在衣櫥裡的東西等。學校有一條已通過的規章禁止這種行為，因為這對父母和學校都不公平，父母是買衣物的人，而學生回家時衣物短少了，家長便會責備學校照顧不周。四個孩子於是被罰不准出校門和每晚八點鐘上床，他們乖乖接受判決。星期一晚上，當別人都去鎮上看電影的時候，我發現迪克——四人當中之一——在床上看書。

「你瘋了嗎？」我說：「大家都去看電影了，你為什麼不起來？」

「別開玩笑了。」他說。

夏山學生對他們自己的民主的忠誠是驚人的。這種忠誠並無恐懼的成分，因此也無怨恨。

我曾經看見一個孩子不合群的行為經過長時間的審判，心悅誠服地接受判決。通常，被判的孩子會被選作第二次大會的主席。

兒童的正義感永遠使我佩服。他們的行政能力很強，自治在教育上實在有無窮的價值。

有一類的犯規歸在自動罰款制度之下。譬如你未得允許騎別人的腳踏車，就自然被罰六便士。在鎮上說髒話（但在學校裡未被禁止），在電影院不守規矩，爬屋頂和在餐廳裡扔食物——也是自動罰款中的一小部分。

處罰差不多都是罰款：像罰一星期零用錢或者不准去看電影。

反對由兒童作審判者通常所持的理由是小孩會罰得太重，我發現並未如此。相反的，他們很鬆，在夏山從來沒有過嚴格的判決，而且每次判決都和犯的罪有關。

三個小女孩打擾別人睡覺。處罰是：她們必須連續一星期提早一小時睡覺。兩個男孩被控告向別的孩子扔石頭，處罰是：擔石頭去填球場。

主席常常會說：「這案子蠢得無話可形容。」於是大家便決定隨它去。

當我們的秘書小姐被控告未得允許而騎珍吉的腳踏車時，她和其他也騎過別人車的兩位教職員同仁，一同被罰在校前草地上互相推車二十次。

一個四歲的小男孩爬了蓋工作房工人的梯子，他被判連續爬梯子整整十分鐘。

大會從不請求成人給他們忠告，我只記得有這麼一次例外。三個女孩偷廚房的食物，大會決定罰她們零用錢。她們又偷了一次，大會罰她們一次不准看電影。她們偷了第三次，這下大會有點不知所措了。於是主席來和我商量，我建議說：「給她們每人二便士。」

「什麼，我的天！假如我們那樣做，整個學校都要去偷廚房了。」

「不會的。」我說：「試試看好了。」

他照我的意見做了。其中兩個小女孩拒絕接受，聽說三個都宣告她們再也不偷食物了。她們差不多有兩個月之久沒有再犯錯。

孩子們在大會中很少有自大的行為，露出任何自大的樣子都馬上會被大家批評。有個十歲的男孩很喜歡賣弄，常站起來以又長又臭的談話想贏得人家的注意。他每次都這樣試，而每次都被大會逐下台去。孩子們對不誠實非常敏感。

我相信夏山已經證明自治是行得通的。說實話，如果一個學校沒有自治，就不能算是一所前進學校，只是個妥協學校。只有當小孩有完全的自由管理自己的團體生活時，他們才有真正的自由。一有上司，他們就沒有真正的自由。而且用懷柔手段的上司比嚴厲的上司來得更糟。有勇氣的孩子可以反抗嚴厲的上司，但是用懷柔的上司卻使小孩懦弱而不知所措。

如果學校要有良好的自治，一定得有年長學生散布其中，因為他們喜歡安靜生活而能對小鬼們的漠不關心與造反提出抗議。夏山年長一些的學生在投票表決時經常寡不敵眾，但是他們真心的想要自治。相反的，十二歲以下的孩童無法完成良好的自治，因為他們還未達到合群的年齡。但是在夏山，一個七歲孩子就很少不來開會。

有年春天，我們運氣不好，一些有團體意識的大班生考取大學入學試後都走了，因此學校大班生特別少。絕大多數都是在「小強盜」的年紀。雖然他們言談還算合群，但年紀還未到能維持良好的團體秩序的地步，因此他們通過許多規則，隨後又忘掉，並且違犯這些規則。少數年紀較大的學生，偏偏又是個人主義者，自掃門前雪，所以很明顯的，只有教職員在檢舉違反校規者。後來我不得不在一次大會上訓勉大班生，我認為他們不是不合群，而是忽視團體，他們晚上睡得太遲有違校規，同時更重要的是，對小班生的不合群行為漠不關心。

說句實話，年幼孩子對組織興趣很少。假如讓他們自己執行，我懷疑他們會有任何組織。他們的價值觀念和我們的不一樣，態度也和我們的不同。

管得嚴是成人要秩序與安靜最容易的方法。任何人都可以做個訓練班長。我不知有什麼理想的方法可以使孩子安靜。雖然經過多年嘗試，夏山的生活對成人而言顯然仍不夠安靜，但對孩子來說也還不算太鬧。也許最後的考驗是「幸福」。用它作標準的話，夏山的自治已經相當成功了。

我們禁止危險武器也是一種妥協。氣槍是在禁止之列，在校少數喜歡氣槍的孩子恨這條規定，但大致上來說，他們沒有不服從。居於少數地位時，小孩好像不如成人那樣敏感。

夏山有個永遠解決不了的問題，這可以稱為**個人和團體的衝突**。有一次，一群小女孩由一個問題女孩帶領到處打擾人家，她們在別人身上潑水和違反睡覺規則，教職員和其他孩子都對她們莫可奈何。領頭的珍在大會上被控告，大家嚴辭責備她濫用自由。

一位客人——心理學家——對我說：「這完全錯了，這小女孩的臉是表現不愉快的臉，從來沒有人愛過她，所有這些批評會使她更覺得沒有人關心，她需要的不是批評而是愛。」

「我親愛的朋友，」我回答：「我們已試過用愛感化她，幾個星期來，我們為她的不合群而獎賞她；我們對她表示愛和容忍，但是，她不但沒有被感化，相反的，卻把我們看成傻瓜和侵略的對象。我們不能為了一個人犧牲整個團體。」

我沒有完美的答案，我只知道珍十五歲會成為一個合群的孩子，而不再是搗亂份子的領袖。我相信一般輿論的力量，沒有一個孩子會成年累月不願被人愛而受批評。至於以大會的處罰來說，我們實在不能因為一個問題兒童而犧牲其他孩子。

我們曾有個六歲小男孩，他在來夏山以前，曾有極不愉快的生活經驗，破壞性極強而且充滿恨。四歲和五歲的孩子都吃過他的苦頭而大哭，團體不得不採取行動來保護他們，但這樣就非得阻止這傢伙不可。我們不能讓一對家長的錯誤加害到其他受父母愛護的孩子身上。

在極少有的情形下，我不得不送走一個孩子，因為他在學校使別人都感到痛苦。我自己則感到茫然和抱歉，且無計可施。

這麼多年來我是否改變對自治的看法呢？大體來講，沒有。我不能想像夏山沒有自治。它始終是受歡迎的，也是我們最可炫耀的成就。當然不免有時也有尷尬的時候，舉例說：一次大會中一個十四歲女孩在我耳邊悄悄說：「我想將女孩子的衛生紙丟在馬桶裡塞住這件事提出來討論，但是今天有客人在，感覺有點不好意思。」我告訴她別管客人，儘管講好了，她果真如此做了。

自治教育的益處很多，但不能過度強調。在夏山，孩子會為他們的自治權拚到底。我認為每星期一次的大會，比一整星期的課程都有用。這是最好練習公共演講的機會，大多數孩子言談極佳而不忸怩，我常常聽見那些不會讀和寫的孩子講出很有條理的話。

我不相信有任何一種教育方式可以取代夏山的民主制度。也許這種民主制度比政治上的民主制度公平得多，因為孩子對別人相當寬大，且不自私自利。最重要的，這是一個更真實的民主，所有規範都在一個公開大會上決定。

自由兒童開朗的人生觀才使得自治變得這麼重要。他們定的規則毫不虛浮，且都與生命重要的事有關，鎮上的法規不得不和一個不大自由的文明妥協。「城裡」——外面世界——浪費它寶貴的精力擔憂許多不重要的事，好像你穿得整不整齊和說「見你的大頭鬼」一類的咒罵和生命有關係似的。夏山因為能擺脫那些無價值的世俗東西，所以能有一個超越我們時代的團體精神。

男女合校

絕大多數學校有一明確規定將男女分開——尤其是宿舍。同學間戀愛受到壓制，他們在夏山也一樣不被鼓勵——卻不受壓制。

在夏山，男孩女孩都沒人管，他們的來往看起來好像很正常，而且將來長大都不會對異性有幻覺或錯覺。這並不是說夏山是一個大家庭，在裡面男女學生像兄弟姊妹一樣，如果是這樣的話，我會馬上竭力主張男女分校。

在真正男女合校的教育——不是那種男女生只坐在一起上課，而住宿和其他活動都分開——的情形下，許多羞恥性的好奇心都消失了。夏山沒有「偷看」的人，對性的焦慮與不安也遠較其他學校少。

偶爾有成人來學校問：「他們不會彼此睡在一塊嗎？」當我回答「不會」時，他們就叫起來：「為什麼不會呢？在他們這種年紀，我才會盡情享受呢！」這一型的人先假定男孩女孩在一起受教育的話，他們在性方面必定會有縱欲行為。當然這些人沒有說這就是他們反對男女合校的理由，他們故意說男孩女孩的學習能力不一，所以不能在一起上課，這理由聽起來就冠冕堂皇多了。

學校應該是男女合校的，因為實際生活是男女在一起的。但是許多家長和老師害怕男女合校，因為他們怕有懷孕的事情發生。我曾聽說許多男女合校的校長常因憂慮此事而徹夜失眠。一些受高度道德思想制約的男孩女孩常常不能有愛。這個現象對那些害怕性的人也許是個安慰，但對一般年輕人來說，不能愛是人類的一大悲劇。

我問一所著名的男女合校中一些成年學生，他們學校有沒有戀愛事件發生。回答是「沒有」，我大為驚訝。他們便告訴我：「我們男生女生中有時有友誼，但從沒有戀愛事件。」當我看見校園一些英俊男孩和漂亮女孩時，我知道這所學校必定把一種反愛情的理想加諸在學生身上，學校高度的道德氣氛正在壓制學生對性的興趣。

我有一次問一個標榜進步主義的學校校長：「你們學校有沒有戀愛事件發生？」「沒有，」他很嚴肅地回答：「但是，我們從不收問題兒童。」

反對男女合校的人又會說，那樣的教育會使男孩子變得女孩子氣，而女孩子又太男孩子氣。但骨子裡還是他們道德上的恐懼，一種嫉妒的恐懼。有愛情的性是世界上最大的快樂，它所以被壓制是因為它是世界上最大的快樂，其餘都是藉口。

我對從小就來到夏山的年長的學生一點都不擔心，他們不會在性方面胡來，因為我知道他們沒有被壓制，所以對性沒有不正常的興趣。

幾年前我們有兩個同時轉來的學生，十七歲的男孩從一所私立男校轉來，十六歲女孩從私立女校轉來。他們馬上談起戀愛，一天到晚在一起。有一天晚上很晚我遇見他們倆，我對他們說：「我不曉得你們倆在做什麼？從道德立場來講，我不在乎，因為這並不是道德問題。但是從經濟立場來說，我很擔心。假如你——凱蒂——要生小孩的話，我的學校就垮了。」我繼續向他們解釋：「你們知道，你們剛來夏山，對你們來說，你們可以隨心所欲。當然，你們對學校還沒有特別的感情，假如你們七歲就來此地的話，我根本不用向你們提這件事。因為你們會很喜歡這學校，也會想到任何事情對這學校產生的後果如何。」這是唯一解決問題的方法。幸運的是，從此之後，我再也用不著向他們提這件事了。

工作

在夏山我們曾有一條規定：凡十二歲以上的孩子和教職員，每星期必須在校內工作兩小時。工資是象徵性的每小時五便士。假如你不做就罰一先令。有些（包括教職員在內）甘心交付罰款。工作的人都眼睛望著錶，希望快結束。那種工作毫無遊戲成分，因此沒有一個人喜歡。後來這條規定又被提出來討論，結果全體通過予以廢止。

幾年前夏山需要一個醫務室，便決定自造一幢磚造房子。我們之間沒有一個人砌過一塊磚，但仍開了工。好幾個學生幫助挖地基，同時拆除幾座老磚牆的磚來用，但他們要求工資，我們沒有答應，結果醫務室是由教職員和客人建造成的。這工作對孩子來說太乏味，對他們年幼的頭腦來說，需要醫務室的想法太遠，絲毫引不起他們的興趣。但不久後他們需要一個車棚，沒有任何人幫忙，他們便把它造好了。

我現在寫的小孩，不是我們大人所想的，而是他們真正的樣子。他們的團體責任感——社會責任感，一直要到十八歲或者更年長才會產生。孩子只對眼前的事物感興趣，將來對他們而言是太虛無飄渺了。

我從未見過一個懶的小孩，懶的小孩不是沒有興趣，就是健康不良。一個健康的孩子是閒不下來的，他一天到晚非得做些什麼。有一次我知道一個很健康的小孩被認為是個懶傢伙，因為數字引不起他的興趣，而他又被逼著念學校的課程。因為他不願念數學，所以數學老師才會覺得他懶。

我最近讀到一段文章說，假如兩個人跳一整晚舞的話，差不多走二十五哩的路，但是因為他們整晚都在享受之中，因此往往不感到疲乏。孩子們也一樣，一個在課堂裡懶惰的孩子，會在一場足球賽中跑上好幾哩路。

我發現不可能找一個十七歲的男孩幫我種菜或除草，雖然這些男孩子可能願意花幾個小時弄機器、洗車子或者造無線電。我過了很久很久才接受這個現象。有一次我在蘇格蘭給哥哥挖菜園，才把這件事想通：我並不喜歡這工作，我是被迫而為的。我這才知道做沒有興趣的事的滋味。因為我的菜園對孩子來說什麼也不是，而他們的腳踏車或無線電對他們倒很重要。真正的利他主義要等孩子長大才會產生，而且永遠有自私的成分在內。

年幼的孩子對工作的態度和少年人又不同。夏山中班孩子從三到八歲會像古特洛伊城的人似的努力，泥水匠、運沙或洗磚，他們工作也沒有想到要報酬，那是他們把自己當做大人，他們的工作實際上仍是在幻想中的遊戲而已。

無論如何，從八、九歲直到十九或二十歲的孩子，對乏味的手工藝沒有興趣。當然也有特殊情形，有些孩子從年幼就一直喜歡做，直到年老。

事實是我們大人太喜歡利用小孩。「瑪麗安，把這封信拿去寄！」任何兒童都不願意被利用。普通孩子大概都模模糊糊知道，他是不用己力而由父母所供養，這是他的自然權利。但另一方面他也了解，他要做無數無聊以及大人懶得做的雜事。

我有一次在報上看到一篇美國學生自己建校舍的新聞，一度也以為那是最理想的辦法。實際上不然。假如孩子們自己建學校，一定有一位和善的但有權威的人在旁加油。假如沒有這個權威，小孩根本就不會去蓋房子。

我的意見是一個正常的文明社會，不應該要求十八歲以下的孩子工作，大多數的孩子在十八歲以前都做過不少工作，但這些工作對他們來說只是遊戲而已。在父母的眼裡看來，這樣的工作也許不經濟。我一想到學生為了準備考試要做那麼多的功課就很難過，我聽說在二次大戰前，布達佩斯差不多百分之五十的學生在入學考試後，心理和生理上都呈崩潰狀態。

夏山一直接到報告說：我們的畢業生在需要負責任的工作上勝任愉快。那也實在是因為，我們的學生在夏山已經過夠了他們以自我為中心的那一段夢幻時期，當他們成為青年人時，他們便能面對生活的現實，而不再嚮往兒童時期的遊戲。

遊戲

夏山也許可以稱為是一個遊戲至上的學校。為什麼小孩和小貓都愛玩？我不知道，我相信是活力的緣故。

我說的遊戲並不是指運動場或有組織的團體遊戲，我講的是幻想方面的遊戲。團體遊戲通常需要技巧、競爭和工作，但孩子們的遊戲卻不然，毋須技巧，很少競爭也用不著合作。小孩天生愛耍刀槍和扮強盜，遠在電影沒發明以前他們就已經如此了，故事和電影給他們一個遊戲的方向，這些基本的打鬥需要永遠存在孩子的心裡。

在夏山六歲大的孩子整天遊戲，對年幼小孩來講，真實與幻想非常接近，當一個十歲的小孩扮成鬼的樣子去嚇小班生時，小傢伙們都高聲大叫，他們知道那不過是湯姆，是他們看見他把被單蒙上的。但他要去抓他們時，他們便都嚇得大叫起來。

小男孩生活在幻想世界裡，他們把幻想帶進實際生活中。八到十四歲的男孩總是愛扮強盜，砰砰砰，殺人或飛他們木製的飛機。小女孩自成一夥，不玩刀槍而玩比較個人化的遊戲。瑪麗的黨和尼爾的黨作對。男孩的黨多半只是玩時是仇敵而已。小男孩因此比小女孩要容易應付些。

我還未能發現幻想什麼時候開始和結束。當一個小孩端一盤飯給洋娃娃吃時，她真相信洋娃娃是活的嗎？一匹木馬是真的馬嗎？當一個小孩叫「舉手」，然後放槍，他那時想的是不是真槍？我傾向於相信小孩會相信他的玩具是真的，只有一些不知趣的成人提醒他們時，他們才從幻想跌回現實。沒有一個有同情心的家長會故意打破孩子的幻想。

男孩通常不和女孩玩。男孩玩扮強盜、捉迷藏，在樹上搭房子和在地上挖洞掘溝。女孩很少組織任何遊戲。在夏山，自由兒童不玩老師和醫生的遊戲，因為他們不需要模仿權威。小女孩玩洋娃娃，大點的女孩對和人接觸最有興趣。

夏山的男女孩子混合玩曲棍球。玩牌和其他遊戲也是男女混合。

孩子們酷愛吵鬧和泥巴，他們在樓上高聲吵叫，和馬戲團一樣熱鬧。對家具，孩子們毫不注意，假如玩抓人的話，他們會一眼不看的踩過一只名貴花瓶。

母親常常沒有逗他們的嬰兒玩個夠。她們似乎覺得塞個玩具熊到搖籃裡，就可以解決孩子一兩個鐘頭的時間，而忘記嬰兒是需要經常哄抱的。

承認**兒童時代是遊戲時代**乃天經地義的事。成人對遊戲的反應如何呢？我們忽視它，因為我們已忘記了如何遊戲，對我們來說，它只是浪費時間而已。因此當我們建造一座龐大而有各式各樣新教學工具的公立學校時，十之八九我們只給遊戲場留一塊小水泥地。

現代文明的罪惡，可以說是不給孩子足夠的遊戲。換句話說，在未變成大人以前，每個小孩都已被訓練成大人了。

成人對遊戲的態度是很專橫的。我們給孩子訂的時間表是，上課：上午九點到十二點，午飯一小時，然後再上課到三點。假如由一個自由兒童自己訂功課表，他一定會把更多的時間放在遊戲上。

恐懼是成人反對孩童遊戲的根本原因。我不知聽到多少次這樣焦慮的問答：「要是我的孩子整天玩，他能學到什麼呢？他怎能通過考試呢？」很少人能相信我的答案：「假如你的孩子玩夠了，他會在兩年內用功讀書，通過大學考試，在平常情形下他也許要花上六、七年的工夫。」但我還要加一句，那就是：「假如他真想通過考試的話。」他也許想要做個跳芭蕾舞的舞蹈家，或者無線電工程師，他也可能想做服裝設計師或兒童護理師。

成年人因擔心孩子的前途而剝奪他們玩的權利。當然還是一個隱約的道德觀念隱藏在不許遊戲的後面作祟，暗示當小孩子不怎麼好，也在警告青年人：「不要當小孩。」

那些已忘掉自己童年時期希望要些什麼的父母——忘掉怎樣遊戲或幻想的父母——是很差勁的父母。當一個小孩子沒有能力遊戲時，他的心已死去，這對於任何接近他的孩子都是危險的。

從以色列來的教師告訴我說，他們有很好的訓練中心，他們學校是團體的一部分，團體的主需求是勤苦工作。一位老師告訴我，十歲的小孩因不准到園裡挖土做工——這是一種處罰——而哭泣。假如我有一個十歲小孩因不准到田地挖馬鈴薯而哭泣的話，我會懷疑他是不是低能。兒童時代是遊戲的時代，任何團體制度在教育上忽略這一點都是不對的。在我看來，以色列的方法是為經濟原因而犧牲年輕的生命。也許這是必須的，但我不敢認為這樣的制度是理想的團體生活。

不讓小孩玩個夠，對於他們的傷害是很難測量的。我常常懷疑那麼多人去看球賽，是不是為了想像自己是球員來過遊戲的癮？顯然的，比賽是遊戲的代替品，大多數夏山畢業生不去看足球賽，對遊行也沒有多大興趣。我相信他們當中很少會走上一段路去看皇家檢閱的。熱鬧含有幼稚的因素，它的色彩、行列和慢行動都像玩具場和玩具娃娃，這也許是為什麼女人好像比男人更愛看熱鬧的原因。當人長大且比較成熟時，他們好像愈來愈不為任何熱鬧所吸引。我相信那些將軍、政治官員和外交人士在檢閱時，除了無聊之外，不會有任何別的感覺。

那些自由發展和玩夠了的小孩，好像不大會變成熱心於群眾的份子。

演戲

冬季的星期日晚上，在夏山是演戲之夜。看戲的人總是很多。我們曾有連演六星期的整套戲，但是有時在一串戲以後，有好幾個星期都沒有新戲演。我們的觀眾不太挑剔，而且很守規矩，比倫敦多數觀眾都要好。這裡很少有噓聲或頓腳聲。

我們的戲院是由一個南瓜棚改造的，可容納一百人左右。舞台可以移動，由許多木箱搭成，它可以變成台子，又可變成階梯，燈光設備齊全，連精巧的漸暗設備和聚光燈都有。台上除了灰色的幕以外沒有別的布景，當戲中需要村人由樹叢中跳出時，演員就把幕掀開進來。

學校傳統是只演夏山孩子自己寫的劇本。還有一條不成文的規矩是，只有青黃不接的時候才演教職員寫的。演員自己預備服裝——通常做得非常好。學校演戲偏向於喜劇、鬧劇而非悲劇。但如上演悲劇時，演得很好——有時演得很淒美。女孩寫的劇本比男孩多。小男孩常自編自導，但他們的劇本通常不寫下來，而且根本不需要寫下來，因為主要的對白差不多總是「舉手」「槍斃」這些，在戲終時台上總是躺滿屍首。小男孩天性是做事徹底而不馬虎的。達芬，一個十三歲的女孩，常寫福爾摩斯（Sherlock Holmes）的戲。我記得有一齣是講一個警官和大兵的太太私奔的故事。大兵在一個女巫和當然免不了的「親愛的華生」協助之下跟蹤太太到警官住的地方，然後他們看到一幕驚人的好戲——在舞台正中有一群壞女人在跳蛇蝎舞，同時警官摟著這位不忠的太太躺在沙發上。警官穿的是大禮服。達芬永遠喜歡把華貴的生活寫進她的劇中。

十四歲的女孩常寫詩劇，而且寫得很好。當然不是每個教職員或學生都寫劇本。這裡對於「抄襲劇本」的反應甚為激烈，有一次因為臨時有一齣劇取消，而我不得不匆忙寫一個來補上去，我寫了和雅各（W. W. Jacobs）的一篇文章一樣主題的短劇，馬上就被稱為是「抄襲」「騙子」！

夏山孩子不喜歡很戲劇化的故事，也不喜歡別的學校流行的高深博學之類的劇本，我們這一群從不演莎士比亞（William Shakespeare），但偶爾我會寫一小段莎劇相聲，舉例來說：凱撒大帝和美國強盜的故事——對白是莎士比亞和偵探故事的混合物。瑪麗演埃及豔后時使全場哄堂大笑，她把台上每個人都殺了以後，看著她手上的刀念道：「不鏽鋼。」然後再猛然插進自己的胸膛。

孩子們演戲能力有很高的水準。在夏山的學生中沒有一個會怯場。小學生最可愛，他們絲毫不會做作，都能認真演戲。女孩比男孩演來更是容易。說實在的，十歲以下的小男孩除了演他們抓強盜的戲以外，別的很少演。有的孩子從來輪不到他登台。積多年經驗，我們發現最壞的演員就是平常做作的一型，這樣的小孩永遠不能忘掉自己，站在台上總是很不自然，因為他總是感覺別人在注意他。

演戲是教育必要的一部分。演戲大部分是自我表現，但在夏山如果演戲只是一味表現自己，那樣的演員就不受歡迎了。做為一個演員，他一定要有一種能力，就是把自己融入他人情境。在成人中這種視而為一融入永遠是知覺的，成人永遠知道他們在演戲，但是我懷疑小孩真是知覺得到。常常一個小孩進場，問話是「你是誰？」時，他常常會不答「我是和尚的陰魂」，而說：「我是彼得。」有一齣給最小班生的戲，有一景是吃東西的，而食物也是真的。後面提辭的人確實花了不少工夫和心機才使這些演員繼續演下去。那些小孩忘掉觀眾而真的大吃特吃起來。

演戲是培養自信心的方法之一。有些從不演戲的小孩告訴我說，他們恨別人演戲，因為那使他們感到非常自卑。這是一個我沒法解答的難題。這樣的孩子通常會朝他擅長的方面發展，以展現他的優勢。另一個困難的例子是，一個很喜歡演戲但又不會演戲的女孩子。其他的孩子倒是很懂事，因為每次演戲都還有他的份兒。

十三、四歲的男孩女孩拒絕表演任何有關做愛的戲，年幼小孩卻很高興演任何一種角色，而且演得很自然；十五歲以上的孩子只願意演喜劇裡的情人，只有一兩個大班學生願意演嚴肅的愛情角色。在沒有這種經驗以前，很難把愛情角色演得逼真。但是從來未有過憂愁的孩子，卻能把一個悲傷角色演得非常動人。我曾見維琴尼亞在排演一個悲劇角色時，不能控制自己，而在演出時哭泣起來。這是因為在每個孩子的幻想裡都有憂愁。事實上，死亡很早就在孩子的幻想中出現了。

兒童戲劇應適合孩子的程度。讓孩子表演和他們生活與幻想相差十萬八千里的古典戲，簡直是沒道理的。他們的劇本和他們的閱讀一樣，應依年齡而定，夏山的孩子很少讀狄更生（Dickens）、司各特（Scott）或薩克來（Thackeray）。因為今日的孩子是屬電影時代的。當孩子們去看電影時，他在一小時十五分鐘內就會將一本他要看好幾天的書《西征》（*Westward Ho*，裡面有冗長的對人和自然景觀的描寫）看完。所以在他們的戲劇裡，孩子不需要《哈姆雷特》古堡的環境，他們需要的是他們自己熟悉的環境。

雖然夏山的學生演自己寫的劇本，但是如果有機會，他們對好的劇本還是非常喜愛。有一年冬天，我每星期給大班的孩子讀一次劇本，我念完了所有的巴蕾（Barrie）、易卜生（Ibsen）、史特林堡（Strindberg）、契柯夫（Chekhov）的劇本，一部分蕭伯納（Show）和高滋華斯（Galsworthy）的，還有一些現代劇本像《銀繩》（*The Silver Cord*）、《漩渦》（*The Vortex*）。我們最好的男女演員都喜歡易卜生。

大班生對舞台技巧很有興趣，而且有許多新奇的看法。寫劇本通常有個技巧，就是一個角色一定要有藉口才能離開舞台：當寫劇本的要父親走開時，因而安排媽媽和女兒罵他是笨瓜，這時，爸爸一定站起來說：「我想去園裡看看園丁有沒有把白菜種好。」然後才走掉。我們夏山的年少作家有更直接的表達方法，正如一個女孩告訴我：「日常生活中，你離開房間並不需要講你到哪裡去。」在平常生活中確是如此，在我們夏山戲台上也是一樣。

夏山有一種特別專長的演戲方式，叫「即興演戲」。例如：假裝穿件大衣，脫下來，然後掛到衣架上；採一束花，發現裡面有株荊棘；打開一張電報，上面說你父親或母親死去的消息；在火車站餐廳匆匆吃飯，一面吃一面擔心火車開走。

有時演戲是「講話」。舉個例子，我坐在一張桌子上，然後宣布我是哈威治移民局派來的，每個孩子都假裝有張護照，同時準備好要回答我的問題，這非常有趣。

有時我裝作電影導演在找演員，或者公司老闆要找秘書。有一次我是一個想徵求「Amanuensis」（書記）的人，沒有一個孩子知道那個字是什麼意思，有個女孩演得好像這字是「修指甲員」，於是這變成很有趣的喜劇材料。

即興演戲是學校演戲很富創造性的一面，也是最有活力的一面。夏山所演出的節目大多具有創造性。每個人都可以演戲，但不是每個人都能寫劇本。孩子們一定知道，即使演出不佳，他們這種只演自己編導具原創性的戲劇，比排演或模仿那些有名劇本更能鼓舞他們的創造性。

舞蹈與音樂

現在談到舞蹈──必須按規則跳的舞蹈。我一直奇怪的是，團體一方面遵守規則，一方面組成團體的每一份子又恨那些規則。

我覺得倫敦的大舞廳就是英國的象徵。跳舞本來應該是獨特而有創造性的愉悅，但是那裡已變成機械的步伐，這一對和那一對跳的一樣。公眾的保守主義妨害了跳舞的人的獨創性，然而跳舞的樂趣卻在於創造。假如不能創造，舞蹈就變得機械而乏味了。英國人跳舞可以充分表示出他們對感情和自由創造的畏懼。

若在像舞蹈這樣有趣的活動裡都沒有自由可言的話，我們怎能期待在生活較嚴肅的方面有自由呢？假如沒人敢創新舞步，即使他敢於創造新的宗教主張或教育方法或政治倫理，一定也不會被別人容忍的。

夏山每個遊藝節目都包含舞蹈。女孩向來擔任籌備和負責演出，她們做得很好，從不用古典音樂，總是採用「爵士」樂。我們曾演出蓋希文（Gerskwin）的《一個美國人在巴黎》（*An American in Paris*）的音樂芭蕾舞，我寫的故事，女孩們把它編成舞蹈，我覺得有許多倫敦的舞台劇都遠不如它呢。

舞蹈是潛意識性的興趣的最好發洩。我說**潛意識**，因為即使這女孩是個美人胚子，而舞跳不好的話，也不會有很多人來請她共舞。

羞不多每天晚上我的私人客廳裡總是擠滿孩子。我們常常放唱片，這時孩子就會因喜歡艾靈頓公爵（Duke Ellington，英國爵士樂名家）或貓王而有不同的意見。我實在很討厭那些玩意兒，我喜歡拉威爾（Ravel）、史特拉汶斯基（Stravinsky）和蓋希文。有時我實在是聽爵士樂聽夠了，所以不得不下令停止，我的理由是：這是我的客廳，我愛聽什麼就有權聽什麼。

一放《鄉村騎士》或《吟遊者組曲》（史特拉汶斯基及華格納作品）客人就會自動離席，但是也有一些孩子喜歡古典音樂或古典繪畫。我們從不教他們這種「高級一點」的嗜好——不管「高級」是何意思。

事實上，一個人喜歡貝多芬或爵士樂，對他一生幸福並不重要，學校如果不介紹貝多芬而把爵士音樂放在課程內的話，也許會更有教育效果。從前夏山有三個男孩，受爵士樂隊的感動而學起樂器來。離開學校後，他們都到皇家音樂學院（Royal Academy of Music）深造，現在都在古典樂樂團裡表演。我想他們音樂鑑賞力的進步是因為他們在夏山時，每個人都有充分自由聽貓王、巴哈或者任何其他作曲家的緣故。

運動與遊戲

在大多數學校裡運動是強迫性的，甚至看比賽也是強迫性的。在夏山，遊戲和功課一樣，都是自願的。

一個男孩在夏山待了十年，一次遊戲也沒玩過，同時他也從未被迫玩過。但大多數的孩子酷愛遊戲。年幼者不會組織遊戲，他們只玩抓強盜和印第安人，他們做普通一般年幼孩子做的，例如在樹上蓋房子等等。因為他們還未成年，所以不應該有人替他們組織遊戲。等他們年齡到了自然就會發展有組織的遊戲或運動。

夏山主要的運動是冬季打冰球，夏天打網球。組織好的網球雙打對孩子來說較為困難，打冰球分隊則不成問題，但是在網球場上一組裡每個人都是自己打自己的。分組運動在十七歲以後才比較容易組織。

游泳為各年齡層孩子都愛好的運動。塞威爾海灘對小孩來說並不理想，因為浪總是太大。小孩們最喜歡有石頭的長沙灘，可惜在我們海岸找不到。

我們學校沒有正式的健身房，我想也不需要。小孩們的遊戲、游泳、跳舞和騎腳踏車運動已足夠了。我懷疑一個自由兒童會想上體操課。我們的室內運動則包括乒乓球、西洋棋和牌戲。

年幼孩子可以玩淺水池、沙坑、蹺蹺板和鞦韆。在天氣暖和時，沙坑裡擠滿勤快的小傢伙，這些年幼小孩總是埋怨大孩子玩他們的沙坑，好像我們還得替大班造個沙坑才行。孩子玩沙坑和爛泥的階段比我們想像的要長。

我們發運動獎品的不一致，曾引起不少討論和爭執。不一致是由於我們堅決不把獎品和分數列在學校規章之內。我們對獎品的看法是：做任何一件事應該以該事的本身為目的，不是以拿獎品為目的，這是有理由的。所以有時我們被質問為什麼打網球有獎品，而上地理課卻沒有。我想因為打網球是具有競爭性的，同時還要擊敗對方，上地理課則不然。假如我懂地理，我不會在乎別人比我懂的多或少。我也知道小孩在運動上**想要**獎品，在功課上卻不要——至少在夏山是不要的。無論如何，在夏山我們不把運動健將捧成英雄。佛頓得並沒有因為他是冰球隊長，而在學校大會時說話就具有影響力。

運動在夏山處理得相當得當，一個從不運動的孩子從未被認為不行。「己所不欲，勿施於人」的精神，在孩子自由發展的情形下充分地表現出來。我自己對運動沒興趣，但我卻非常注意好的運動精神。假如夏山教師催孩子：「快點，快上操場來。」那麼，運動在夏山就失去它的意義。真正運動精神只在有玩或不玩的自由時才會產生。

英國政府督學報告書

《教育部・皇家督學報告》
東薩佛郡・里斯敦・夏山學校
一九四九・六月二十與二十一日
附記：
1. 此報告書乃機密文件，非學校同意不得對外公開，如出版時必須全文登載。
2. 報告書版權係屬皇家文書院院長，非得允許不得翻印。
3. 此報告書不為教育部長承認。
此致倫敦克重街教育部

此校因進行革命性之教育實驗及實行該校長所發表之為人注目與研討之教育學說而舉世聞名，督察此校費力而有趣，費力者以其所行與其他學校大相逕庭，有趣者以他山之石可以攻錯，藉此可對一般教育政策作一評估。

該校所有學生均係住宿，學費每年為一二〇鎊，教職員薪水雖低，然校長仍感經濟拮据，難以維持學校，唯因知悉家長經濟情形不願增加學費，較諸其他私立寄宿學校，此校收費雖廉，且教職員與學生人數之比例甚大，督學等對該校長所提出財政困難仍略感意外，唯有詳細審核該校收支，或可開源節流而不影響該校成效。聘請外界經驗豐富人士作此審核或不失為一良策。就目前情形而論，其他設備或有不盡理想之處，然學童之健康與伙食情形均極良好。

該校遵行之原則已由校長著書廣為報導，若干方面且已漸為各界人士所接受，並影響今日教育制度。餘者仍為大多數家長與教師所忌憚。督學等本擬循例對該校作一報導，唯不提及此校之理想與目的，則對此校之報導甚難公允。

學校遵奉之宗旨乃為自由，然並非無限制之自由。若干有關生命安全之規章係由學生訂出，經校長認可予以批准。茲舉數例，如無兩位教職員在場任救生員，學童不得游泳，年幼學童如無年長學童陪伴不可出校門。此種規則皆係明文規定，觸犯者一律處以罰金。但學生所享有之自由遠較督學在其他學校所見者為多，且非虛有其名。上課並無硬性規定，然大多數學童仍然經常上課，但亦曾有一名學生留校十三年而未上一節課，該青年現為手藝專家與精細儀器製造者。舉此例在強調，此校賦予學童之自由絕無虛假，亦絕不因不得理想效果而予取消。學校並非依無政府原則治理之，校規係由學校大會所規定，大會由一學童擔任主席，定時召開，學生與教職員自動出席。此項大會有「無限制討論與制定一切議案之權力」。一次大會在討論解除某位老師職務之提案時，表現其判斷力之優越。然此種議案究係少數，大會經常討論事項均係有關共同日常生活之種種問題。

首日督察時，督學等適逢其會，得以親自參加觀摩，會中主要議案為加強施行睡眠時間規章與進入廚房時間之管制。對此問題大會曾予熱烈討論，自由抒發意見，然秩序井然不涉及私人。雖然討論此等不易有結果之問題，曠日費時，然督學卻不得不贊同校長意見，認為兒童所獲之自治經驗之價值，實大於時間之損失。

大多數家長與教師顯然在性方面對給予學童完全自由有所懷疑。若干贊同校長主張者對此點亦持異議。彼等對於接受校長所主張之性教育公開、性與罪無關以及傳統禁忌弊大於利等學說或無所難，但對男女合校之管理，則較校長多所戒心。對此作一持平之論殊非易事。青年男女相處，性衝動在所難免，禁止非但不能消除衝動，甚至使之更為囂張，然校長亦承認，表達性衝動之完全自由，即或有益亦不可能實現。可以慰懷者，此處青年極其自然、開朗與大方，一般猜測之不良後果，在該校有史二十八年來，從未發生。

另一處在此必須提及之爭論乃此校無任何宗教生活與教育，此校並不禁止宗教信仰，如學校大會提議通過需有宗教教育，學校理當照辦。同理對私人之信仰亦不予干涉。學童均來自非正統基督教家庭，故在校並無信教需要。若干基督教教條在此實地奉行，亦當為基督徒所贊許。全無宗教訓練之結果，非為期兩日督察可以洞察。

在寫正式報告前，對此校有前述之概略介紹，乃屬必要。因對此校組織與活動之理解，均以此真自由環境為背景也。

◎組織

在校學生七十名，年齡由四歲至十六歲不等。學生分別住於四幢不同樓中。班次大致依年齡亦依學力而分為六級。亦如普通學校一般，每級每週五日，上午上課五節，每節四十分鐘。有一定教室與固定教師。與普通學校所不同者在其無法保證學生出席與否。督學等不得不一面到教室、一面詢問以參觀實際情形。上課之規律性因學童年齡漸長而漸穩定，通常學童決定上某堂課時，往往出席有恆，從不缺課。科目與功課是否平衡頗不易判斷。多數學童因需參加會試，試期近時，彼等課讀範圍逐為會試範圍所限，年幼孩子則有全權選擇之自由。一般說來此制度之成果並未讓人印象深刻。學童之學習志趣確令人一新耳目，然成績平平，依督學等看來，非此制度所致，乃係實行不良，茲列舉其原因如下：

1. 中班缺乏可以督促與調節學童功課與活動之良師。
2. 一般教學水準，小班教育似極開明與有效。高班亦有良好師資，然該校顯然缺乏可以鼓勵八、九、十歲學童之中班老師。某些老式及正式之教育方法仍在使用，學童需要深度學習時往往受累而給予老師嚴重麻煩。大班生之教學相形之下頗為優越，且有一、二學童成績極佳。

3. 學童缺乏指導。如一年已十五之女童決定學習以往忽略之外國語言——法文與德文，但每週二節學德文，三節學法文，似嫌不夠。好學心堅則堅矣，而進度仍因上課時間過少而頗緩慢，督學等認為此弊病可以個別指導制輔助之。

4. 缺乏私人生活。「夏山讀書不易」乃校長之言。校中各式活動頻繁，吸引學童注意力與興趣之活動太多。學童無單人房間，亦無專為潛心自修而設之閱覽室。決心念書者雖可躲入無人角落自修，然必須具有超人之自持力方可。雖無阻力，然鮮有十六歲後尚留校者。夏山曾有少數學童稟賦超群，但在此校是否在課業上得到充分教導尚值懷疑。

一般說來，該校教學得當，成果琳琅滿目；美術成績極為出色，學童所繪圖畫與其他學校相比有過之無不及，手工藝成品亦種類繁多。督察時期，正逢學校裝置陶窯一座，待燒煉之陶器胚模樣式新穎可愛。如能裝設紡機一架，或許更能發展該校之手工藝。

創造性寫作甚多。包括壁報及自編自導之劇本。對此等劇本雖佳評甚多，但因夏山無保留劇本原稿之習慣，不能閱讀而無法評斷其質地。督察時適逢該校演出《馬克白》，所有道具與服裝皆為學童自製。值得一提的是，此次演出係學童之自行決定，蓋校長一向鼓勵自編自導。

體育亦依該校宗旨而行，夏山無強迫性之遊戲與運動。足球、板球與網球極受歡迎，學生足球因有教員係專家，教導之下有高度技巧。學童常與鎮上其他學校比賽。督學督察日適逢與鄰鎮學校作板球賽，對方最好球員因病缺席，夏山亦臨時決定不調最好球手出場比賽，以示公平。

多數學童的時間消磨於戶外，學童生活之健康與活躍可見諸形色。唯有詳盡之調查或可闡明正式體育之缺乏時，學童有無不良影響。

◎學校環境

學校有極佳之休閒康樂環境。主要建築由一幢私人房子改造而成，充當學校禮堂、餐廳、醫務室、美術室、小工藝室及女生宿舍。最幼學童住宿屋內，教室亦在屋中。其餘男生宿舍及教室則分佈於園中小屋內，部分教職員亦住宿舍內，所有建築均有門直達校園內。教室雖小，但因班次亦為小型，故仍可敷用。有一幢宿舍顯然為教職員與學童精心設計之療養院，然因無用而改成宿舍。宿舍設備以普通標準衡量雖稍嫌簡陋，但學校健康紀錄極佳，可視同符合規定的浴室則足夠應付。

園中建築乍看之下非常簡陋，易於保養，整個學校氣氛如一永久之夏令營，同時校舍分佈適宜，訪客得以觀察上課情形而不會打擾學童。

◎教職員

教職員薪水每月八鎊，校方供食宿。尋求不僅對學校之宗旨有信心，且性格成熟，感情平衡，並能與學童平等相處之學高資深且願屈就此月入八鎊職務之合格師資，實非易事。夏山一般居住設備不佳，所需信念、無私、性格與能力之組合尤為難得。

前文已提及教職員雖未能盡如人意，但較諸其他學校薪水高之教師，則較優秀。教職員中包括愛丁堡大學文學碩士，利物浦大學文學碩士與理學士，劍橋榮譽生，倫敦大學文學士及劍橋大學史學學士。四位有教師合格證書，此中尚不包括藝術與手工藝老師，彼等有外國給予之資格，且為教職員中最優秀者。

雖然教師陣容仍需加強，現有教職員素質絕不在水準之下。如能進修及考察其他學校或可加強己身經驗而有大成就。但九十六鎊之年薪實不足以吸引此校所需之高水準師資，此問題需予鄭重考慮。

校長有極深之信念與熱誠，其信心與耐力尤屬驚人。其人性格極強而不支配別人，即令不贊成或不喜歡其學說者，在校見之亦對其不能不生敬意。其人極為幽默，待人親切，常識豐富，堪充任何學校之好校長，其與學生共享之快樂家庭生活深受以身作則之效。校長對教育看法開朗，認為教育應教導孩子如何有豐富之生活。雖然接受此一報告書中一些批評，但其仍堅信學校成功與否在將來學童成人後生活如何，而不在彼等如何應用在校時特別之技巧與學識。我等對該校一般評論如下：

1. 學童充滿活力與朝氣，毫無怠倦與冷漠之徵象。知足與忍耐之氣氛充塞校內。畢業生對母校之深厚感情為該校成功之明證。平均三十名左右之學生熱心參加期終話劇與舞蹈。若干學生假期內仍留校內，學校早期所收學生幾乎全為問題兒童，現有學生則全為來自各種家庭之正常兒童。
2. 學童有禮可親，偶有不拘小節，然其友善、自在與不忸怩使他們易與人相處相親。
3. 學校制度在獎勵學童自動自發、善盡職責與正直不阿，就所睹之情況而言，此等特性確然已發展成熟。

4. 以上所論並不表示夏山學童離校後不能適應社會。以下報告雖不能概括一切，但足以表明夏山教育並不與世俗之成功敵對。畢業生中有監督工程師、砲兵中隊長、轟炸機隊長、護理師、空服員、名樂隊豎笛手、皇家學院榮譽會員、芭蕾舞星、無線電台長、報紙專欄作家及大公司市場調查主管。除此之外，他們曾得到下列學位：劍橋大學榮譽經濟學碩士，皇家藝術學院獎學金研究生，倫敦大學物理學榮譽理學士，劍橋大學歷史學榮譽文學士，曼徹斯特大學近代語言學榮譽文學士。

5. 校長之教育觀點使該校成為依學童興趣發展而不受考試限制之傑出學校，造成一天才兒童可盡量發揮才能之可能環境，然事實上並未有特出之表現，令人惋惜。如有更佳教學，尤其中班之教學，學童或可更有發展，而校長深度意義之試驗亦將有被全面證明之機會。

學校主旨與方法仍提供若干疑問，對該校更深遠與更久之認識或可除去某些疑問，亦可能加深其他若干疑問。可定論者乃此校為一引人入勝、極有價值之教學實驗，所有教育家均應參觀該校並可受益非淺。

皇家督學報告書的注腳

我們有兩位這樣開明的督學來校視察，實在幸運。我們馬上免除客套，在他們兩天視察之中，大家有些友善的爭執。

我覺得一般督學習以為常的是在課堂上拿起一本法文書來考學生，然後便判定學生程度如何。我提出那樣的方法在我們這不以功課為先的學校是行不通的。我對一位督學說：「我們學校的標準是快樂、真誠、平均發展與合群，你們可不能真正督察夏山。」他笑著說，他們無論如何要看看，他們的督察方式也予以改變，以適應夏山的教學方式。在那兩天之中非常愉快。

學校裡許多奇怪的事使他們驚訝。一位督學說：「當你走進教室而沒有一個孩子注意你時，不得不吃驚，因為經常督學一進門，孩子都會全體肅立的。」是的，我們有這樣兩位督學是運氣。

對報告書指出：「督學等對該校長所提出之財政困難仍略感意外……」對這一問題的答案是學校會計大半是倒帳。還有報告書提到年費是一二〇鎊，因為近年來生活水準提高，我們不得不調整到二五〇鎊，這尚不包括修理房屋、購買新的儀器設備和其他事項在內。在夏山，一切儀器設備損害比別的紀律嚴明的學校嚴重。孩子們可以滿足他們「強盜」時期打鬧的需要，因此許多家具也被破壞了。

報告書提到我們有七十位學生，現在因為學費關係，只剩下四十五名。報告書也提到中班教學的不當。我們一直都有這個困難。假如孩子可以自由做別的事，他們的注意力就不會集中在功課上，即令優秀的教師也沒有辦法。假如公立學校十至十二歲孩子可以隨意爬樹挖洞而不上課，他們的水準也會和我們的一樣。但是我們坦然承認，學生在這段時間內學習程度低的事實；因為我們認為，對孩子來說，這段時間內遊戲比讀書更重要。

即使我們假定中班學生功課落後很嚴重，一年以後這些落後的中班生成了大班生去考牛津大學入學試時，仍能得到很好的分數，這些學生一共考了三十九門科目，平均每位學生六門半科目，結果有二十四門極佳（亦即優於百分之七十的考生），在所有三十九門科目裡只有一門不及格。因此夏山中班孩子功課一時不能達到標準，並不表示將來功課也會落後。我個人喜歡大器晚成的學生，我看過不少四歲就能背米爾頓（Milton）詩的聰明孩子，到二十四歲就成了醉鬼和游手好閒的人，我寧可遇見一個五十三歲的男士，說他還不太確定自己的人生方向。我懷疑在七歲時便知道他該做什麼的孩子，長大後會變成一個平庸和保守的人。

報告書又提到：「造成一天才兒童可盡量發揮才能之可能環境，然事實上並未有特出之表現，令人惋惜。」這是我認為督學唯一還不能超越他們對學業偏見的一段。如果孩子要在功課方面發展，我們的制度自然會給他們機會。我們的考試可以為證，但是也許督學的意思是：如果中班有更好的教學，也許有更多學生會想參加入學考試。

至於我們現在應不應該把學業放在第一呢？注重學業的教育常常想把庸才變成秀才，我懷疑學業教育能對我們一些老畢業生有什麼用。他們現在是服裝設計師、美容師、芭蕾舞星、音樂家、護理師、技工、工程師和藝術家。

但是督學的報告一般說來仍是公平、誠實和寬大的，我將它錄於本書之內的原因，因為我想讓讀者看看別人對夏山的看法。請注意此報告並不為教育部所承認。我個人並不在乎，但是如果承認的話會有兩個好處：一來教師可以領養老金，二來家長可以較容易從他們本地議會得到教育津貼。

我在此要聲明的是，教育部從來不與夏山為難，我們對所有的詢問與訪問也都予以友善的接待。唯一的一次衝突是教育部拒絕進口一位瑞典家長送我們預先造好的房子，這件事發生在大戰剛剛結束的一年。

當我想到歐洲國家對他們的私立學校採取的那種高高在上、取決一切的態度時，我很高興我是住在能讓個人發展的英國，我容忍孩子，教育部容忍我，我已經很滿足了。

夏山的前途

我今年已七十六歲，我想我不會再寫一本關於教育的書了，因為我沒有什麼新東西可說。可是我要說幾句對我有利的話。過去四十年來，我至少沒有空談理論，我寫的大部分是根據觀察孩子以及和他們一起生活的實際經驗。當然，我從佛洛伊德（Freud）、荷馬・連恩（Homer Lane）和其他許多人那裡得到啟示，但漸漸地，我不得不放棄理論，因為從事實的考驗證明這些學說的空洞無效。

一個作家的工作並不容易，像廣播一樣，他在對他看不見的人講話，他不能預測那些人的反應。我的讀者也是很不平常的。一般人並不曉得我的名字，英國國家廣播公司（BBC）絕不會邀請我去談教育。絕沒有一個大學，連我的母校愛丁堡在內，會想到給我一個榮譽學位。我在牛津和劍橋兩大學演講時，沒有教授或系主任來聽我演講。我想我對這些反而感到驕傲。

有一段時間，我對《泰晤士報》（*The Times*）很感懊惱，因為他們從來不登我寫去的信。但是今天，我覺得他們拒絕我是看得起我。

我不是說我不希望被人家曉得，但是年齡給我帶來不少改變——特別是對價值觀念的改變。最近我面對七百位瑞典人演講，而演講的地方只夠裝六百人，我一點也沒有高興和驕傲的感覺。我先以為自己不在乎，但是我問我自己：「假如聽眾只有十名時，你會有什麼感覺？」

答案是：「會氣死。」所以我雖沒有積極的驕傲心，消極的懊惱倒不見得沒有。

野心隨年齡而減，想被重視之心卻是另外一回事。我不喜歡看到一本「進步學校發展史」的書裡沒提到我。我至今還未見一個真正不喜歡被人重視或知道的人。

年齡有很可笑的一面。多年來我在告訴年輕人——年輕學生、年輕教師、年輕家長——說年紀是進步的障礙。現在我自己已經是個老人，成了那些我整天反對的老人中的一個，我的想法倒改變了。最近，當我在劍橋向三百個學生演講時，我覺得自己是所有人當中最年輕的一個。我的確感覺如此。我對他們說：「你們為什麼要我這樣一個老人來和你們談自由？」現在我不把年輕和年紀視而為一。我覺得年齡和一個人的思想沒有什麼關係，我遇見過二十歲的老頭子和六十歲的年輕人。我現在是以年輕、熱忱和生氣勃勃以及樂觀來衡量一個人的。

我不知道我現在是否修養得沒有火氣，但我對笨蛋更無耐心，對無聊談話更易惱火，對別人的私事更少感興趣。過去三十年來我聽得太多了，我對一切事物的興趣也減低，很少買新的東西。我已好幾年沒逛過服裝店，甚至攸登路上我喜歡的那家工具店對我也失去吸引力了。

現在我不像以前那樣能容忍孩子們的吵鬧，我不敢說是年齡使我失去耐力。我還是可以忍受孩子所有的錯誤，讓他們有充分時間去滿足一切的癖好，因為我知道慢慢地孩子會變成一個好公民。年齡使恐懼心減少，但年齡也降低勇氣。過去，如果一個不能隨心所欲的小孩恐嚇要跳樓時，我會毫不遲疑的叫他跳，我不敢肯定我現在還敢這樣做。

人們常常這樣問：「夏山是不是你在唱獨腳戲呢？沒有你它還能繼續下去嗎？」夏山絕不是獨腳戲，在每天的工作中，我的太太、教職員和我一樣重要。**是不干預孩子的成長與不給孩子壓力的觀念，成就了今天的夏山**。

夏山是否舉世聞名呢？不能這麼說。只有少部分從事教育的專家知道它的存在。夏山在北歐最有名。三十年來，我們一直有挪威、瑞典、丹麥來的北歐學生，有時多達二十人。此外我們也有學生來自澳洲、紐西蘭、南非及加拿大。我寫的書已譯成不少種文字，包括日文、希伯來文、印度文。夏山對日本教育頗有影響。三十多年前，日本名教育家霜田靜志先生拜訪過我們，他翻譯所有我的書都很暢銷；同時，聽說日本教師曾在東京開會，討論我們的教學方法。霜田先生一九五八年又來住了一個月。蘇丹來的一位校長告訴我，那邊一些教師對夏山很感興趣。我舉出這些翻譯、拜訪和通信的例子時，並沒有自大的幻覺。在牛津街上攔住一千個人問問他們夏山是什麼？很可能沒有一個人知道這個名字。我們對自己的重要與否實在應該看得輕鬆一點。

世界各國即使採用夏山教學方法，也不會維持很長的時間。當然將來也許會發現更好的方法，只有夜郎自大的人才會覺得他的方法是最好的。這世界一定要找一個更好的方法。因為政治不能拯救人類，它從來沒做到過，大多數的政治報章雜誌都充滿仇恨；太多的人號稱社會主義者，但他們只恨富人，卻沒有愛過窮人。

當家庭只是充滿數百種恨的鄉土中的一個小角落時，我們如何期待能有個充滿愛的幸福家庭？你現在可以了解我不能把教育只看做考試、班級和學問了吧？學校把一切人生的基本都忽略了。所學的希臘文、數學和歷史，加在一起都不能使家庭有更多的愛，不能使孩子免於被壓抑，也不能使成年人免於精神疾病。

夏山學校的前途也許不太重要，但夏山的觀念卻對整個人類未來有極大的重要性。新的一代一定要有機會在自由中長大，給他們自由就是要給他們愛，也唯有愛才能拯救這個世界。

第二篇

兒童的養育

尼爾認為，不自由是違反生命法則的，只有自由才能使兒童盡量發展他本性中的「善」，自由兒童將帶給人類新文明的希望。什麼是「自由」呢？它的含義在相信人性善良、相信人現在和過去都無罪。自由發展就是讓一個兒童自由地發展，使他在心理和情感方面都不受外來權威的管束和壓制。但是，父母必須掌握自由與放縱的區別，以免寵壞孩子。

不自由的孩子

受到嚴格填鴨、制約、訓練和壓抑的孩子——不自由的孩子，他的名字叫李四，全世界到處都有。他就住在我們的街對面，他整天坐在一所死氣沉沉的學校中的一張冷冷的課桌椅上，後來他又坐在一個更乏味的辦公桌上或者工廠的更涼的板凳上。他很馴良，聽從命令，很怕批評，同時極想做一個正常和守規距的人。他毫不遲疑地接受一切教給他的東西，然後又把他的情結、恐懼和失意再交給他的子女。

心理學家認為，兒童心理的損傷是在他生命的前五年造成的，但說前五個月也許更接近真理。也許前五個星期，甚至前五分鐘的損害都可能影響孩子一輩子。

不自由從出生就開始。不，從出生很久以前就開始了，假如一個被壓抑的女人懷孕，誰知道她的不自由對胎兒有什麼影響？

如果說在我們這種文明裡，所有孩子都生活在一種反生命的氣氛中，這話並不誇張。定時餵奶根本上是反對樂趣的。小孩吃奶要有一定時間，因為不定時吃奶會給小孩對乳房太多的樂趣。其他爭論像對身體發育有益等等都是藉口，壓根兒是想把孩子訓練成一種視責任重於樂趣的動物。

讓我們看看一所普通小學的男孩張約翰所過的生活。他的父母不常去教堂，卻堅持約翰每星期天上主日學校。他的父母因為互相有性的吸引力而正式結婚。他們一定得結婚，因為在他們的社會裡除了結婚以外，就不能因性而結合，但兩人關係不能光靠性的吸引力維持，各人脾氣不同使家庭氣氛不和諧，父母偶爾有大聲爭吵的情形。雖然更多時候家裡是溫暖親切的，但約翰覺得那是理所當然的。父母之間的大聲爭吵卻嚇壞他，他便非常害怕地哭起來，然後就因為「無緣無故」的哭泣而挨一頓打。

他一生下來就受到管制。定時餵奶給他帶來莫大的挫折，當他餓了的時候，時鐘卻說還要再等一小時才能吃。他渾身也給裹起來，而且包得又厚又緊，他發現他不能自由運動。對餵奶的挫折使他吸吮大拇指，但家庭醫生說他不能養成這種壞習慣，就吩咐媽媽把他的手綁起來，或者在手指上塗點氣味難聞的東西。他在包尿片時可以隨意大小便，但是當他可以爬而在地板上大小便時，家裡到處都可聽到**髒死了**、**不乖**的字眼，他便嘗到嚴厲的「要清潔」的第一課。

在這以前，他的手每次碰到生殖器官時就被拿開，很快的，他便把這種不准碰生殖器官和大便的討厭連結在一起。多年以後，他變成一個推銷員，他便愛談關於「男女」和「廁所」的笑話。

他的許多訓練都由親戚和鄰居完成。父母焦慮得想做得對和做得恰當，以便親戚和鄰居來訪時，他們便可以誇耀他們家庭教育有多麼好、孩子訓練得多麼乖。當阿姨給他一塊巧克力時，他一定說：「謝謝您。」他吃飯時一定得有規矩，還有最重要的是，大人講話時，他不能插嘴。

他那討厭的新衣服是穿給鄰居看的。父母因為要受人尊敬，因此有一套虛偽說謊的做法——這一套通常小約翰是不知道的。謊話在他生命中很早就開始了，父母會對他說上帝不喜歡那些說粗話的孩子，或者他在火車廂裡亂跑時，車掌就會打他的屁股。

所有他對生命來源的問題，都用愚蠢的謊話作答：這些謊話是那麼有效，因此他對生命和出生的好奇就消失了。當他五歲時和四歲的妹妹或隔壁小女孩玩弄他們的生殖器官時，對生命的謊言便加上恐懼，這事發生以後便挨打，使他覺得性一定很髒和罪惡的，而且想都不能想。可憐的約翰要把他對性的興趣封存起來，一直到發育期才可以在看電影時，看到裡面一個女人說她已經懷孕三個月時，放聲大笑。

在智能方面，約翰發展得很正常。他學習得很快，因此可以逃過一個平庸而愚蠢的老師可能會給他的嘲笑和處罰。他離開學校時，學了一大堆沒什麼用的知識和一種文化，這文化的內容只是低級的畫報、陳腐的電影和廉價的偵探或武俠小說而已。

對小約翰來說，高露潔這個名字，只與牙膏相關。貝多芬和巴哈，只不過是你想聽貓王或披頭四時礙事的傢伙而已。

約翰的有錢表弟任大富進的是私立學校，但是他的發展基本上和窮約翰一樣，他也同樣被迫接受生命中那些無價值的東西，同樣受**維持現狀**的束縛，同樣的否定愛和快樂。

這些寫的是約翰和大富的某一方面的諷刺畫嗎？我尚未提及他們人性溫暖的那一方面，它是逃得過最凶狠的性格制約的。張家和任家大體上說來是善良與和氣的良民，他們充滿稚氣的信仰與迷信，以及無邪的信任與忠誠。他們建立法律，實行人道；是社會的砥柱，也是那些主張動物必須仁慈地宰掉或者愛護小動物的發言人；但是在對付對人的不人道方面看來，他們就差勁了。他們毫不遲疑地接受殘忍和非基督精神的法律，同時也認為戰爭中的無情屠殺是理所當然的。

約翰和大富同意現在的婚姻法沒有道理、不仁慈而且可憎。從愛的觀點來說，他們贊成對男人有一套標準，對女人有另一套。兩人都要他們娶的太太是處女，但是問**他們自己**是不是處男時，他們就會皺眉頭說：「男人不同。」

雖然他們也許不知道男性中心社會到底是什麼，但兩人都是它的熱心擁護者，他們是男性中心社會的產物。他們的感情也是**群眾的**感情，而非**個別的**感覺。

在離開他們當時都憎恨的學校很久以後，兩個人都會說：「我在學校受過體罰，得到很多好處。」然後他們又把子女送到同樣或相似的學校去。以心理學名詞來說，他們毫不反抗的接受父親權威，所以這種權威就一代代的傳下來了。

要把約翰的故事描寫完全，我也必須提一下他的妹妹瑪麗。我不用多寫，因為大體說來，她受壓抑的環境和她哥哥的大同小異。但是，她還有她特殊的困難。在一個男性中心的社會裡，她必然是比較吃虧的，她從小就被訓練要了解這點，她哥哥讀書或遊戲時，她做雜務；如果她找到一份工作時，她很快就會發現薪水比男孩少得多。

瑪麗對她在男性社會裡的低下地位並不反抗。男人給她一些補償，雖然微不足道。她會得到禮貌和小心的照料，假如她不坐下，男人也陪她站著；男人問她可不可以「下嫁」他，於是，瑪麗徹底了解她的主要工作是看來愈漂亮愈好。結果每年好幾百萬都花在衣服和化妝品上，而不用在書本和教育上。

在性方面，瑪麗與她哥哥一樣無知和受壓抑。在一個以男性為中心的社會裡，男人要求他們的女人純摯、貞潔和天真。假如瑪麗衷心相信女孩比男孩純潔，這並不是她的錯。像神話一樣，男人使她也體認和感覺到：她生命中唯一的工作就是生兒育女，性的享受是專屬男人的。

瑪麗的祖母，也許包括她的媽媽，都是等到合適的男人來把她們這些「睡美人」弄醒以前，是不可以有性行為的；瑪麗已經脫開這束縛，但她並沒有像我們想像的那樣自由。她的愛情生活受害怕懷孕的威脅，因為她知道有個私生子很可能毀滅所有嫁人的機會。

今後人類的重大任務之一，就是探究性壓抑和人類疾病的關聯。約翰也許會因腎臟病而死，瑪麗也許會死於癌症，但他們都不會去想，他們一生的貧乏、不快樂和被壓抑的情感生活和他們的病有什麼關係。有一天人類會把他們所有的痛苦、仇恨和疾病的根源，追溯到他們違反生命的文化。假如嚴格的訓練造成麻木不仁的人——使他被摧殘、壓迫，以及毫無活力的話，那麼，這種麻木會造成人類各種器官病態的假設也是合邏輯的。

總而言之，我覺得在不自由教育之下的人不能痛快的生活，那種教育完全忽略生命中的情感生活；因為這些情感是動態的，假如只發展頭腦而壓制感情，生命便失去活力而變得無價值和醜惡。但如果情感可以自由發展，頭腦自然會自己發展的。

人類的悲劇是他的性格可以像狗一樣受到訓練。你不能訓練貓的性格，貓是比狗較為自負的動物，你可以使狗感到不安，貓卻不行。但是絕大多數人都喜歡狗，因為狗的順從和牠們的諂媚的搖尾，提供看得見的證明，使牠的主人感到自己的優越和價值。

育嬰方法和養小狗法很相似，被鞭打的小孩和被鞭打的小狗一樣，長成一個順從、自卑的成人。我們訓練孩子就像訓練狗一樣是來滿足我們的需要。在人類的狗窩——育嬰室內，小「犬」必須保持清潔，而不能吠得太多，他們一定要服從命令，而且要在我們覺得方便的時候吃奶。

一九三五年偉大的訓狗師希特勒（Hitler）吹響他命令的口哨時，我看見千萬隻順從的、懦弱的狗在柏林廣場上向他搖尾巴。

容我在此記錄幾句數年前在賓州一家女子大學醫學院出版的《待產母親手冊》（*Instructions for Expectant Mothers*）的話：

「吮指頭的習慣可以如此予以防止：將嬰兒手臂放置在硬紙筒中，使他不便彎曲。」

「小兒生殖器官要保持絕對清潔，以避免不舒服、疾病**和壞習慣的養成**（黑體字為作者強調）。」

我覺得育嬰方法的不良，醫師要負責任。醫師通常沒有受過育嬰訓練，但許多婦女覺得醫師的話就是金科玉律，假如他說小孩手淫一定要打屁股，不管他如此說是因為他自己對性有罪惡感也好，或對兒童天性真有科學的了解也好，可憐的媽媽哪裡分辨得出。我譴責那些規定餵奶時間、開藥方以防止吮指頭、禁止撫玩生殖器和不讓小孩自由的醫師。

問題兒童是那些被迫保持清潔和壓抑性興趣的兒童。因為成人覺得小孩應該訓練得安安靜靜，所以他們的日子會好過一點，乃是天經地義。因此順從、禮貌和馴良才變得那麼重要。

一天，我看見一位母親把她三歲的小男孩帶到院子裡，他的衣服一塵不染。過一會兒他開始玩起泥巴，把衣服弄髒了一點點。媽媽跑出來打了他兩下，然後把他帶回屋裡。不久他又被打扮得乾乾淨淨的哭著回院子。不到十分鐘，衣服又弄髒了，媽媽再如法炮製。我真想告訴那個女人，她的兒子將來一輩子都要恨她，更糟的是，他會憎恨生命。但是我知道我講的話她聽不進去。

我每次進城或上街時，都會看見三歲孩子走不穩而跌跤，看見母親因孩子跌跤而打他時，我總是不寒而慄。

我每次坐火車也常常會聽見媽媽說：「小莉莉，假如你再跑來跑去的話，列車長就會把你關起來。」許多孩子都在謊言和愚蠢的禁令下長大。

很多媽媽雖然在家裡對孩子很好，但一到公共場所就橫加打罵，因為她怕鄰居說話。他們一生下來就被迫適應我們這個不正常的社會。

有一次我在英格蘭一個靠海的小鎮上演講，我說：「妳們這些做母親的知道嗎，每一次妳們打孩子時就表示妳恨他？」那些母親的反應非常激烈，大家兇狠地對我吼叫。到晚上，我又發表「怎樣改良家庭道德和宗教氣氛」的意見，聽眾拚命噓我，我確實吃了一驚。我一直都在向一些相信我的理論的人演說，現在這些是中下層階級聽眾，他們從來沒有聽說過兒童心理學；這使我恍然大悟：絕大多數人是多麼不了解兒童的自由啊！

我們的文明是不正常和不快樂的。我認為病根是出在家庭的不自由。小孩因頑固思想和仇恨力量而窒息。他們從搖籃時期就感受到窒息，被訓練得對生命說不，因為他們年幼的生命裡是一長串的「不」：不許吵鬧、不許手淫、不許說謊、不許偷東西，等等。

他們也被訓練對一切生命發展的負面力量說是。尊敬長者、尊敬宗教、尊敬老師、尊敬古人的格言。不要發問——只許服從。

尊敬不值得尊敬的人是不道德的。已經沒有愛情的男女在一起生活是不道德的。愛一個你所懼怕的神也是不道德的。

人的悲劇是，因為他束縛他的家庭，因此他自己也成為奴隸，因為在牢裡的看守員也是受限制的。人的枷鎖是恨的枷鎖，他壓制他的家庭，因此也壓制了自己的生命。

天下沒有問題兒童，只有問題家長。說得更恰當一點，**問題根源在於整個人類社會**。這就是為什麼原子彈如此可怕，因為它在許多反對生命的人的控制下。哪一個小時候在搖籃裡手被綑起來的人是不反生命的呢？

當然人類也有很多的愛和良善。我堅決相信如果在嬰孩期不受壓抑，將來長成之後會彼此和平相處。這是假定，如果今天仇恨的人士在新一代未長成以前，還沒有把這世界毀滅的話！

戰鬥雙方力量懸殊，因為仇恨人士控制教育、宗教、法律、軍隊以及惡劣的監獄。只有少數教育家，致力容許兒童自由的發展其善性。大多數的兒童受反生命的人以恨的懲罰制度塑造。修道院的女孩子沐浴時仍不許看自己的身體；父母和教師仍告訴孩子手淫是道德上的罪，會使他瘋狂等。最近我曾看見一個母親打她十個月大的嬰兒，只因為他為口渴而哭。

這是死亡信仰者與生命信仰者之間的競爭。無人敢維持中立：因為那也將意味著死亡。我們必須做出選擇。死亡的一邊，給我們問題兒童；生命的一邊，則給我們健康的兒童。

自由的兒童

這個世界上的自由兒童真是鳳毛麟角，因此任何對他們的描寫的企圖只能是試驗性的。我們觀察到的自由兒童帶給我們新文明的希望。比任何政黨所承諾的新社會帶來更深邃的本質改變。

什麼是自由？它隱含著相信人性善良，相信人現在和過去都無罪。

沒有人見過一個完全自由的孩子。每個孩子的性格都受父母、教師和社會的影響。當我的女兒珠綺兩歲的時候，《圖片郵報》（*Picture Post*）登了一篇連同她照片的文章，上面說在全英國的兒童中，她是最有希望成為一個自由兒童的孩子。這並不完全正確，因為至今她還活在一個滿是未獲充分自由的兒童的學校裡。這些小孩多多少少都曾受過制約，同時因為性格被塑造後就會走上恐懼與憎恨的道路，珠綺發現她自己經常接觸到反生命的小孩。

她從小被訓練得不怕小動物。但是有一天我在一個農場停下車來問她：「我們去看牛好嗎？」她突然很害怕地說：「不要，不要，牛會吃掉你。」因為曾有一個七歲的沒有自由發展的孩子告訴她這句話。不過，這種恐懼只維持了一兩星期。後來有個故事說樹叢裡藏匿著吃人的老虎，對她的影響也很短暫。

一個自由的孩子好像能在很短期間克服被制約的小孩帶給他的不良影響。珠綺學來的恐懼和受到壓抑的興趣維持不久，但是誰也不敢斷定這些恐懼對她的性格有沒有永久的傷害。

許多客人都稱讚珠綺說：「真稀奇，這個孩子可愛、平衡發展又快樂，她和周圍環境相處得那麼和諧，一點也沒有衝突的樣子。」這是真話，她是一個不正常社會的一個很自然的孩子，她好像本能地知道自由和放縱的界線在哪裡。

家裡有一個自由發展的兒童的危險之一是——成人對他太感興趣，他成了注意力的中心。事實上，在一群完全都是自由發展的孩子中，既然一切都是自然和自由的，沒有一個孩子會顯得突出，沒有一個會受鼓勵去出風頭，同時也不會有一般孩子看見自由發展兒童的嫉妒情形。

和她的朋友苔德比起來，珠綺是一個輕鬆活潑的小孩。她的身體鬆弛得像一隻小貓般，可是可憐的苔德就好像是一袋馬鈴薯。他不能放鬆；他的反應都是在防衛與抗拒的樣子。他無論從哪一方面看來都是反生命的。

我預言自由發展的兒童將不會經歷反抗的階段。我不了解他們為什麼非要經過這階段不可。假如他們小時候沒有被父母綑綁和約束的感覺，我不知他們為什麼大了要反抗父母；甚至在半自由的家庭裡，當父母和子女相當平等時，孩子都很好，反抗的事情根本不會發生。

自由發展就是讓一個嬰孩自由地發展，**使他在心理和肉體方面都不受外來權威的管束**。這就是說，孩子餓的時候就餵他，在清潔習慣上他如果自己要整潔才讓他整潔，從來不要兇罵或者打他。更重要的是，要永遠愛和保護他。

這些聽起來似乎很容易、自然、而且很好。但是我們不得不對那些熱中於理論的年輕父母如何誤解這一切而感到驚訝。四歲的湯米拿著棍子敲打鄰居的鋼琴時，他的父母卻面帶得意的微笑在旁邊看著，好像在說：「自由發展是多奇妙的啊！」

又有一些父母覺得絕對不能讓他們一歲半的小孩睡覺，因為這樣會妨礙他的自由發展。這是不對的，應該讓小孩玩，但累了的時候，就應該抱他上床睡覺。實際情形多半是小孩愈來愈累，也就愈不乖。他不能說他要睡覺，因為他還不會講話。通常，這種情形下弄煩了媽媽，便把哭叫著的孩子抓去睡。還有一次，一對年輕夫婦頗帶歉意的問我：他們的育嬰室內的火爐該不該放一個防火架。這些例子都告訴我們，任何主張假如不和常識連在一起應用，就會變得很危險。

只有蠢人才會在臥室窗上不加鐵欄杆或孩子房間火爐不加保險措施。但是，不知有多少時候，許多對兒童自由發展熱心的青年朋友來拜訪時，會對我們把毒藥鎖在試驗室的櫃子裡，或者是禁止在防火梯上遊戲等措施感到訝異，認為缺乏自由。而整個自由運動也就為許多鼓吹自由、但沒有認清自由真諦的人破壞了。

再舉一個例子。有這樣一位仁兄向我提出抗議，因為我很嚴厲的責備一個踢我辦公室門的七歲的問題兒童。他覺得我應該微笑著容忍他，直到他踢門的欲望消失。的確，在我一生中，我花了不少工夫容忍問題兒童的各種破壞行為，但我是以他們心理醫師的身分，而不是以他們平等同胞的身分去做。

假如一個年輕的母親覺得她三歲小孩用紅墨水塗大門是在自由發展時，她實在不知自由的真諦何在。

我記得有一次和一位朋友在大都會劇院看戲，坐在我們前面的小女孩和她父親大聲的說話。第一幕完時我換了個位子；我的朋友向我說，要是夏山學生中有一個孩子這麼做的話，你該怎麼辦？

「叫他不要講話。」我說。

「用不著。」我的朋友說：「他根本不會那樣做。」我想他們真沒有一個會那樣做的。

有一次，一位女士帶著她七歲的女兒來見我：「尼爾先生，」她說：「你寫的每一個字我都看過，甚至在達芬還沒有生出來的時候，我已經決定用你的方法來教養她了！」

我瞄了達芬一眼，她腳穿大靴正站在我的鋼琴上，突然她一腳跳到沙發上，差點沒把沙發跳破。「你看她多麼自然，」她媽媽說：「真是您尼爾的好弟子。」我恐怕真的臉紅了。

許多父母都不能了解自由與放縱的區別。在一個嚴格的家庭中，孩子**沒有任何**權利；在一個放縱的家庭，孩子有**所有的**權利；而合理的家庭中，孩子與父母有**平等的**權利。學校也是一樣。

我一再強調，自由不包括寵溺孩子。假如一個三歲小孩要在飯桌上走，你便直截了當的告訴他不行。他必須聽話，但是在某方面，假如必要時，你一定也要服從他。假如小孩叫我離開他們的房間時，我必須馬上離開。要讓孩子按他們的本性發展，成人就必須多少作點犧牲。健康的家長會作適當的妥協，不健康的家長不是管理太嚴，就是寵壞孩子，給他們所有的群體權利。

事實上，父母和兒童利益的分歧即使不能消除，也可以減緩。要做到這一步，他們之間必須有公平的「取」與「予」。珠綺很尊重我的書桌，她不動我的打字機和紙張；我也同樣尊重她的房間和玩具。

孩子都很聰明，他們很快便接受團體規律，但是可不能經常的利用他們。譬如他正聚精會神於遊戲中時，他的父母卻說：「吉米，給我倒杯茶來。」

孩子絕大部分頑皮不馴的行為，都是因為處理方式不當而來。當珠綺一歲多一點的時候，她有一段時期對我的眼鏡非常感興趣，常要從我的鼻樑上把眼鏡抓過去看個究竟。我不出聲，也沒有在言詞之間表現不高興，她很快就對我的眼鏡失去興趣，而從那時起就從未碰過它。假如我那時很嚴格的說不准動，或者更糟的打了她的小手，毫無疑問的，她對我眼鏡的興趣會繼續下去，同時對我也可能產生害怕和反抗的心情。

我內人讓她玩易碎的首飾，她小心的玩，同時很少打破。珠綺喜愛自己發現各樣東西。當然自由發展有它的限度，我們不能任一個六個月的嬰孩自己發現點燃的香煙頭會燙傷。在這種情形下大驚小怪也是不對的，最好的方法就是把香煙拿開。

除非孩子智能不足，否則他會很快就發現他對什麼東西感興趣。假如沒有緊張或憤怒的聲音叫他做這個或不准做那個，他處理一切時都心裡有數。一看見孩子到爐子邊就怕有意外的母親，對她的孩子根本沒有信心。我們可以聽見許多人還這麼說：「趕快去看看小弟做什麼，不許他動。」一位母親寫信來問我，她煮飯時小孩在旁邊搗亂該怎麼辦，我只能回答說：也許是她把孩子帶成這樣的。

一對夫婦看完我的書以後，覺得他們對小孩太不公平，感到良心不安，便開了一次家庭會議，然後對孩子說：「從前我們對你們太嚴了，現在你們可以自由，愛做什麼就做什麼。」我忘記他們告訴我重新添置打破的東西花了多少錢，只記得他們不得不再開一次會取消以前的提議。

通常反對讓兒童自由發展的理由是：人生是艱巨的，我們一定要訓練孩子，使他們將來能適應生活，因此必須給他們規矩。假如我們讓他們隨心所欲，他們將來怎麼能在一個上司下面做事呢？他們怎能比得過那些受過訓練的孩子呢？他們怎能自己管理自己呢？

不贊成賦予孩子自由而講這種話的人，不了解他們自始就有一個沒有根據的、未經證實的假設——認為小孩如不加督促就不會成長或發展。然而三十九年來，夏山的教育經驗已推翻這個假設，我可以舉許多例子。以默溫來說，他從七歲到十七歲在夏山待了十年，在這十年之中，一堂課也沒上過。到十七歲時，他還不大認得字，但是當他離開學校時他決定做學手藝的，他很快自動把需要的專門技巧在短時間內自修完，以預備好去做學徒。現在，這個年輕小伙子能看能念，薪水賺得很多，同時是他服務機構所在地的領導人物。至於他能不能管理自己？請看默溫：他的房子大部分都是自己蓋的。他有一個溫暖的家，還有三個兒子。同樣地，每年夏山有許多平常很少念書的孩子決定進大學，他們都自動開始苦讀預備入學考試。他們為什麼會這樣做呢？

大家都相信如果孩子小時候不逼著養成好習慣，大了就培養不成。從來沒人對這學說挑戰，但我不相信這個學說。

孩子需要自由，因為只有在自由的氣氛之下他們才可以自然、向好的方面發展。我看見不少從私立和貴族學校轉來的學生，他們都有虛假的禮貌，但不真誠。

這些孩子對自由的反應很快，頭兩個星期，他們會替老師開門，稱我為「先生」，同時穿著整潔，很「尊敬」的看著我。這種目光一看就知道他們尚有點怕我。過了幾個星期的自由生活以後，他們都露出本來面目，變成既無禮也不整潔，也敢做從前學校不准做的一些事：像罵髒話、抽煙、打破東西，諸如此類的行為，但是他們的聲音和神情還是不真誠。

差不多要到半年左右，他們才會完全將不真誠與對權威的尊敬甩掉，而變成敢說敢為、活潑健康的孩子。很小就自由發展的孩子不需要經過這個不真誠和做作的階段。夏山最大的特色可說是孩子們絕對的真誠。活得真誠和對生活真誠都非常重要，它實在是人生最重要的。假如你擁有這種真誠，別的東西都會跟著來，每個人都知道演戲要演得逼真。我們期望政治人物、法官、教師和醫師真誠，但是我們教育孩子的方法卻使得他們不敢真誠。

也許夏山最大的發現就是孩子生來就是真誠的。因為我們不去影響他們，才能發現他們的真相，所以不干涉是我們管理孩子的唯一方式。未來作先鋒的學校，如要對兒童的知識，以及（更重要的）幸福有所貢獻，就應依循此一方式。

生命的目的在追求幸福，生命裡的罪惡是限制或摧毀幸福。幸福就是善良，不幸福最後就變成殺猶太人、恨弱小民族和戰爭。

但是真誠也有它難堪的時候。最近我們有個三歲女孩瑪麗向一個留鬍子的客人說：「我不喜歡你的臉孔。」客人隨機答道：「但我是喜歡你的。」她於是笑了起來。

我並不是憑空一味強調兒童需要自由。和一個自由孩子在一起半小時比整本書的論說有效，百聞實不如一見。

給小孩自由是不容易的。這表示我們不能教他宗教、政治或任何階級觀念。一個孩子如果聽見父親痛罵一個政治團體，或母親大罵傭人，他便不會有真自由。使孩子們不採取我們對人生的態度，實在是太難了。一個屠夫的兒子，多半不會宣揚素食主義，除非他對父親有反感而走極端。

社會的本質是不利於自由的。社會——群眾——向來是保守而憎恨新思想的。

群眾的反對自由可以由時尚中看出。群眾要求大家都一樣，在城裡如果我穿草鞋就是個怪人，在鄉下假如我戴大禮帽，我又是個怪人。很少人有勇氣不做「正確的事」。英國的法律——群眾的法律——禁止晚上八點鐘以後賣香煙。我想不會有誰贊成這條法律，但是我們會接受這條法律。

很少會有人願意做劊子手或者送人進監獄，那實際就是一個活的刑場。但死刑和監獄制度還保留著。我們的刑法大部分都是因恐懼而制訂的。我們教育的壓抑制度，也是植基於恐懼——對新一代的恐懼。

馬丁·康威（Martin Conway）爵士在他一本很動人的書《戰爭與和平的群眾》（*The Crowd in Peace and War*）裡說，群眾喜歡老年人：在戰爭時，選老的將軍；在和平時，選老的醫生。群眾因為怕年輕一代，所以就重視老的一代。

群眾的生存本能使他將新的一代看成一種威脅，新的一代是一個新而強的、成長中的另一個群體，它可能摧毀老的一代。在最小的團體家庭中，孩子們沒有自由也是基於同樣原因。大人堅持自己那些舊的**情緒性**價值觀。一個父親禁止他二十歲的女兒抽煙是沒道理的。禁止的原因是情感的與保守的，根本上是在恐懼她**下一步會做什麼**？群眾是道德的維護者，大人不敢給小孩自由，說實在話，因為他怕小孩去做所有他自己想做的事。把大人的價值觀強加在孩子身上，對孩子來說，實在是一大罪惡。

讓小孩自由過他們自己的生活，說來似乎很簡單，但是我們的說教、填鴨、強制等惡劣習慣，使我們無法認識真正自由的單純之美。

孩子對自由的反應如何呢？聰明和不聰明的孩子都得到他們以前從未得到，而且幾乎不可捉摸的東西——自由。他們在外表上的表現主要是真誠和慈善心的增加，以及侵略心的減少。當兒童沒有懼怕與拘束時，他們並無侵略性的專利。三十八年來我在夏山只看見過一次打得流鼻血的情形。學校免不了會有一兩個小霸道，因為學校裡不管有多少自由也不能消除一個壞家庭的影響。自由可以修改孩子出生後幾個月就造成的性格，卻永遠不能將它完全改變。同時自由有個最大敵人——恐懼。成人問：假如我們告訴兒童性的真相時，難道他們不亂來嗎？假如我們不檢查戲劇，那人們不會變得不道德嗎？

那些懼怕孩子會腐化的人是自己已經腐化了的——就像那些要大家穿兩件式泳衣的人自己頭腦不乾淨一樣。假如對某些事看不慣，就表示他對那些事最感興趣。保守的人不過就是那些自己想做而不敢做的人。

自由的目的在征服人類的無知。自由的人不需要檢查戲劇或服裝，因為他們見怪不怪，對那些看不慣的事情不感興趣。世界上沒有什麼事可以使夏山的學生震驚。並不是他們對罪惡習慣，而是他們對那些震驚的事看得很自然，因此不需要拿它們做開玩笑或談話的題材。

人們總是問我：「你們那些自由兒童怎能適應外面單調社會的生活呢？」我希望我們這些自由孩子將來是消滅這些單調生活的先鋒。

我們一定要容許孩子自私，而自由地在孩童時代順著他自己幼稚的興趣發展。假如他的興趣和團體的興趣起衝突，他的興趣應該有優先權。夏山整個的概念就是讓孩子依他們自然的興趣生活。

一所學校應該把學童生活安排得像遊戲一樣。我並不是說什麼都要替他們安排好，樣樣都替他們做好，那樣對孩子的性格極有害處。人生中已有太多困難，我們故意給孩子製造的那些困難，實在沒有存在的必要。

我認為以權威強制執行任何事都是錯的。**除非他自己願意，小孩不應該被迫做任何事**。整個人類的重擔就是那些外來的壓迫，不論它來自教皇或國家，老師或家長。

絕大多數人需要一個神，當家庭被像神一樣要求至真至善的父母管制的時候，人怎麼會不需要一個神呢？自由的意義卻是：在不妨礙別人自由的情形之下做你自己想做的事，因此使你能完全自律。

今日我們的教育政策是違反生活的，我們以強制的方法推行教育，但是強迫一個小孩不要扔石頭和強迫他學拉丁文是兩回事。扔石頭要牽連到別人，但學拉丁文則只和他自己有關。社會有權利阻止反社會的小孩，因為他妨礙到別人的權利；但是社會沒有權利強迫他學拉丁文，因為學拉丁文是個人問題。逼一個小孩念拉丁文就好像國會制定法律，硬性規定一個人信仰某種宗教一樣，這兩件事都是相當愚蠢的。

我小時候學拉丁文，講得更恰當一點是被逼著學拉丁文。每個小孩都有權穿著不管弄不弄髒都無所謂的衣服。每個小孩都應有權利隨便說話，我聽見許多孩子因為小時候不准說，但大了還是滿口的**王八蛋**和**去你的**。

世界上無數的人對性存有恨和恐懼，我們怎麼不會有一個更失控的社會呢！依我的解釋：人的天性中有足夠的力量可以克服那些壓制他的罪惡，現在我們已漸漸地看見自由的傾向，不論是在性方面或其他方面。在我小時候，女士穿著長襪和長裙游泳，現在她們已可以坦胸露背。每一代小孩都會得到更多的自由，今天，只有一些無知的家長才會在孩子指頭上塗辣椒以防他吮指頭；今天，也只有少數國家才允許他們的學校施行體罰。

自由的功效是緩慢的，也許要花好幾年工夫才能使一個孩子了解自由是什麼。任何期望立時見效的人都是不可救藥的樂天派。自由對聰明的孩子功效最大，我本來可以說，自由對聰明和笨的孩子應該一樣有效，因為自由是由感情感受，但個人感受不同，其他我不敢下定論。

從課業來看，小孩也有不同。所有夏山的孩子差不多成年累月地整天玩，但時間一到，聽明的就會坐下來預備入學考試規定要考的科目。在兩年多一點的時間之內，一個孩子會學到在嚴格教育下要學上七、八年的東西。

頑固的老師認為，不眠不休的苦讀是通過考試的唯一方法。我們實驗結果證明，苦讀對聰明的孩子行不通。在自由教育下，學校有各種其他活動干擾，集中精神讀書是最困難的，只有聰明的孩子才辦得到。

我知道，平庸一點的學生在嚴格教育下可以通過考試，但我不知道這些學生後來在社會上的成就如何。假如所有學校都自由，上課也自由的話，我相信孩子會發現自己是塊什麼材料。

我可以聽見一位正在忙著煮飯的母親，當孩子在旁邊爬來爬去搗亂的時候，會很不高興地問：「這套自由發展到底是什麼嘛？對雇得起傭人的有錢人來說當然不錯，但對像我這樣的人不過是廢話，增加我的麻煩而已。」

另外一個也會說：「我是想做，但該怎麼做呢？哪些書是我該看的呢？」

我們沒有書，也沒有金科玉律，更沒有權威。我們只是對小孩有信心的少數家長、醫師和教師，決心不以錯誤的干擾阻止孩子在心理和生理上的發展。我們也只是卑微的人性真理的尋求者。在這裡能告訴你們的，也只是我們一些對自由發展下長大兒童的觀察而已。

愛與贊許

孩子們幸福與快樂的程度全靠我們給他的愛和贊許而定。我們一定要和孩子站在一邊。與孩子站在一邊就是給孩子愛，那並不是一種占有的愛，也不是一種不講理智的愛，而是一種讓孩子感覺到你愛他，也贊同他一切行為的愛。

這是不難做到的，我就知道有許多永遠和孩子站在一邊的父母，他們從不要求孩子回報，結果得到很多回報。他們都了解：小孩只是小孩，並不是小大人。

當一個孩子寫信回家：「媽媽，給我寄五毛錢來，你們都好，問爸爸好。」做父母的微笑了，他們知道這就是一封十歲小孩很誠實的信。不了解孩子心理的父母便會對這樣一封信嘆氣：這個自私的小鬼，不是要東西就是要錢。

我們那些看法正確的學生家長從來不問學生在學校怎樣，他們自己看得很清楚。那些不對勁的家長則不斷問我：他會認字了嗎？什麼時候才會變得愛乾淨？他去不去上課？

我們要對孩子有信心。有的家長做得到，有的則否。如果你對孩子沒有信心，他會感覺得到，他們會覺得你不夠愛他們，否則你會更信任他們。當你贊成他們的時候，你可以無話不談，因為贊許使孩子所有的顧慮都消失無蹤。

問題是：假如你不贊許自己，你是否能贊許你的孩子？假如不了解自己，你便不能贊許自己；你對自己的行為和動機了解得愈清楚，贊許自己的可能性也愈大。

我衷心希望，家長對自己和兒童天性的了解能防止小孩的精神疾病。我要再強調：如果家長把他們過時的想法、做法和道德觀強加在孩子身上，就會毀了孩子的一生，他們是為過去而犧牲孩子。這些話是針對那些從前自己被逼相信嚴厲的宗教，而現在又逼子女信同樣宗教的父母而說的。

我知道天下最困難的事莫過於放棄我們認為重要的東西。但是只有割捨，我們才能發現生命、進步與幸福。父母一定要放棄成見，也一定要摒棄隱於權威和批判後面的仇恨，以及由恐懼造成的不容忍態度，他們必須摒棄舊道德觀和群眾審判。

簡單一點說，做家長的一定要變成一個獨立的個人，他必須知道自己是誰。這很不容易，因為一個人不僅是他自己，也是他所有遇見到的人的綜合，他會學到許多別人的價值觀念；家長把他們父母的權威加在孩子身上。每一個男人身上都有他父親的影子，每個女人都有她母親的影子，這種強加的嚴格權威造成仇恨，也造成問題兒童。這正好是贊許兒童相反的對照。

很多女孩跑來對我說：「我沒有一件事能討好我媽媽，她樣樣都比我做得好，假如我織毛線或縫衣服做得稍微不好的話，她就大發脾氣。」

小孩對愛和了解的需要遠超過知識的需要。他們需要愛和贊許來表現他們原有的支持。只有真正有勇氣和愛心的父母，才有能力給孩子表現善良的自由。

這個世界充滿苛責，這樣說不過是比說「這個世界充滿仇恨」來得好聽一點罷了。父母的仇恨造成問題兒童，就像社會的仇恨造成犯罪一樣。唯一的救贖是愛，難處在沒有一個人能被強迫去愛。

問題兒童的父母必須冷靜地問問自己：**我有沒有真正表示贊許我的孩子？我有沒有表示我信任他？了解他？**我在這裡並非空談理論，因為我曾經看見問題兒童來到我們學校以後，就變成快樂正常的孩子。我發覺治療過程的主要因素是贊許他、信任他和了解他。

贊許對正常兒童和對問題兒童來說是同樣重要的。每位家長和老師必須遵守此一信條：你要站在孩子這一邊。遵守信條是夏山學校成功的唯一原因。因為我們絕對為孩子著想，而孩子也會下意識地感覺到。

並不是說我們是一群天使，有時大人也照樣嘀咕。假如我在漆門時羅勃跑來往我門上丟爛泥，我會痛快地罵他一頓；因為我知道他在這裡已經很久了，我對他說的話他不會在乎。但是假如羅勃剛從一個很嚴格的學校轉來，而他丟泥巴實際上是在反抗權威時，我就會和他一起往門上扔爛泥，因為他比我的門更重要。我知道我一定要和他站在同一邊，耐性地等待他發洩完他的恨，他就會恢復正常。這真不容易做到。我曾經忍痛看著一個小男孩亂踢我珍貴的陶盤而不作聲，因為我知道如果我一出聲，他就會把我當做他嚴厲的父親，他每逢兒子弄他的工具便威脅要打他。

妙就妙在即使有時你罵孩子，還是可以站在他那邊。假如你站在他那邊，他會感覺得到的。小到關於馬鈴薯或者弄壞工具的爭執，並不會影響你們之間的關係。在孩子以前的生活中，權威和道德像警察一樣常約束他的行動，現在如果你不用權威或道德壓制他，他便會覺得你是站在他那一邊的。

當一個八歲小女孩從我身旁走過時說：「尼爾是個大笨蛋。」我知道這是她喜歡我的反話，或是她那時很自在。孩子對「被愛」的需要遠超過「愛別人」。對每個小孩來說，大人的贊成就是表示愛，不贊成就表示恨。夏山的孩子對教職員的態度和對我的態度一樣，孩子們覺得教職員也永遠和他們站在同一邊。

我已經提到過自由孩子的真誠。這種真誠係因受贊許而來，因為他們不必遵守一些不自然的規律和戒條，因此不需要過虛假的生活。

那些剛從必須尊敬權威的學校來的孩子，總是稱我為**先生**。當他發現我不代表權威時就不叫先生，而叫我「尼爾」。他們從不以獻慇懃贏得我的贊許，卻只希望得到夏山團體的贊許。從前我在蘇格蘭一個村莊當老師，小孩放學後會自動留下來幫我打掃教室或者去校園剪樹，那時他們矯情地想贏得我的贊許，因為我是他們的導師。

在夏山卻沒有一個孩子以做任何事情博取我的贊許，也許客人看見孩子幫助我除草時會覺得我的話與事實不符。他們除草的動機與我個人無關，小孩除草是因為他們自己在學校大會通過一條規定：任何十二歲以上的男孩每星期都要在校園打工兩小時。這條規定後來取消了。

在任何社會，人們都發自內心博取贊許，罪犯是被迫走上反路而為社會嫌棄的人。罪犯永遠是自我中心者。他說：我要發橫財，去他媽的什麼社會。刑罰只有加強他自我中心的觀念，監獄只會逼他變成一個更孤獨的人，使他把思想更集中到自己身上，同時懷恨懲罰他的社會。懲罰與牢獄都不能改變一個罪犯，因為那些只能證明社會對他的憎恨。社會因要博得其他份子的贊許而限制他在社會生存的機會，這種愚蠢而不人道的監獄制度是值得檢討的，因為它對罪犯的心理治療沒有任何價值。

所以我認為，任何感化院最重要的就是要形成團體贊許的氣氛。孩子一看見督察就要敬禮，或者一見院長進教室就立正，校內就沒有真正的自由，同時也不可能有團體贊許的氣氛。連恩發現，一個小孩剛到「小共和國」時，他往往用從前在貧民區一樣的辦法去博得新同伴的贊許。他吹噓他以前所做的一切，諸如怎樣精明地偷東西，如何巧妙地逃避警察等等。當他發現他的同伴對這種方式已不感興趣時，他便會頗感狼狽，自衛地謾罵新同伴。慢慢地，他發自內心想被人贊許的願望，使他不得不想辦法獲得這新環境成員的贊許，因此不需連恩個別治療，就很自然的找到和新夥伴融洽相處的新方式。幾個月以後，他便成為合群的人。

容我在這裡向每天五點二十分搭火車下班的平凡、可敬的且具有同情心的丈夫講幾句話：

我認得你，約翰。我知道你想愛你的孩子，同時也希望他們愛你。我知道你五個月大的兒子半夜兩點無緣無故大哭時，你當時對他沒有什麼好感。請你相信，即使是一時找不出原因，他一定有他哭的道理，不要對他吼。對一個嬰兒來說，男人的聲音聽起來比女人的更可怕。你永遠不知道，一個響亮而憤怒的聲音在不適當的時候，是否會將恐懼永久刻在孩子心上。

不要理會「父母手冊」上寫的「不要在床上抱孩子」那一套。盡可能的摟抱和逗你的嬰兒。

不要任意炫耀孩子。稱讚和責罵必須同樣小心，在人前當面捧她是不高明的，諸如「啊！是呀，瑪麗很不錯，上星期在她們班上又是第一，她的確聰明」等等。我並不是說你不應該稱讚你的孩子，一句「**你的風箏做得很好**」是可以的，但是為了要在客人面前炫耀你自己而稱讚他就不對了。被稱讚太多的鴨子，會像天鵝一般把脖子伸得長長的自鳴得意起來，這使小孩無法認識真實的自己，你不應該鼓勵你的孩子脫離現實而自造空中樓閣。但另一方面，假如你的孩子失敗了，絕對不要落井下石，即使成績單上都是紅字，也不要作聲。更重要的是：如果比利因為打架打輸了哭著回家的時候，千萬別說他沒出息。

假如你說過「**當我像你那麼大的時候……**」，你就是大錯特錯了。總之，不論孩子是什麼樣子，你都得接納他，而絕對要避免把他和你比較。

我對家庭、學校和人生唯一的一句格言是：少管他人閒事。這句話在任何情形下都適用。這句格言是唯一可以培養寬容人生態度的方法。我很奇怪我以前沒想到寬容這個字，這個字正好形容自由學校。我們要兒童有寬容之心，就必須先**對他們寬容**。

恐懼

我花了許多時間醫治那些被恐懼傷害的孩子。恐懼在孩子生活中實在是一件可怕的事。孩子對大人的恐懼、對處罰的恐懼、不被贊許的恐懼和對上帝的恐懼等等，都應該消除。只有仇恨才能在恐懼氣氛下滋長。

我們一生中充滿無數的恐懼，像怕窮、怕人訕笑、怕鬼、怕強盜、怕意外事件、怕輿論、怕病、怕死，諸如此類，人的一生就是活在懼怕中。成千成萬的人怕在黑夜行走；許多人在警察按門鈴時會感到渾身戰慄；大多數的旅客都會擔心船沉或飛機出事，坐火車的總是找「當中的」車廂坐。「安全第一」實在是人們最關心不過的事。

歷史上必然有一段時期，那時人們因為要生存而不得不逃避各種危機。今天，日常生活已是如此安全，所以我們從前保護自己的那一套再也不需要了。但是今日人類也許比石器時代的老祖宗有更大的恐懼。原始人只要怕龐大的野獸，今日我們卻要怕那麼多怪物：火車、輪船、飛機、強盜、汽車等等。最怕的是怕被別人發現我們的真相。當然我們仍需要恐懼，恐懼會使我們過馬路的時候小心一點。

在自然界裡，恐懼適合種族延綿的目的。兔子和馬得以生存是因為恐懼使牠們逃離危險。恐懼是野生動物生存定律中極重要的一部分。

恐懼永遠是自私的。我們為自己或為我們所愛的感到害怕，但多半是為了自己。小時候我很怕天黑後到農場取牛奶，但是，我姊姊和我一起去時，我從不怕她會在路上遇到危險。恐懼一定是利己的，因為所有恐懼追根究柢都是對死亡的恐懼。

一個英雄能把恐懼變成積極的力量，他可以控制恐懼。對恐懼的恐懼是軍人最痛苦的恐懼。懦弱者則不能把他的恐懼變成積極行動，但這世界上懦夫要比英雄多得多。

我們都是膽怯的，有些人可以掩飾他們的膽怯，有些則否。膽怯永遠是相對的，你可以對某些事很勇敢，對另一些事卻很膽怯。我記得我當新兵時第一課是擲手榴彈，有一個人未能把手榴彈擲過坑，結果引起爆炸，炸昏了好幾個人，幸好沒有傷亡，那天擲彈訓練就此結束。第二天，我們又行軍回原地，當我拿起第一顆手榴彈時，我的手抖個不停。班長輕蔑的看我，同時說我是個該死的懦夫，我只好坦然承認。

我們這個曾獲維多利亞作戰勳章的班長渾身是膽。但不久他私下告訴我說：「尼爾，只要有你在內，我就怕對班上訓話，我每次都怕得要死。」我非常驚奇，問他為什麼。

「因為你有個碩士學位。」他說：「而我連話都說不通。」

心理學不能告訴我們，為什麼有些小孩生來就勇敢，有的卻畏畏縮縮。父母的身心狀況可能很有關係。也許因為母親不要這孩子，而在臨盆時把她的憂慮傳給未出生的嬰孩；也許父母不想要的孩子生來就有懦弱的天性，他可能直覺地懼怕生命而希望待在子宮裡。

雖然我們還不知道懷胎時對孩子將來的恐懼有什麼關係，但小孩早期的訓練和恐懼有關係卻已成定論。這種後天的懦弱則可以預防。

一位很有名的心理分析家告訴過我一個年輕人的故事。他六歲時對一個七歲女孩表示一點性的興趣，當時被他父親抓住，於是狠狠打了他一頓。這頓毒打使他一輩子成了一個膽小鬼。從此以後都有重複早先經驗的那個衝動——他一直在尋求挨打和各式各樣的懲罰。因此，他只會愛上那些已結婚或訂婚的女人。他永遠有莫大的恐懼，覺得她們的丈夫或情人要鞭打他。這種恐懼又轉移到所有別的事情上，這人總是不快樂和膽怯，永遠覺得不如人，而且永遠覺得會有什麼危險要發生。在無數小事上他都表現出他的怯弱，即使在大晴天，假如他要走半哩路，他也要帶雨衣和雨傘。他對生命的態度是**否定的**。

為了兒童對性的興趣而處罰他，一定會使他懦弱。以地獄之火威脅亦然。在夏山我們有個小傢伙，也曾被教訓說：假如他碰他的生殖器官，就會被閹割。我發現，這是普通男孩和女孩都有的恐懼。這個恐懼有很嚴重的後果，因為恐懼和願望總是分不開的。通常閹割的恐懼就是閹割的願望——因為閹割乃是對手淫的懲罰，也是逃避被引誘的方法之一。

對於因被威脅而恐懼的小孩來說，性就是一切。是的，孩子把所有的恐懼都加在性上，因為人家告訴他性是邪惡的。晚上做惡夢的孩子通常是他們自己關於性的念頭。魔鬼也許來帶他下地獄，因為他是一個罪惡而該被懲罰的小孩。妖怪、鬼都是魔鬼假裝的。恐懼也因為良心受責備而來。只因父母的無知才使孩子們感到良心要受責備。

孩童的恐懼普遍是由睡在父母房間而來。一個四歲的小孩會看見和聽見他不能了解的事，父親成了虐待媽媽的壞人。小孩的被虐待狂可能是因為這種早期誤解和恐懼而形成的，因為小男孩那時把自己當成父親。後來，他變成一個把性和痛苦聯結在一起的年輕人。他怕他會對情人重複父親對母親做的事。

讓我把焦慮和恐懼予以區分。對老虎的恐懼是自然而正常的，怕被一個不謹慎開車的人撞死也是自然而正常的；假如我們不小心的話，也許都會被公共汽車撞死。但是害怕蜘蛛、鬼或老鼠則是不自然和不正常的，這種憂慮叫做恐懼症（phobia），是一種對於某種東西無理性和誇張的焦慮。恐懼症裡引起恐慌的東西通常是沒有多大害處的。這東西多半只是一個象徵，但是它引起的焦慮卻是真實的。

在澳洲，怕蜘蛛確有道理，因為蜘蛛可以致人於死。在英國和美國，怕蜘蛛則沒道理，因此可稱為恐懼症，蜘蛛成了深埋在心裡的恐懼象徵。因此，小孩怕鬼也是恐懼症之一，假如他有強烈宗教信仰的話，鬼也許代表死亡或者他的性衝動。而他家裡教導他說這種性的衝動是可怕而罪惡的。

有一次我被請去看一個對蚯蚓有恐懼症的女孩。我叫她畫隻蚯蚓給我看，她畫了一個陰莖。然後她告訴我說，在她上學的路上，有一個士兵曾對她顯示他的生殖器官，使她非常害怕，這種恐懼因此就轉移到蚯蚓上。但在這種恐懼症發生前，這女孩已經對男性生殖器官非常感興趣——一種**病態的**興趣，這種病態的興趣是因為沒有適當的性教育或對性的無知引起的，也是因為大人對這些事的隱晦處理而引起的。當然她不應該看到那種暴露，但是如果有較好的性教育也許會使她不致有這樣的病態反應，以及對男性生殖器官有長期的憂慮。

恐懼症在孩子很小時就會發生。一個有嚴格父親的孩子可能會對馬、獅子或警察有恐懼症。恐懼症也可能擴及其他象徵父親之物。這裡我們又可以看見把權威帶到孩子生命裡的危險了。

小孩一生中最強的恐懼莫過於永淪地獄這個念頭了。

我常常在街上聽見一個母親說：「住手，湯米，警察來了！」結果小則讓孩子很早就發現媽媽是個說謊的人，大則使孩子覺得警察是魔鬼，那個抓住你和把你關在漆黑房子裡的人。孩子永遠把恐懼和他最嚴重的罪行連在一起，因此一個手淫的小孩，後來因為拋石子被抓，便對警察有強烈而不正常的恐懼。其實他真正怕的是憤怒的上帝或魔鬼。

大多數的恐懼是由我們過去的犯罪行為而來。我們每個人都在幻想中殺過人。我相信當我阻撓一個五歲小孩使他不能隨心所欲時，他會在幻想中殺掉我。

我的學生常常拿著水槍圍著我叫著：「舉手！槍斃！你死了！」這樣就把權威殺掉，恐懼也因此而散發了。在某些早晨，我故意裝得很有權威的樣子，去看看那天槍斃我的情形到底如何。在這種情形下，我會被槍斃好幾次。幻想之後，接著來的就是恐懼：假如尼爾真的死了！我就是罪人，因為原來我希望他死掉。

夏山有一個女學生很喜歡游泳時在水底下拉人。後來，她對水有了恐懼症。雖然她是個游泳能手，但是她總是不游到腳踏不到水底的地方去。原來在幻想中她把許多對手都淹死了，現在她怕報應：為了懲罰我的壞念頭，我該被淹死！

小亞伯從前站在海邊看他父親游泳時，常會有莫名的恐懼。事實上是因為他常常希望父親死掉。他的恐懼是他的良心的責備，我們不應對孩子會在幻想裡殺人而感到驚訝，對小孩來說，死亡不過是把他所怕的人除掉，使他們不再擋他的路而已。我看見過成年人下意識相信他們應該對父親或母親的死亡負責。假如父母不以兇罵和體罰引起小孩仇恨，和因仇恨而感到罪惡感，這種恐懼可以減低。無數還在實行體罰和其他各種嚴厲處罰的學校，實在是給小孩留下無法醫治的創傷。

許多人私下深信：假如小孩無所謂懼怕，他們怎會好呢？因為怕地獄、怕警察或怕懲罰而「變好」的根本不是「好」——那只不過是懦弱。那種希望得到報酬，希望得到讚美和希望上天堂的「變好」不過是賄賂。今日的道德使我們孩子卑怯，因為它使孩子**懼怕生命**，懼怕生命就是嚴格訓練下的唯一成果。多數的教師不用恐懼和處罰就能將兒童教育得很好，那些濫竽充數的老師根本就不適任。

孩子也許因懼怕我們而接受我們的價值觀念。成人有的價值觀念是什麼呢？這星期我花了七元買隻狗，十元買陶器盤上的零件，十一元買煙草。雖然我常常默想和痛恨我們社會的不公平，但並沒想到把我所有的錢都捐給窮人。因此，我不對孩子宣揚貧民區是世界上最可憐的所在。我以前常那樣做，不過那是在我發覺自己假冒為善以前的事。

我所知道最快樂的家庭是那些父母不說教而對孩子絕對誠實的家庭。恐懼打不進那些家庭，父親和兒子是夥伴，愛也可以在那裡滋長。在另外一些家庭中，愛卻被恐懼壓倒。矯飾的尊嚴和強求的敬重使愛飄渺無蹤，強迫的尊敬永遠暗示著恐懼。

在夏山，怕父母的孩子常出現在老師的房間。真正自由的孩子從來不找我們，害怕的孩子總在打量我們。有一個十一歲的男孩，他的父親非常嚴厲，他一天來開我的門總共有二十次之多，總是探頭進來看一看，一聲不響又把門關上了。我有時就大聲向他說：「沒關係，我還沒死呢！」這孩子把父親不要的愛全部給了我，而怕他理想的新父親會突然不見。其實隱於這恐懼後面的真正願望是，希望他那討厭的爸爸不再存在。

和怕你的孩子在一起，遠比與愛你的孩子在一起容易相處。那是說，你會有個安靜點的生活，因為如果怕你，他們會離得遠遠的。我內人和我及夏山教職員都贊許孩子，因此也為他們所愛，這就是他們想要的一切。因為他們知道我們不會反對他們，所以很喜歡接近我們。

我發現夏山的年幼孩子中很少有怕打雷的，他們敢在暴風雨中宿於戶外；我也沒有發現很多孩子怕黑暗。有時一個八歲小男孩會在遠遠的田裡單獨露營，然後一個人在那裡過幾個晚上。自由能促進無所懼之心。我常常看見膽怯的小傢伙長成壯健勇敢的青年。但是泛泛而論也不對，因為有許多內向的孩子永遠也不會變得勇敢，有的人一輩子都怕鬼。

假如一個孩子在無所畏懼中長大，而仍有懼怕心理，那麼恐懼也許是與生俱來的。這種情形之所以不易解釋，主要是我們對懷孕時期的一切知道得太少。沒人知道一個懷孕的母親會不會把她的恐懼傳給胎兒。

另一方面，小孩絕對可以從他周圍的環境學到恐懼。今天，甚至年幼的孩子也沒法不聽見將來可怕的核子戰爭。這自然會引起恐懼的心理。但是假如沒有潛意識的對性和地獄的恐懼加在真正的核子戰爭恐懼上，這種對炸彈的恐懼可以變成一個正常的恐懼，而不是恐懼症，和一種莫名的憂慮。健康自由的兒童不害怕未來，他們會高興地迎接它，他們的下一代也不會有那種杞人憂天的病態，而能勇敢地面對現實。

威廉・瑞奇（Wilhelm Reich）指出，在突然遇到恐懼時，我們都會倒抽一口氣。一個在恐懼中生存的孩子一輩子都在倒抽涼氣，一個養育自由的孩子也可以從他未被壓制的呼吸中看出來。這表示他不怕生命。

對於想把孩子從仇恨、恐懼及不信任中拯救出來，並且讓他自由發展的父親，我有幾句重要的話要說：不要做監督者、批評者和家中的惡人。假如你太太常說：「等你爸爸回來再看！」不許她如此做，因為你會得到孩子當時所有對你太太的恨。

不要高高在上，假如孩子問你尿過床或手淫過沒有，勇敢和誠實地告訴他們真話。假如你是監督者，你會得到他們的尊敬，但是那是一種不對的尊敬——一種摻雜著恐懼的尊敬。假如你和他們站在同一陣線，而且告訴他們你小時候在學校是怎樣膽怯，你更會得到他們真正的尊敬，那種包含愛與了解而不帶恐懼的尊敬。

養育一個沒有心結的兒童並不困難，首先你必須使孩子不恐懼，和沒有罪惡感。我們雖不能完全取消我們的恐懼反應（假如有人突然打開門，無論什麼人都會嚇一跳，這是沒辦法的），但是至少可以替孩子除去那些不必要的恐懼，像對懲罰的恐懼，以及對憤怒的上帝或憤怒的家長的恐懼。

自卑感與幻想

什麼使孩子有自卑感呢？他看見成年人在做他不能做的或者不准做的事。陰莖與自卑感有關係。小男孩常常覺得他們陰莖很小而感到羞愧；女孩子也常因為她們沒有陰莖而感覺到自卑。

我猜想陰莖之所以是力量的象徵者，多半是由一種道德教育所引起，這種教育對它的禁忌使它神祕化。對陰莖思想的壓抑便引起許多幻想。那個被母親或奶媽如此小心保護的神祕東西，於是有了過分的重要性。我們可以看到陰莖有如何奇異力量的故事：阿拉丁擦了他的神燈——手淫——世界上一切的樂趣都呈現在他的眼前，同理，有許多富於幻想的小孩把大便當做是一件很重要的事。

幻想是永遠自私的。它是一個做夢者永遠是夢中主角的夢，它是一個理想世界的故事。孩子藉著他們的幻覺，進入成人藉一杯酒、一本小說或一場電影而進入的世界。幻覺永遠是逃避現實的，它的世界海闊天空，有求必應，瘋子在裡面漫遊不返。但是幻想對一個普通的孩子來說也很正常。幻想的世界比做夢的世界更美麗。做夢的世界裡面還有惡夢，但是在幻想的世界裡，我們有相當的控制，我們只幻想能滿足自我的東西。

我在德國教書時，曾有一個十歲猶太女學生史羅薇亞，她對許多事情害怕而且總是怕遲到。開學第一天她帶了一大袋書到學校，坐在書桌上就開始做起無聊的除法計算題。一連三天她都在埋頭計算。我問她是不是喜歡做這些，她膽怯地回答了一聲「是」。

第四天，我看她怪可憐的還在計算，便問她：「你真是喜歡做這算術嗎？」她便哇的一聲哭了起來，我輕輕地把書拿過來，扔到牆壁角落裡。我說：「這是一個自由的學校，你可以隨便做你自己喜歡做的事。」她看上去好像高興了一點，然後吹了一整天的口哨。她沒做任何其他的事，只是吹口哨。

數日後，我在戶外滑雪經過一座樹林的時候，聽見裡面有聲音，然後我看見史羅薇亞。她已把滑雪板解掉，正在雪地裡走，一面笑一面大聲講話。她顯然在扮演不同的角色，我從她旁邊走過，她也沒看見。

次晨，我告訴她，我聽見她在樹林裡講話，她很狼狽地跑開。下午的時候我看見她在我門外蕩來蕩去，最後她終於進來了，她對我說：「我不曉得要不要告訴你昨天我在樹林裡做些什麼，現在我想我可以告訴你了。」

那是一個精彩的故事。好幾年來，她一直幻想她住在一個叫做格華德的村子裡，她把村裡的地圖遞給我看，同時告訴我每幢房子的地點。她讓村裡住滿各式各樣的人，當然，她和每個人都很熟，我那天聽見的是兩個男孩——漢斯和漢爾姆——的談話。

我花了好幾星期才發覺她何以會有這樣的幻想。史羅薇亞是獨生女，很少有玩伴，所以她創造了一村子的遊伴。幻想的重點是漢爾姆因想侵入農園而被看門的狠狠打了一頓。後來她提到農園好像她剛長出的陰毛，然後她講出有個男人在性方面碰過她。我才知道漢爾姆代表著那個想侵入農園的人，也代表著她用來手淫的手。

我決定把這一切解釋給她聽，以打破她的幻想。在那以後的兩天之中她失魂落魄，一副悲慘的樣子。「我昨天晚上想回格華德村去。」她一面很傷心的哭，一面對我說：「但是我回不去了，你把我一生最喜歡的統統破壞掉了。」

十天以後，一位老師告訴我：「史羅薇亞變了，她整天唱歌，同時愈來愈漂亮了。」這是真話，她變漂亮了，同時突然間對任何事都感興趣起來。她甚至要求上課而且念得很好；她學畫圖，畫了幾張很好的素描。總之，她又回到現實生活中了。她從前遇到那可怕的性經驗和她的孤單，使她不得不退卻到一個沒有誘惑和壞男人的夢幻世界裡。但是甚至在她歡樂的白日夢裡，漢爾姆還是想闖入她的天堂。

另一個女孩整天做白日夢，她是最好的演員，觀眾向她歡呼十六次之多。動不動就大發雷霆的吉姆告訴我他對大小便的幻想，他把性當成一種力量的象徵。另外一個九歲的男孩也有一長串的對火車的幻想，他永遠是司機，國王和王后（爸爸和媽媽）經常是他的乘客。小查理幻想他有成群的飛機和一大批汽車。

吉姆一天到晚講他的叔叔送給他的華貴汽車——小型的，但是用汽油的。吉姆說他不需要執照就可以開他的新車。有一次我發現幾個小傢伙在吉姆煽動之下，要步行到四哩以外的火車站去：吉姆的叔叔已經把他的車子運到車站，他們現在要去開回來。我想到他們走四哩爛泥路去接一輛只存在吉姆頭腦裡的車子而接不到時的失望心情，決定阻止此一遠征。我告訴他們說要犧牲中飯，吉姆本來看起來已頗不自在，這時便大叫說：「我們才不要犧牲中飯呢。」於是他們的保母便靈機一動說，吃過飯帶他們去看電影好不好，他們連忙脫掉雨衣，打消去車站的念頭。吉姆如釋重負，因為只有他心裡清楚，送他車的叔叔是假的。

吉姆的幻想和性沒關係。自從他到夏山以來，他就常常向別的孩子如此誇口。有次一連幾天，一群小傢伙都在注意窗外遠處萊姆港的往來船隻，吉姆告訴他們另外一個闊叔叔有兩條大洋輪。孩子們慫恿吉姆寫信給那叔叔，請他送他們一艘機器船。他們那時正在等大船把小船拖來呢。這樣吉姆就會很神氣。事實上他是個一直寄宿在外的小可憐，為了補償他的自卑感，他就拚命吹牛。

摧毀日常生活中一切幻想會使生活平淡無味。任何創作都必須先有幻想。在第一塊磚還未砌下時，瑞恩的幻想已創造了聖保羅大教堂。

可以實現的夢想值得鼓勵，但那種天花亂墜的，則應盡可能予以打消。假如孩子一直追求這些幻想，他便不能成長。一般學校所謂的笨學生多半是活在幻想中的孩子。一個一天到晚等他叔叔送車來的小孩，他的心哪裡會放在數學上？

有時我會和家長因孩子閱讀和寫作的問題爭論得很激烈，一位家長寫信來說：「我要我的兒子能在這個社會自立。你一定要逼他閱讀。」我回信道：「你的孩子現在還活在一個幻想的世界裡。也許要花一年的工夫才能打破他的幻想世界。假如要他現在去讀書簡直是陷害他。除非他在幻想世界滿足而自動轉移興趣，否則他不可能對書本有任何興趣。」

是的，我當然可以把小孩叫到我房間來對他嚴厲地說：「趕快把叔叔和汽車這些無聊的事都丟到腦後，你曉得，這些都是假的。明天一早你就去上課，不然的話……」但是這簡直就等於在犯罪，在沒有為孩子找到代替品前是不可以把他的夢打碎的。最好的方法是鼓勵孩子談他自己的幻想，十之八九，他便會漸漸失去興趣。只有在少數情形之下，幻想已存在多年，我們不敢輕易打破它。

我剛才說過一定要有些別的東西代替幻想，如果我們要心理健康的話，每個孩子和成人都至少要有一樣能領先之處。在課堂上領先有兩種：第一種是考第一名，第二種是能夠對最後一名的同學頤指氣使。後者是比較更容易勝任的，外向的孩子通常容易用這個方法領先。內向的孩子則退到幻想世界尋找他的優越，因為在現實社會中他很難感到優越，他不會打架，他不能在遊戲或比賽中得勝，他不會演戲、唱歌或跳舞。但在他的幻想世界裡，他卻可以是世界重量級拳擊冠軍。自我滿足是人人都需要的。

破壞行為

成人不容易了解為什麼小孩對財產毫不重視。孩子並不是故意要摧毀東西，**他們只是在無意中做了。**

有一次我看見一個正常快樂的小女孩，聚精會神地用燒得通紅的火鉗，在教員休息室的核桃木壁爐架上燒洞。當我阻止她時，她吃驚地說：「我不是故意的。」她說的是真話。她的行為是象徵性的而不在意識控制之內。

大人對貴重東西有占有欲，小孩則無。因此大人和小孩住在一起時，對東西的處理一定會起衝突。在夏山，孩子們在睡覺前五分鐘把火爐加大，他們把火爐堆滿煤塊。這對他們來說，只不過是一塊塊黑石頭而已，對我來說卻是每年三百鎊的開銷；小孩常忘記關燈，因為他們沒想到電燈和電費單有關係。

家具對孩子來說好像不存在似的，所以在夏山我們只買舊的汽車墊子當椅子，而一兩個月之內它們也全部報銷。吃飯的時候，在等添飯時，常有小孩不時把叉子扭成一團，這些行為都是不自覺的。同時不只是對學校財產才不留心和破壞，他自己才剛買了三個星期的新自行車也扔在外面淋雨。

九或十歲的孩子的破壞性並不是惡意和反社會的。東西是個人財產的概念還未進入他們腦子。當心血來潮時，他們會把被單和毛毯做成海盜船，結果床單變得烏黑，毛毯也撕破；但是當骷髏旗升上和鞭砲齊發時，他們哪裡還會想到被單弄髒了呢？

說老實話，任何一個要讓兒童自由發展的人都應該是個百萬富翁。孩子天生的不小心，如果和經濟問題常起衝突的話，對孩子來說是不公平的。

對一般嚴格教育家主張**強迫**孩子尊重財產的說法，我絕不以為然，因為這就不得不犧牲小孩的遊戲生活。我的看法是，應該由小孩自動對東西產生價值觀念。當小孩過了對財產漠不關心的少年階段，他們就會自動地重視財產。如果孩子自由的度過這段時間時，他們將來很少會變成唯利是圖的人和剝削者。

女孩的破壞性比較小，那是因為她們的幻想生活中沒有海盜船、強盜和搶劫等等。但是說句公平話，女孩子的房間也好不了多少。我不大相信女孩子的解釋，說那些扯破的東西都是來玩的男孩子留下的痕跡。

幾年以前我們為了使宿舍暖和一點，就在孩子的宿舍牆上加了一層海狸皮板。這種板子是一種小孩一看到就想戳洞的厚板，我們乒乓球室的海狸皮板就和柏林大轟炸後一樣。在海狸皮板上挖孔就像挖鼻孔一樣不自覺的。就像破壞其他各種東西一樣，常有一個隱藏的動機在後面，那種動機往往很有創造性。假如孩子的船首需要一個金飾，他找得到釘子就用釘子；找不到，我的昂貴小工具就會派上用場，若是大小剛好合適，那就更棒了。一把鑿子和一支釘子對孩子來說同樣是一片金屬而已。一個很聰明的學生也有一次拿很貴的細粉刷去漆屋頂。

我們發現孩子和大人的價值觀念完全不同，假如學校要在壁上掛美麗的古典油畫，和在室內擺設美麗的家具，以培養孩子對藝術的鑑賞力，那就是顛倒乾坤了。孩子是野人，直到他們文明以前，他們都應該生活在一個盡可能原始的環境裡。

十幾年前夏山搬到現在的宿舍，我們曾飽嘗孩子往嶄新的橡木大門上扔刀子的痛苦。於是我們趕快買了兩節舊火車廂，將它們改造成平房，在那裡我們的野人可以隨心扔刀子。但是三十三年後的今天，火車廂還未壞，裡面住的是十二歲到十六歲的男孩子。大多數這樣年紀的孩子已經知道要舒服和佈置房間了，所以他們大都把房間保持得整齊清潔。另外一些學生則弄得亂七八糟，這些多半是從私立學校轉來的。

你一看就知哪些學生是從私立學校轉來的。他們最髒，最不愛洗臉，衣服穿得也最不整齊。很久以後他們才能紓發在私立學校被壓制的那些原始衝動。即使在自由發展之下，他們也要經過相當長的時間，才能變成真正合群的孩子。

工藝室是一個自由學校麻煩最多的地方。夏山成立初期，工藝室對學生隨時開放，結果每一樣工具不是遺失就是遭到破壞。一個九歲小孩會把鑿子當起子用，或者拿鉗子修理腳踏車，用完之後就扔在外面地上。我不得不把我私人的工作室和工藝室隔開來，然後上鎖。但是我良心上一直感到過意不去。我覺得我很自私而且不顧群體生活，所以我後來又把工藝室和我的工作室打開了，不到半年，我私人工作室的工具全部報銷。

一個小孩把我所有的電線圈拿去做鎖摩托車的鍊子，另外一個把我的陶器塞進正在轉動的螺旋機裡，用來鎚銅器和銀器的精巧鎚子也被拿去敲磚頭。許多工具一不見就再也找不回來了。最糟的是，孩子手工藝的興趣幾乎也完全消失，年紀大一點的孩子會說：「工藝室有什麼意思，所有的工具都一塌糊塗不能用。」那些工具的確是一塌糊塗。刨機上面全是缺口，而鋸子上面一根鋸齒也沒有。

於是我在學校大會建議，我的工作室還是要上鎖。提議通過了，但當我帶客人參觀我上了鎖的工作室時，心裡感到何等羞愧！**自由學校還鎖門？**看起來實在不高明，所以我決定學校再添一間不上鎖的工藝室。我預備了一間工作室——裡面板凳、老虎鉗、鋸子、鑿子、刨木機、鐵鎚、鉗子及三角板樣樣齊全。

四個月以後，有一天，我帶一群客人參觀我的工作室，我開鎖的時候，有位客人問道：「這看起來好像不大自由，是不是？」

我趕快解釋道：「孩子有**另一間**整天開放的，跟我來，我帶你們去看。」結果那間工藝室裡除了板凳還在以外，其餘空空如也。連老虎鉗都沒有一把，那些鑿子鎚子被扔在我們十二畝校園中的哪個角落，我不知道。

這種情形一直使教職員憂慮，我當然更甚，因為我非常重視工具。我的結論是工具不應該共同使用。「依我看，」我對自己說：「也許我們可以利用人自私的心理，假如真正要用工具的孩子自己有一套工具時，也許情形會不同。」

我在大會將此建議提出，大家都很贊成。第二學期開始時，有些年紀大的學生從家裡帶自己的工具箱來。他們將自己的工具保護得非常好，並且在使用時遠比從前小心。

夏山的孩子年齡差距太大，也是原因之一。因為工具對年紀小的孩子來說毫無價值。現在，我們的工藝老師負責鎖工藝室門。我很大方地讓一兩個大班生在需要我的工具時利用我的工具室，他們絕對不亂來，因為他們已經到懂得工欲善其事必先「護」其器的年齡。他們也知道自由與放縱不同。

雖然如此，夏山鎖門的地方還是愈來愈多。有一個星期六晚上開會時，我說：「今天早晨我帶客人參觀，我得把工藝室上的鎖打開，還有實驗室、陶器室、戲院，我不喜歡這樣。我提議所有地方的門都不要上鎖。」

反對之聲異常激烈。有些孩子說：「實驗室非鎖不可，因為裡面有毒藥。陶器室通實驗室，所以也要上鎖。」

另外一些說：「我們不能不鎖工藝室，看看上次那些工具到哪裡去了。」

「好的，好的，」我請求說：「至少戲院的門要開著，總沒有人會把戲台扛走罷。」

編劇的、男女演員、管場務的、管燈光的，全體都站了起來。管燈光的說：「你今天早晨忘記關戲院的門，下午不知哪個笨蛋把所有的燈都打開，開了不說，還忘了關。那些是三千瓦特燈泡，每一瓦特是九分錢。」

另外一個說：「小班生跑來把戲服翻出來亂穿。」

結果我的不鎖門只有兩張贊成票，我一票，另一個七歲女孩一票。後來我發現，她以為我們還在投前一個提議說「應該准七歲小孩看電影」的票。孩子已經從他們的經驗裡學到應當尊重私有財產。

一件很傷心的事實是：我們大人對東西的安全比對小孩安全更為重視。我們的鋼琴、工藝工具、衣服——還有許多別的東西，都成了我們的一部分。看見我的刨木機被濫用，我的感情就受到傷害。我們對東西的愛常常超過對孩子的愛。每一句**「別碰它！」**都是把東西看得重於孩子，因為孩子的願望和成人自私的願望起了衝突，我們就當他們是累贅。

三個小男孩有一次借了我貴重的手電筒。他們想研究那葫蘆裡賣的是什麼藥，結果就是把它拆壞了。憑良心說，我實在不喜歡他們那樣的研究法，雖然我猜這次破壞的行為是有心理原因的：手電筒可能象徵父親的陰莖，我還是很不高興。

我的最大夢想是收個百萬富翁的兒子做學生，讓他**花他父親的錢**做各種不同的實驗，因為給一個心理有問題的兒童自由是件很花錢的事，至於正常的孩子，沒有一個會經常想往電視機釘釘子。

我出去演講常被問的一個問題是：假如孩子往鋼琴上釘釘子你怎麼辦？現在我已有充分經驗，一眼就可看出誰會問此問題。她通常坐在前排，在我演講時搖頭表示不贊成的女士。對這問題最好的答案是：**如果你對待這孩子的態度正確，你怎樣對待他都沒有關係。**只要你不給孩子良心的譴責，你不准他釘鋼琴並不緊要。你可堅持個人的權利，但不能給孩子道德的教訓。用討厭、壞或髒鬼等字眼才會傷害他們。

閒話少說。我們的小木匠應該有木頭可以釘，那樣他就不會去釘鋼琴。每個孩子都應該擁有屬於自己的工具，讓他自己使用。但是請記得，對於工具他可沒有金錢價值觀。

問題兒童經常性的破壞與一般兒童不同。後者的破壞性不是因為恨或者焦急；它們是有創造性的想像行為，並無惹人厭的意向。真正的破壞性是表現於行動的恨，是謀殺的象徵，只有問題兒童才有這種傾向。戰爭時有士兵住過的家庭會了解這是怎麼一回事，那些士兵比兒童更有摧毀性。這是必然的，因為他們的工作就是破壞。

創造等於生命，摧毀等於死亡。愛破壞東西的問題兒童是違反生命的。焦急的兒童的破壞性由多方面原因引起，也許他妒嫉家中得寵的兄弟姊妹，也許是反抗家庭的權威，也許只是好奇心的表現。

我們應當注意的並不是破壞行為的本身，而是破壞所代表的恨。那種恨如果不加以防範，便會使小孩變成虐待狂。

這是一個極重要的問題，它牽涉到人在這世界上由生到死都遭遇到的恨。我們這世界上當然也有愛，假如沒有愛，人類只有絕望了。因此每位家長和教師都應該努力發現他自己內在的愛與同情。

說謊

假如你的孩子撒謊，他不是怕你，就是在模仿你。撒謊的父母必有撒謊的子女，如果你要孩子說實話，就不要對他們說謊。這並不是道德問題，因為我們隨時隨地都在說謊。有時，我們因為不想傷害別人而說謊，有時，假如人家說我們自私、虛偽，我們當然不願意承認。為什麼說「媽媽頭痛，你要安靜一點」，而不直截了當說「不要鬼叫」呢！當然這要在孩子不怕你時，你才可以那樣說。

父母有時因為要維護自己的尊嚴而撒謊：「爸，你一口氣打得過六個人，是不是？」這實在需要勇氣才能承認：「不行，孩子，看我大肚腩和蝴蝶袖，我連小矮人都打不過。」有幾個父母能對他們的孩子坦白說出他們也怕打雷和警察呢？很少會有人讓孩子知道他從前在學校時的綽號是「窩囊廢」！

父母說謊有兩種動機：一使孩子們守規矩，二要表現自己十全十美。有幾個家長和教師真實問答「你喝醉過沒有？」和「你罵過髒話沒有？」這類的問題呢？因為怕孩子知道真相，所以大人才說謊。

我小時候不能原諒我父親因為怕野牛而跳牆。孩子把成人幻想成英雄與騎士，我們便不得不遵此而行，但是將來有一天，一切都會真相大白。有一天，孩子會覺察我們都是說謊的人和騙子。

也許每個孩子都經過一段批評和輕視父母的時期，它差不多總是在發現父母真相以後出現的。這種藐視不過是因為理想父母和實際父母差得太遠而引起的，以後孩子會同情與了解父母，他們的幻覺也會消失。但是如果父母誠實的話，也不會有這種誤解。

對孩子說真話的困難是因為我們不敢對自己誠實。我們對自己和鄰居說謊。所有已出版的自傳都是謊言。我們說謊，因為我們被要求要遵守崇高的、無法企及的道德標準。我們早期的訓練使我們的行為不能光明正大。直接或間接向孩子說謊的大人並不真正了解孩子。因此我們的教育制度中處處皆虛偽，我們的學校偽稱服從與勤儉就是美德，歷史和法語就是教育。

夏山的學生中沒有一個真正的或慣性說謊者。他們剛來的時候，因為不敢說實話，所以就說謊；當他們發現學校裡沒有人管他們的時候，他們就不說謊了。孩子多半因恐懼而說謊，沒有恐懼，謊言也大為減少，我不敢說它會消失。一個孩子會告訴你他打破一個窗子，但他可能不告訴你他偷工具或偷東西吃，要孩子完全誠實未免有點奢求。

自由不會除去孩子幻想式的謊話，但是許多家長都小題大做。當小吉美跑來告訴我說他爸有輛華貴轎車時，我說：「我知道，我在大門口看到了，真棒！」

「哦！」他說：「你曉得我只不過是隨便說說而已。」

說謊和不誠實的區別必須弄清楚，乍聽之下也許不合邏輯。你可以很誠實，但又是說謊者。他可以對人生大事真實，但在小地方說謊，這樣的謊多半是為顧及別人的面子而說的。假如你一定要逼我寫「敬啟者：你的信又臭又長，使我不屑過目」，或非得逼我對一位準音樂家說「謝謝你的演奏，可是你把那練習曲給糟塌了」，那就是罪惡。成人的說謊多半是利他的，孩子說謊多半是自私的。要孩子一輩子說謊的最佳方法就是堅持他說實話，而且每句都非是實話不可。

我承認，說實話誠然不易，但是如果你下決心在孩子面前絕不說謊，事情就會比想像中容易得多。世界上只有一種謊言是好的，那就是當生命有危險時所說的謊言。譬如對一個病重的孩子，我們不能告訴他媽病逝的消息。

普遍的一般禮儀是虛偽的，我們言不由衷的說「謝謝」，我們也對我們並不尊敬的女人舉帽致敬。

說謊事小，生活虛偽禍大。生活不真實的父母是最危險的。一位父親講起他十六歲愛偷東西的兒子時說：「我一生只要求我兒子一件事，那就是絕對的誠實。」一個男人和他太太口頭上叫得親熱，實際上卻互相仇視，那孩子只茫然地感覺到家庭中有些不對。當家庭是那樣虛偽時，孩子長大怎麼可能誠實？那孩子的偷竊行為，不過是一個想獲得家庭中所沒有的愛的病態方法而已。

父母虛偽，孩子就學到說謊。在父母不相親相愛的家庭中的孩子是不可能誠實的。家長可憐的偽裝欺騙不了孩子，他被逼退到一個不真實的世界和幻想的世界。請記住，孩子雖然不明白，但他們**感覺**得到。

教會不斷謊稱人生於罪而需要贖罪，法律則伸張「懲罰可以改良人性」的謊言，醫生和藥房也妄稱人類的健康需靠那些無機的藥物來維持。

我強調父母不需要說謊，他們應當不敢說謊。這世界上有許多不說謊的家庭，只有從那樣的家庭裡來的孩子才是眼睛雪亮和真誠的。一個家長可以告訴孩子實話，不論那是關於生產的或是母親的年齡問題。

三十八年來，我從來沒有故意對孩子說過謊，我也沒有那種願望。但事不盡然，因為有一次我說了一個大謊：一個從小不幸的女孩，偷了一英鎊，三個男孩組成的偷竊偵查小組看見她買冰淇淋和香煙，就盤問她錢從哪裡來的。「尼爾給我的。」她說。他們帶她來見我，問我：「你給李絲錢了嗎？」我一看就知道怎麼一回事，便若無其事地回答道：「是呀！我給她的。」我知道我如果出賣她，她一輩子也不會相信我。她偷錢是象徵偷愛，這象徵性的行為又要受到敵對，所以我非得讓她知道我在庇護她不可。我知道如果她的家庭誠實而快樂，這種情形根本不可能發生。我的說謊是有原因的——目的是在治療。在其他時候，我不敢說謊。

自由兒童不大說謊。有一天村裡的警察來看我，剛好碰見一個學生跑來對我說：「喂，尼爾，我打破了一扇窗子。」警察著實吃了一驚。孩子說謊的原因主要是自衛。在恐懼孳生的家庭，謊言也就生生不息。唯有除去恐懼，謊言就不能生存。

但是，還有一種不含恐懼成分而由幻想引起的謊言，「姆媽，我看見一隻狗跟牛一樣大。」這和釣魚者吹牛釣大魚又讓牠脫逃的是一回事。在這種情形之下，牛皮使吹牛的人神氣一點。對付這種吹牛的方法，就是也去一起加入。所以當比利告訴我他父親送他一輛小轎車時，我就說：「我早知道了，真漂亮，你會不會開呀？」我懷疑這種羅曼蒂克的謊言會不會在自由兒童中存在，我想他們不需要吹牛來補償他們的自卑感。

一個私生子雖然不知道他是私生的，但會感覺到自己與別的孩子有異。當然，如果他知道真相，而生活在一群知道他是私生子但並不在乎這件事的人之間時，他也就處之泰然了。感覺比知識來得更重要。無知父母的謊言給孩子帶來莫大的損害。經常是孩子的心靈而不是他那知覺的頭腦受到傷害，**造成精神疾病的是心靈而非知覺的頭腦**。

養父母一定要告訴養子真相。一位後母讓他的繼子相信她是親生母親，就是在自找麻煩，通常一定會出毛病。當青少年發現隱匿的真相後，他們日後的心靈將有嚴重的創傷。總有些愛嚼舌根的人會把這可憎的實情告訴他的。

要想保護孩子不受無聊的人說閒話的傷害，最佳方法就是永遠向他們說實話。對待孩子唯一的方法就是絕對真實。如果爸爸從前坐過牢，就要讓兒子曉得；如果媽媽做過酒家女，也不需要對女兒隱瞞。

但是當孩子問「媽媽你最喜歡我們哪一個」時，這就難回答了，通常的回答是：「小乖，我每個都一樣喜歡。」這是假的卻是甜蜜的。應該如何回答這個問題？我不知道。也許此時說謊是合宜的，一句「我最喜歡湯米」的後果可能不堪設想。

對性的問題誠實的家長，對別的事不可能不真實。但是那種說警察要來抓不乖的人、抽煙會長不高，和說媽媽頭痛其實是她月經來了的謊言，幾乎每家都可以聽到。最近，一位夏山教師離校到倫敦去教幼稚園，小學生問她孩子是從哪裡來的，第二天早上好幾個憤怒的母親到學校來罵她「頭腦不乾淨」，應該被革職。

一個自由發展的兒童不會故意說謊，因為她不需要如此做。他不會因怕被罰、保護自己而說謊。但是他仍會說幻想式的謊言——那種從未發生的牛皮。

以恐懼所引起的謊言而論，我可以想像將來的孩子不需說謊。每件事都可以公開與誠懇地討論。他們的字彙中將不會再有「謊言」這個字。說謊永遠是由膽怯而來，膽怯則來自無知。

職責

在許多家庭中，因為大人永遠把孩子看做嬰孩對待，因此孩子的自我就受到壓抑。我知道有些十四歲的女孩，她們的家長還不信任她們會生火，用心良好的家長往往不讓孩子擔負任何責任。

「小乖，一定要把毛衣帶去啊！今天一定會下雨。」

「不要到鐵路旁邊。」

「你洗過臉了沒有？」

有一次，夏山來了一個新學生，她媽媽說她衛生習慣極不良好，一天要叫上十幾次才肯洗臉，但是從來校第一天起，她每天淋冷水浴一次，而且一星期至少沐熱水浴兩次。她的臉和手一直都很乾淨。她在家中的不愛乾淨——也許只是她母親的想像——是因為她媽媽待她像嬰兒一樣。

大人應該盡可能給孩子事情做。蒙特梭利教育制度下訓練出來的幼兒可以自己端熱湯。我們學校一個年紀才七歲的學生會運用所有的工具，包括鑿子、斧頭、鎚子和刀子在內，我割破手指的次數比他還多呢！

職責（responsibility）不能和責任（duty）混為一談。責任感應該在孩子長大以後才予以培養，責任這個字給人嚴重的感覺，它使我聯想到因為責任所迫要在家事奉年邁父母而錯過婚姻機會的大齡女，以及那些已經互不相愛而為責任所繫還住在一起的夫婦。有許多到夏令營或者寄宿的孩子，覺得寫信回家是個惹人厭的責任，尤其是星期天下午非寫家書不可的時候。

職責應該依年齡決定是沒有根據的，這將是將青年人交到老年人（說得更恰當一點，老頑固）的手中。家庭中每一份子應對他下面弟妹負管理與保護之責也是錯的。父母不大能了解六歲的孩子並不懂邏輯推理，而期望他們能了解像「你比湯米大，你這樣年紀該懂得不讓他亂跑」的話。

孩子不應擔任他還不能勝任的職責，也不能做他還不知如何判斷的任何決定。有點常識的家長，不致期望過高。

在夏山，我們不會問五歲的孩子需不需要爐邊的護欄；我們也不會叫六歲的孩子決定發燒時要不要跑到外面去；我們更不會問一個疲憊的孩子該不該上床。當孩子生病時，也毋需得到孩子的允許，才讓他們吃藥。

把必要的權威加在兒童身上，與給兒童和她年齡相稱的職責的觀念，並不相衝突。在決定要給予多少職責時，家長應當運用內在良知，先檢驗自己。

一般不准孩子自由選擇服飾的家長，都是怕孩子選中的會不合他們身分。挑選書籍、電影或孩子的朋友的家長，也是把自己的鑑賞力強加在孩子身上。這樣的家長表面上以他們知道什麼對孩子最好為藉口，其實他們的深層動機都是在想要權力。

總之，家長應當在孩子身體安全的原則之下盡量給他職責，只有這樣，才可以培養孩子的自信心。

服從與紀律

我想起一個不恭的問題：「為什麼孩子要服從？」我的回答是：「因為要滿足大人對權力的願望。要不然為什麼要他們服從？」

你會說：「但如果他不聽話、不穿鞋的時候，他的腳可能打濕，假如不聽從爸爸叫喚他可能會落崖摔死！」當然在性命交關的時候，孩子必須服從。但是有多少時候，孩子是因為不服從性命交關的命令而受罰的？很少，也許從來沒有，他通常都會被摟得緊緊的：「我的寶貝，謝天謝地，你沒事！」小孩總是為小事受責罰。

有的家庭不需服從而照樣管得很好，假如我對孩子說：「把書拿出來，念一課英文。」如果他不喜歡英文，他可以拒絕。他的不服從只在表示他個人的願望，並不打擾或妨礙他人。但是如果我說：「園子的中間那塊地剛下過種，我們不要踩它。」所有的孩子必須服從，就像他們要服從德克所說「未得我的允許就不准玩我的球」一樣，服從應當是「給」與「取」雙方面的。偶爾，夏山有學生犯規，其他學生就採取行動。但是，大體上說來，夏山沒有任何權威與服從，每個學生**在不妨害他人自由範圍之內，皆可隨心所欲**。這是任何團體都可以做到的一個標準。

如果讓孩子自由發展，家中就不會有權威，這就是說，家中將沒人大聲命令：「我說的，立刻去做！」但事實上權威仍然存在，不過那到可被稱為是保護、照料與成人的責任。這樣的權威有時要求服從，但有時也去服從。因此我可以對我女兒說：「你不能把爛泥和水桶帶到客廳來。」這就和她說：「出去，爸爸，我現在不要你在我房間。」是一樣的，我當然會一聲不響地服從她。

與處罰相似的是：父母要求孩子不能貪多。舉例來說，孩子常高估自己，他會要滿盤菜，卻吃不完。逼孩子吃完飯碗裡的東西是不仁慈的，好的家長會替孩子著想，了解他的動機和限度，而不暗地怨恨他這種行為。

有位母親寫信給我，要我教導她的女兒服從她，而我卻教那孩子服從**自己**。這個媽媽只看到她不服從的一面，而我卻看到她「總是會」服從。五分鐘前她進來和我討論狗和訓練狗的方法，我說：「快走開，我忙著寫書。」她乖乖地就走了。母親發現她很不服從，我卻發現她**非常聽話**。

服從應該是社交上的禮貌。大人沒有權利逼迫孩子服從，服從一定要出於孩子自願，而不可從外而加以強迫。

紀律是一種達到目的的手段。軍隊的紀律在追求高度的戰鬥效率。所有的紀律都是要個人服從某種主張。在紀律嚴明的國家，生命是卑賤的。

但是，世界上還有另外一種紀律。舉例來說，在一個樂隊裡，第一小提琴手服從樂隊的指揮，他和指揮一樣也關心與希望音樂會演奏成功。通常一聽見命令就立正的小兵並不關心軍隊的效率，軍隊都是以恐懼統治的，士兵知道他如果不服從便會受罰。如果有好老師，學校的紀律可與樂隊比，但是不幸通常都和軍隊一樣。家庭也是一樣，快樂的家庭像樂隊一樣享有分工的樂趣與氣氛，痛苦的家庭就像以恨和嚴格紀律管理的營房。

令人費解的是：像樂隊一樣的家庭竟常讓孩子忍受像軍營一樣的學校。在家從不挨打的孩子在學校受體罰。從別個星球上來的古老和更有智慧的客人，一定認為今天我們這些家長都是白癡，因為他們竟然准許國小老師因孩子加減或拼音錯誤而懲罰他。當家長向法院控告學校體罰的時候，十之八九，法律都維護那個罰人的老師。

假如家長同意，他們馬上便可廢除體罰。顯然大部分家長並不願如此，這種制度對他們也有好處，替他們訓練孩子。孩子便會恨處罰的老師而不恨請老師來幹這好事的家長。從未活過和愛過的家長很贊成這種制度。他們也是嚴格紀律的奴隸，根本不能想像自由是什麼。

誠然，家庭中必須有些規律，通常是保護家中成員權利的規律。舉例來說，我不准我的女兒珠綺碰我的打字機。但在一個快樂的家庭中，這樣的規律行得很自然，家庭生活是很愉快的「給」與「取」，父母和孩子也是同伴。

在不快樂的家庭中，紀律是恨的武器，服從變成美德，孩子是奴隸與財產。我發現憂慮孩子讀書寫字的家長，通常都是因沒受教育而終身不得意的人。

不能悅納自己的家長才會相信嚴格訓練是對的。一個喜歡講髒笑話的父親往往嚴厲責備他兒子談論大小便；不誠實的母親常會因孩子說謊而打他。我曾看見一個口銜煙斗的父親因孩子抽煙而打他，我也親自聽見一個人在打他十二歲的小孩時說：「小雜種，我看你還敢不敢說粗話。」當我向他抗議時，他毫不在乎地說：「我罵他沒有關係，他不過是個孩子。」

家庭中的嚴格管理就是把家長對自己的恨投射在孩子身上。他們一生都在要求至善，可悲的是因為自己沒有做到，所以想在孩子身上實現，更進一步的是他不能愛，他怕樂趣就像魔鬼。要至善的目的就是要征服這魔鬼，這裡就產生了神祕主義、無理性主義、宗教和禁欲主義，對肉體的抑制則表現於鞭打、禁欲以及性無能。

廣義說來，嚴厲的家庭教育就是對整個生命的去勢。一個順從的孩子不會長成一個真正的人；一個因手淫而被懲罰的孩子，將來也不會得到極度的性快感。

我提到過父母希望孩子做到他們自己達不到的標準，但是同時他們也不願意孩子得到的比他們更多。沒有活過的父母不會讓他們孩子活得痛快，這種家長對將來永遠有莫大的恐懼，他以為只有嚴格訓練才能拯救他的子女。因為他對自己本身沒有信心，便假定外界有一個主持**管理**善良與真理的上帝。紀律因此不過是宗教的一支。

夏山與別的學校主要不同的地方是，我們這裡對孩子的天性有信心。我們相信假如湯米要做醫師，他會自動讀書以通過入學考試；而一個嚴格的學校則認為不逼打或強迫湯米按規定時間念書的話，他一輩子也成不了醫師。

家庭的嚴格教育比學校的嚴格教育難以改正。在夏山，如果一個孩子是害群之馬，整個團體會表示不贊許，因為團體的贊許是每個人都想要的，於是孩子很快會學乖，因此紀律也不需要了。在家裡有許多感情上的原因，事情就不會那麼簡單。一個忙著煮飯累壞了的母親對孩子的淘氣比較不容易客觀而冷靜地處理，種菜種累了的父親發現他的菜園被孩子搗過亂時也是一樣，但我要強調的是，**如果讓孩子一生下來就自由發展，常見的對紀律的要求就不會產生**。

幾年前，我到緬因州看我的朋友瑞奇，他家臨湖，湖水很深，他的兒子彼得才三歲。瑞奇和他太太告訴彼得不要到湖邊去，彼得未受過恨的訓練，他相信父母，因此就聽話不接近水邊。父母知道他們不必憂慮。以恨與權威來管理孩子的父母，住在湖邊就非整日擔心不可。孩子在那種情形已經聽慣了謊言，所以當媽媽說湖水危險的時候，他們根本就不相信，也許會有反抗的願望而故意到水邊去。

被嚴格教育的孩子，會以惹父母生氣來表示他對權威的憎恨。絕大多數孩子的淘氣都是不當訓練的證明。假如家庭裡有愛，一般來說，孩子會接受父母的指導；假如家庭中只有恨，孩子就會變成有破壞性、無禮和不誠實。

孩子是聰明的，他們會以愛報愛，也會以恨還恨。他們很容易對團體紀律有反應。我敢斷言人的本性不是壞的，就像兔子或獅子的本性也不是壞的一樣。把一隻好狗用鏈條鎖住，牠就會變成惡狗。嚴格對待一個善良的孩子會使他變成一個壞和不誠實、內心有恨的人。不幸的是，絕大多數人都認為壞孩子是天生的，他們相信只有藉上帝的幫助或一根大鞭子才能使孩子變好。假如他不變好的話，他們一定要拚命讓他因其頑強而受苦。

從某方面來看，舊派學校是嚴格教育的象徵。我不久以前問過一所很大的學校校長他的學生怎麼樣，他說：「他們將來會沒有自我主張，也沒有理想。」

我四十多年來都沒有打過孩子，但是年輕時，我會毫不思索的用鞭子。我現在從來不用鞭子，因為我已經知道體罰的危險，我更清楚鞭子引來的仇恨是怎樣的。

在夏山我們以平等對待孩子。大致來說，我們尊敬一個孩子的個性與人格就像我們尊敬成人一樣。但我們也同時知道孩子不同於成人。成人不會因為比爾叔叔不喜歡吃紅蘿蔔還堅持他要把盤子裡的吃光，或者爸爸吃飯以前一定要洗手。如果我們一直改正孩子，這會使他們覺得自卑，會傷害他們與生俱來的自尊心。許多事的價值都是相對的，天曉得假定湯米真的不洗手就坐下來吃飯到底有什麼關係。

在錯誤的紀律下長大的孩子，一輩子生活在謊言中。他們不敢面對自己，他們變成無謂習慣和禮儀的奴隸。他們毫不遲疑的接受許多愚蠢的習俗，因為嚴格紀律的基本就是怕責難。孩子不怕同伴間的責難，卻怕成人的處罰，因為成人強大而令人敬畏，而又常是一個令人害怕的父親或母親的象徵，因此，孩子的恐懼就不自主的油然而生。三十八年來我看到討厭、厚臉皮和恨別人的孩子來到夏山，漸漸他們都變成快樂、合群、誠實及和氣的孩子。

人類的將來掌握在新一代父母的手中，假如他們仍以武斷的權威毀滅孩子的生命活力，犯罪、戰爭和痛苦就會繼續下去；假如他們再重蹈他們父母嚴格訓練的覆轍，他們就會失去孩子的愛。因為沒有人會真正愛他所怕的人。

精神疾病是因為父母嚴厲教育的結果，我們不能用恨、處罰和壓制來造成善良的人性，唯一的方法便是愛。

我再強調，**一個沒有嚴厲訓練而充滿愛的環境，可以除去絕大多數孩童時期的麻煩**，假如一個家庭有愛與贊許的話，兒童骯髒的仇恨與破壞行為根本不會發生。

獎勵與處罰

對小孩子獎勵帶來的危險不如處罰的危險大，但是獎品對孩子的破壞性影響卻比較不容易顯現。獎品是多餘的，而且是消極性的。為了獎品做一件事，就等於說這件事本身不值得做。沒有一個藝術家只因金錢酬報而創作。創造的快樂是酬報之一，酬報也是自由競爭社會制度裡最壞的特色之一。壓制對方是一種可恥的意向。

因為酬報會引起嫉妒，因此，它對孩子心理產生不良影響。一個孩子不喜歡弟弟，常是因媽媽一句「弟弟比你做得好」引起的。對他來說，媽媽的話是因為弟弟比他好而給弟弟的一種獎勵。

當我們了解孩子對一切事物的自然而然的興趣時，便會知道獎勵和懲罰的危險性了。獎勵與懲罰都會影響孩子興趣的發展。孩子真正的興趣是他整個個性自發的生命力，它應該是完全自發的。注意力可以逼出來，因為它們在我們知覺範圍之內。我們可以勉強注意黑板而心卻在海盜上。因此注意力雖然逼得出來，興趣卻不能，沒有人能逼我對集郵感興趣，連我自己也不能逼自己去集郵。而獎勵、懲罰都在強迫孩子對某些事物發生興趣。

我有一個很大的菜園，在除草季節孩子們應該可以幫很多忙，命令他們來幫忙除草是不成問題的，但是這些八、九、十歲的孩子不了解為什麼要除草，他們對除草沒有興趣。我有一次試探一群男孩：「哪個願意幫我除草？」他們全體拒絕。我問他們為什麼不，回答是「太單調！」「讓它長好了！」「玩猜字謎玩得正起勁。」「不喜歡園藝！」

我也覺得除草無聊，我也想去玩猜字謎，憑良心講，除草對孩子有什麼好處？那是我的菜園，豆子萌芽是我的成就，我還可以因此省下買蔬菜的錢。總而言之，菜園只和我自己的利益有關。我不能強迫小孩對他們沒有興趣的事情發生興趣，唯一的辦法就是花錢雇他們，然後，大家便都有興趣了。我對我的菜園有興趣，他們對賺外快有興趣。

興趣是利己的，十四歲的瑪德雖然也公然說她恨園藝，還是常在菜園裡幫我忙，因為她並不恨我。她來除草為的是想和我接近，這是她真正興趣的所在。德克也不喜歡除草，當他自告奮勇要幫我忙時，我知道他又想再向我要那把他渴望已久的刀子了。那才是他真正的興趣。

報酬應當是主觀的，報酬應該是工作完成後一種自我滿足的感覺。世界上有許多無聊的工作，像挖煤、裝機器零件、挖水道、計算數字等等，日常生活中比比皆是。一般學校也可歸入那一類，我們所以強迫孩子學習他們沒有興趣的科目，不過是想使他們將來能適應社會上無聊的工作而已。假如瑪麗要認字或學數學，那應該是她自己有興趣，而不應該是因為要博得媽媽喜歡，或想要得到一輛新腳踏車。

有位媽媽告訴兒子，假如他不吮指頭，就可以得到一套無線電，這給孩子多大的衝突啊！吮指頭是一種不能控制的不自覺行動。那孩子也許會勇敢而努力地改掉那習慣，但是和一個不由自主的手淫者一樣，他會一次又一次的失敗，因而產生莫大的罪惡感與痛苦。

父母對孩子將來前途的恐懼常使他們賄賂孩子：「等你認得字時爸爸就給你買一輛腳踏車。」這是踏入我們貪婪的、以利為先的文明的第一課。我很高興，因為不止一個孩子情願不識字也不願意要一輛新腳踏車。

另外一種賄賂方式是用感情打動孩子的心：「假如你每學期總是最後一名的話，媽媽會很難過。」以上兩種賄賂的方法都是不顧孩子真正興趣。

我對叫小孩子做事也有強烈的反感，假如要小孩為我們工作，一定要按他的能力給他報酬。假如我要修補一座破牆，沒有孩子願意幫我搬磚頭。但如果每擔磚我出幾分錢的話，他們就有興趣了。但我不贊成孩子的零用錢應由他自己賺，做父母的給予不應該要求回報。

處罰絕對不能帶來公平，因為沒有一個人是公平的。法官也有偏見，他也不能絕對公平。

對一個在性方面有冒犯行為的孩子嚴加處罰的老師，一定對性有很深的罪惡感。同樣地，在法庭上一個有同性戀傾向的法官，對被控告同性戀的人判決一定很嚴厲。（編注：本書寫於一九六〇年，在當時的英國，同性戀仍被視為犯罪，直到一九六七年通過《性犯罪法案》，才得以除罪。）

因為我們不了解自己，也不知道自己被壓制的許多心理衝突，所以我們不可能公正。此種不公正，對孩子極為不利。大人不可能因教育而超越自身的情結。假如我們曾經為恐懼壓制，我們便不能使孩子自由。我們只有把我們的偏見全加到孩子身上。

假如想了解自己，我們就不會把一肚子悶氣發洩在孩子身上。從前我因為擔心督學來或者和朋友吵了架就去打孩子，現在我已從經驗裡知道體罰孩子是不必要的。我已不再懲罰小孩，而且也沒有處罰任何孩子的欲念了。

最近我對一個很不合群的新生說：「你玩所有的把戲只是想讓我打你，因為你一生都在挨打。但你是在浪費時間，你隨便怎麼做，我都不會懲罰你的。」他便終止他的破壞行為。他不需要再心懷仇恨。

處罰永遠是一種恨的行為。處罰的行為表示老師或父母恨孩子，而孩子也會感覺到。挨打的孩子對父母表現出明顯的悔過或者其他親熱都不是真正的愛。真正的感覺是恨，但他不得不把它喬裝成愛以避免他的罪惡感。體罰常常引起小孩產生我希望父親死掉的幻想。這種幻想馬上就引起罪惡感。我居然希望我父親死掉，這多麼大逆不道啊！這種悔恨使小孩表面對父親表示親熱，但存在他心裡的是恨。

最糟的處罰和恨永遠是惡性循環。體罰是恨的發洩，而體罰又給孩子帶來更多的恨，更多的恨使孩子行為更壞，於是就有更多的體罰。結果孩子就成了無禮、兇暴和極有破壞性的仇恨者。因為被懲罰慣了，所以他故意犯錯來引起他父母任何感情上的反應，假如不是愛的話，恨也行。因此小孩就挨打，然後懺悔，但是第二天他又依然故我。

我看到的自由兒童不需要任何處罰，因為他們不需要有很壞的行為。他用不著說謊和破壞東西，他從來不覺得自己的身體是骯髒和敗德的，他不用反抗權威，或者怕他的父母，他也會發脾氣，但那些都是一會兒就過去，而不是精神病態的。

當然，什麼是處罰和什麼不是處罰很難決定。有一次，一個小孩把我最好的鋸子借去，第二天我發現那鋸子丟在外面被雨淋，我告訴他，我以後不借鋸子給他了。這並不是懲罰，因為懲罰永遠牽連到道德問題。讓鋸子淋雨對鋸子是不好的，但是這並不是不道德。小孩應該知道，他不能借別人的東西而不珍惜，或者損壞別人身體或財產，讓孩子**不顧別人受損而隨心所欲**，對孩子是有害的。這樣會使他變成一個寵壞的孩子，而寵壞的孩子將來會是不良的公民。

不久以前，有一個小孩轉來我們學校，他在從前學校裡幾乎威脅過所有的學生，他甚至恐嚇過要殺人。對他我也如法炮製，我不久就知道他想用恐嚇的方法引起別人注意。

有一天，當我走進遊戲室時，我看見所有小孩嚇得擠在房間的一邊，另一邊站著這個拿鎚子的小土匪。他嚇唬誰要是走近他就要挨他一鎚。

我嚴厲地說：「小傢伙，不要胡鬧，我們誰也不怕你。」

他拋下鎚子就向我衝過來，一面咬我，一面踢我。

「你如果再咬我或踢我，」我平靜的說：「我就要回敬了。」我真的說做就做。很快的他就放棄這場較量，跑出房間。

這並不是處罰，而是一種必須的教訓，教訓他不能因為要滿足自己，就到處傷害別人。

普通家庭的處罰是因為孩子不服從，在學校裡，不服從和傲慢也被視為不當行為。當我還是個年輕教師的時候，有體罰孩子的習慣，因為在那時的英國，教師可以打學生。我對不服從的孩子最感生氣，因為我的威嚴受到傷害。我是教室裡的上帝，就好像父親是家中的上帝一樣。**懲罰不服從的人就是把自己當做全能的上帝**，而且是唯一能辨別是非的上帝，此外不可以有別的神。後來，我在德國和奧國教書，每次當地老師問我英國有沒有體罰時，我就感到無地自容。在德國，如果老師打學生，他就犯了毆打罪，而且通常會受到處罰。英國學校鞭打孩子是我們最大的恥辱之一。

有一個大城的醫師曾對我說：「這裡的學校有一個毒辣的老師，打孩子打得兇極了，常常有被打得神經緊張的孩子送到我這裡來，可是我無能為力，因為輿論和法律都維護他。」

不久以前，報紙上有一條新聞，是關於一個法官對犯罪的兩兄弟的一席話。他說，如果他們小時候多挨幾次鞭子，就不會犯法了。但真相是，他們的父親幾乎每晚都鞭打他們。所羅門王（Solomon）的鞭管理論帶來的壞影響，比他所說「不打不成器」的成語帶來的好影響還大。沒有一個能內省的人會打孩子或甚至有打孩子的欲望。

我要在這裡重申：**只有和道德及對錯觀念連在一起的體罰，才會給孩子帶來恐懼**。假如一個頑童在街上用爛泥把我帽子打掉而我回敬他一記耳光，他會認為這是我的正常反應。那孩子的心靈不會有傷害，但是如果我去見他的校長，同時要求校長懲罰他，因那懲罰帶來的恐懼對他便有很壞的影響。這件事馬上變成一件和道德有關的事，小孩便會覺得自己犯了罪。這場結果不難想像。我會拿著我的破爛泥弄髒了的帽子站在一邊，校長坐在那裡，兩眼嚴厲的盯著那孩子，他則低頭站在另一邊。他被我的尊嚴嚇壞了。當我在街上帽子被打掉時，我是沒有尊嚴的，只不過是一個普通人。如果我當時對付他，我不過和他平手，他當場就會得到教訓，那就是如果你打人，他就會生氣而回敬你一拳。懲罰和生氣不同，懲罰是冷靜、有法律性而含有很深的道德意義。它完全是為犯罪的人好（以死刑來說，則是為社會好），懲罰是一個人把自己當上帝，而以道德來判決他人。

許多父母真正以為上帝是獎勵與懲罰的上帝，所以他們也應該獎勵或懲罰孩子。這些家長實在是想做到公平，他們常常說服自己認為處罰孩子是為孩子好。**打在兒身疼在娘心**並不是假話，而是一種很虔誠的自欺，我們必須了解，宗教和倫理使**處罰**變成一種表面上看來很有吸引力的制度。因為它使良心得到安慰，罪人們也會說：「我已經付出代價了。」

我演講完畢回答問題時，有一個常來聽演講的人總是站起來說：「我父親常拿他的皮拖鞋打我，我沒有忘掉，先生，假如我從來沒挨打，就不會有今天。」我從來沒有勇氣問他：「好吧，你今天到底是什麼個樣子呢？」

認為處罰不會對心理有**恆久的**損傷未免有些武斷，我們不知道處罰一個人在許多年後會有什麼害處，我們只知道，許多在公共場所所有猥褻暴露行為的人，都是小時候因許多無辜的性的習慣而受過懲罰的犧牲者。

假如懲罰可以成功，也許我們可以擁護它。誠然，它可從恐懼壓制的手段中收到效果，但是沒有一個人可以估計，有多少被罰的孩子元氣受損而一輩子沒有活力，和多少孩子因反抗而變成害群之馬。我從未聽見一個家長說：「我用打罵來管教我的孩子，他現在是多麼好啊！」

相反的，我不知聽了多少如此可悲的故事，「我打也打過了，道理也講過了，我什麼方法都用盡了，他卻是愈變愈壞！」

被懲罰的孩子**的確**愈變愈壞。最糟的是，他將來會變成一個懲罰的家長，而恨就不斷地一代一代綿延下去。

我常常問自己：「為什麼有些很慈愛的家長會容忍一所對孩子殘酷的學校呢？」這些家長表面上看來很關心他的孩子有沒有受到良好教育，但他們忽略了一點，就是嚴厲的老師以處罰而不以開導來啟發孩子的興趣。結果有多少從小學到大學的優秀學生後來到社會上都籍籍無名。他們當時求好，都是由於父母在後面督促，而自己對那些功課卻很少真正有興趣。

怕老師和怕處罰長久終會影響父母與子女的關係，因為每個成人都是父親或母親的象徵。每次被老師處罰時，孩子都會害怕和憎恨成人的象徵——他的父母。我聽見一個十三歲的孩子說：「我從前的校長常常打我，我不知道為什麼我爸爸媽媽還要留我在那學校讀書，他們知道他是個惡鬼，但是他們好像不在乎。」

以說教做為懲罰甚至比鞭打更有害，那些說教是多麼可怕啊！「你難道不曉得你做的是錯的嗎？」孩子一面哭一面點頭。「說你懊悔了！」

用說教來懲罰是訓練騙子和說謊者的上策。更壞的是，當小孩的面為他犯罪的靈魂祈禱。

這幾乎是不可饒恕的，因為這樣一定會引起孩子極深的罪惡感。

另外一種不碰身體但對孩子的發展也有同樣害處的便是嘮叨。多少時候我聽見母親終日對她十歲的女兒絮叨不休：親愛的，別曬太陽……小心肝，不要去碰欄杆……不行，乖兒子，你今天不能游泳，你會傷風！嘮叨絕不是愛的表現，那只是母親的一種為恐懼所掩飾不自覺的恨而已。

我希望宣揚懲罰的人士都能去看並體會一齣有趣的法國電影。它講的是一個騙子的故事。那騙子小的時候因做錯事被罰不准吃晚飯，結果晚飯裡有一道菜是毒菌。後來，他看著全家人的棺材一個個被抬出去，便下結論說做好人是不值得的。這是一個寓意深長但不道德的故事，我想許多懲罰孩子的家長都不能會意！

大小便訓練

夏山的客人大概常常會誤解我們，因為有時我們全體都在談廁所。我想這樣是必須的。我發現每個小孩都對糞便感興趣。

看了許多關於小孩對自己排泄物有興趣的文章以後，我曾試著觀察我的小女孩。但是她一點也沒興趣，同時也沒有厭惡的表現。她並沒想玩糞便的願望。但是她三歲的時候，她的一個小朋友，一個比她大一歲而從小就訓練要乾淨的小女孩，告訴她一個神祕的大便遊戲。她們就開始說悄悄話和不好意思地咯咯作笑起來。那是一種令人厭惡的遊戲，但是我們束手無策。我們知道假如一干涉，就有壓制的危險，還好珠綺很快就對小女孩操縱的遊戲感到厭倦。這個大便遊戲便告一段落。

成人應該知道，小孩對大便的味道並不覺得有什麼可怕的，因為成人驚駭的態度，孩子才會良心不安。我記得有一個十一歲的女孩到夏山來的時候，所有的興趣都在廁所上。她喜歡從鑰匙孔裡偷看。我馬上就把她的地理課改成講廁所。她非常高興。十天以後，我又提到廁所。「不要講了，」她說：「我聽夠了。」

另外一個學生也對任何功課毫無興趣，只對大便和大便相似物出神，我知道他對這興趣厭煩以後，便會去上數學，結果真的如此。

一個老師的工作很簡單：**發現孩子興趣所在，然後滿足那個興趣**。這是百驗百靈的，壓制和不理會只會將那些興趣壓到潛意識裡。

自命道德高尚的人一定會問：「這種方法難道不會使孩子想法不乾淨嗎？」

「不會。你的方法才會永久把孩子束縛在這你所謂不乾淨的想法裡。只有滿足孩子這些興趣，他們才會嘗試別的興趣。」

「你真的鼓勵兒童聊大小便？」

「是的，如果我發現他們對此有興趣時，我會鼓勵。只有精神不大正常的孩子才需要一星期以上的時間去滿足這個興趣。」

幾年前我們有這樣一個不正常的例子。學校來了一個整天拉大便在身上的小孩。他的母親為此先打過他，後來沒有辦法，甚至逼他吃屎。你可以想像我們面對的問題有多棘手了。我們發現這孩子有一個弟弟，他所有問題都是從弟弟生下來才開始的。道理很簡單，那小孩想：弟弟把媽媽給我的愛搶走。假如我像他拉屎在尿布上一樣把褲子弄髒，媽媽就會又喜歡我的。

我和他個別談話，讓他的真正動機顯露出來，但是治療很少是迅速的。那孩子一天弄髒褲子三次達一年之久，沒人對他出怨言。我們的護理師，柯太太，好聲好氣替他換褲子。但是她對我每當那孩子弄得特別髒時還獎勵他的做法提出抗議。那獎勵不過是表示我贊同他的行為。在那段時期，這孩子是個可恨的小鬼，但是怎麼能怪他呢！他一身都是問題和衝突。但是醫好以後，他變得很乾淨，而且在夏山待了三年，後來他母親以要送他到一個能夠**學到東西**的學校為藉口把他帶走。一年以後他從新學校回來看我們的時候，完全變了——他變得不誠實、畏縮和不快樂。他說永遠不會原諒他媽媽把他從夏山抓走，我相信他真的永遠不會。他是我們這麼多年來唯一在身上大小便的孩子，許多這樣類似的情形可能都是由於恨母親不給他們愛而引起的。

使小孩有清潔的習慣，而不壓抑他們對身體排泄物的興趣，並非不可能。小貓和小牛似乎對排泄沒有這種問題，兒童的情結來自指導者的態度，當媽媽說討厭、髒死了或嘖嘖！時，對與錯的因素出現了。**身體的**自然現象就成了**道德的**問題，孩子會感到這是件錯事。因此說一個對糞便有興趣的小孩骯髒是不對的，正當的方法是讓他玩泥巴以滿足這興趣。這樣他就會不受壓抑而將此興趣昇華。這興趣滿足之後便會自然消失。

有一次，我在一篇文章上提到小孩有玩爛泥的權利。一個有名的蒙特梭利式教育家回信說，假如孩子有別的東西好玩，他對玩泥巴就不會有興趣。但是孩子的全部興趣都在爛泥上的時候，就沒有別的辦法。不過我們必須講給那個問題兒童聽，他究竟在做什麼，因為他可能玩了好幾年泥巴而對糞便的興趣仍未消失。

我記得八歲的吉姆對糞便有很多幻想，我便鼓勵他做泥餅。但是我每次都提醒他在做什麼，這樣他恢復正常的時間就比較快。我並沒有直接說：「你在用爛泥代替大便。」我只是指出這兩樣東西相似的地方來，結果很有效。一個普通五歲左右的孩子在做泥餅時，可以不用別人提醒就滿足了對大便的幻想。

對孩子來說，糞便是他們喜歡研究的要事之一，任何對此有興趣的壓抑都是危險和愚蠢的；但另一方面，對糞便太重視也不好，只有孩子自己對他的排泄物很感驕傲時，才可以讓他欣賞一番。如果孩子偶爾拉大便在身上，則應當若無其事地加以處理。

糞便不但對孩子來說，是他創造出來的有價值的東西，對許多大人也是一樣，同時也會感到愉快與驕傲，它有極大的象徵性價值。一個偷完東西後在現場遺糞的小偷並沒有侮辱人的意思，這乃是象徵他因良心不安，而留下一些有價值的東西以補償他偷去之物。

動物對身體排泄物是不自覺的，狗和貓用土掩蓋牠們的糞便是一種本能，大概要追溯到牠們要自己食物乾淨的原因上去。人們對自己糞便的道德態度，可能和他不自然的飲食有關。馬、羊和兔子的遺糞一點都不令人厭惡，人的糞便則否。因為人的食物中包括許多有機化合物。我有時候想，假如人的糞便和動物一樣可以碰的話，孩子會有更自由的成長機會。

成人對人糞的厭惡是造成兒童憎恨心理的原因之一。因為自然排泄和生殖器官長得非常近，小孩便會認為兩樣都是骯髒的。大人對糞便的否定態度必然會影響孩子對性的看法，因此對性和糞便的不贊成就會造成一種心理上的壓抑。

有時一個母親在洗孩子尿布時可以毫無厭惡之心，但是三年之後，當她把一小堆糞便從地毯上擦掉時，她可能表現得很不高興。每位母親都要記得，任何情感的憤怒對孩子性格的影響都不會消失，它會點滴沉澱，在孩子性格中留下紀錄。

食物

極權始於育嬰。干涉兒童的天性就是專制。對孩子第一樣的干涉永遠是食物方面的，像逼孩子照時間表挨餓吃奶等等。對此表面的解釋是：這樣可以對大人的舒服和日常生活少干擾一點。但深層動機實在是對新的生命和它自然需要的一種懷恨。這便說明為什麼有些家長對嬰兒饑餓的哭聲會無動於衷了。

自由發展應該從一生下來和第一次餵奶時就開始，每個嬰孩都有他自己願意才被餵奶的權利。當然在家裡母親照孩子的需要餵奶比較容易，但是在大多數醫院產房裡，嬰兒一生下來就被人從母親身邊抱走，放到育嬰室裡，母親在頭二十四小時內不可餵孩子。誰能說這究竟會造成孩子怎樣的永久性傷害呢？

今天有些醫院，在母親住院時間不許孩子和母親在一起，如果你在登記前不問清楚，以後就非要遵守醫院的章程不可。每一個要孩子自由發展的母親都要注意，千萬別到一個不贊成孩子自由發展的醫院，那樣還不如在家裡生。

早先為醫院和護理師採用的餵奶時間表受到相當攻擊，而且有許多醫師已經不採用這種顯然是不對而危險的方法了。假如孩子餓了，一定要哭到表上規定的時間才有奶吃的話，那就是要讓它遵守一種愚蠢、殘忍和反生命的紀律，這紀律對他身心的發展都有無窮的害處。母親一定要**照孩子自己的需要餵它**。在剛出生時，他需要餵很多次，這是因為他還不能一次吸收大量的食物。

假如夜裡他餓了，也應該照樣餵他，塞瓶水給他了事是不好的。到兩三個月以後，嬰兒自己會調整而多吃一點奶，然後餵奶的次數就可以減少幾次。在三、四個月的時後，嬰兒也許要在夜裡十與十一點之間餵奶，然後第二天早晨五點到六點要再餵一次。當然，這並不是不變的準則。

每個育嬰室有條必須遵守的規則，就是**一定不能讓嬰兒哭得太久**，每一次他的需要都要給予滿足。如果照時間表餵孩子，媽媽總是在孩子前一步。好像效率專家似的知道她下一步該怎麼做。但她會將孩子訓練成一個被定型的孩子，這樣的孩子當然不會給大人很多的麻煩，卻會失去他們的自然發展。養育一個自由發展的孩子的母親，每天甚至每分鐘都會有新的發現，因為她總是比孩子**後一步**，她必須非常注意才能知道孩子的習慣。因此如果孩子吃完奶半個鐘頭以後哭，年輕的母親必須自己設法找出答案：他是不是不舒服？胃裡有沒有氣？他還要再吃點奶？是不是寂寞而需要人逗逗他？做母親的需要以自發的愛做反應，而不能照某書上訂的規則處理。

如果讓每個孩子自由的話，他們都會發展出自己的時間表。這樣是說，孩子有能力自己決定吃奶時間，以及以後吃飯時間。

在嬰孩後期或到少年期吮指頭，是照時間表餵奶的最明顯結果。吮指頭由兩種原因造成：一為饑餓，一為吮時產生的性欲快感。當餵奶的時間快到時，孩子的口腔便先感覺到很大的樂趣，然後饑餓也被滿足。但是如果嬰孩一定要哭到時間到才有奶吃，上述的那兩種樂趣便都受到阻礙。

我曾在產房裡看見一位母親如何遵照醫生的指示：餵奶的時間一過，就硬把孩子從她的乳房扯開。我想不出要造成一個問題兒童還有比這樣更好的方法。

無知的醫師和父母如何干涉小孩自然的衝動和行為，是令人難以相信的。他們用一套可笑的訓練法毀滅孩子的天性與快樂，因而造成世界上全人類普遍心理和生理上的不愉快。孩子稍大以後，學校和教會又繼續加給他們反樂趣和反自由的訓練。有一位母親提到她的自由發展的小孩，當他剛開始吃固體食物時，他們讓他自己選食物的量和種類，假如他不要吃一樣蔬菜，就給他另一樣蔬菜或甜食。常常他會先吃甜食，然後吃他以前不要吃的蔬菜。有時他會拒絕吃任何東西——這就表示他一點也不餓，然後在下一頓時，他就會吃得特別香。

許多時候一位母親會想到，她對孩子知道得比孩子自己更多，事實並不然。從小吃東西就可以看出來，任何母親可以在桌上擺冰淇淋、糖果、黑麵包、番茄、生菜和其他食物，讓孩子有全權自由選擇，普通小孩在一星期內便會選均衡的飲食。我知道美國有過這種實驗。

在夏山，我們永遠讓所有孩子（包括最小的孩子）全權選擇他們每日的飲食。晚飯主菜每次都有三種選擇。當然這就比別的學校消耗得多，但我們主要的目的在保養孩子而不在節省糧食。

當孩子們飲食平均時，他們用零用錢買來的糖果對他們並無害處。小孩因為身體需要糖而喜歡吃糖，所以吃糖是應該的。

逼小孩吃他不喜歡吃的鹹肉和雞蛋才是殘酷的。珠綺永遠可以吃她自己喜歡吃的。當她傷風時她總是自動的只吃水果和喝果汁。我從未見過有像珠綺這樣不愛吃的孩子，一袋巧克力在她桌上幾個星期都原封不動。中飯或晚飯最好吃的菜也引不起她的興趣。假如她剛坐下來要吃早飯而另外一個孩子在外面叫她去玩，她馬上就不見了。因為她身體非常好，所以我們從不擔心。

當然，絕大多數父母會照自己的喜好規定家人的食物。假如父母是素食主義者，他們就會給孩子蔬菜吃。但是我常發覺，從素食主義家庭中出來的孩子狼吞虎嚥的吃肉，吃得津津有味。

以一個不懂營養學的常人身分來看，我覺得孩子吃不吃肉沒多大關係，只要飲食均衡，他多半會很健康。我在夏山從未見過我們的孩子瀉肚或者便祕，我們總是吃許多蔬菜。雖然有些時候孩子拒絕吃蔬菜，但是通常他們會習慣，而且後來也喜歡吃。總而言之，夏山小孩多半不大注意吃，這是一個很正常的現象。

因為吃東西是孩童時期一件很有趣的事，所以這種極為重要和基本的行動不能受餐桌禮儀的干擾。不幸的是，在夏山最無餐桌禮儀的，就是那些從小就很守規矩的家庭出來的小孩；家庭訓練愈嚴的小孩一得到自由以後，餐桌禮儀和其他禮貌就愈壞。我們除了讓孩子滿足他們被壓制的幼稚行為，然後到少年時再發展他自己自然的禮儀外，別無他法。

食物在孩子生活中是最重要的，比性重要得多。人的肚子是自私也是自利的。孩童永遠是自私自利的，一個十歲小孩對他一盤菜的占有欲遠比一個酋長對他的女人占有欲更強。當小孩自然生長且滿足自私性後，這種自我中心就會變成利他觀念以及對別人的自然關心。

健康與睡眠

自夏山成立以來，三十八年中，我們很少有疾病發生。我想這乃是我們站在生命的一邊，和我們贊同肉體的緣故；同時我們把幸福放在食物之先。客人常說我們的孩子看起來是如何健康，我想是幸福使我們的女孩子美麗、男孩子英俊。

多吃青菜也許對腎臟方面的疾病有很大的幫助，但是天下所有的青菜也幫不了因被壓制而產生的病。一個營養均衡的人可能因說教而妨害孩子生長，但一個神經比較大條的人不會傷及後代。依我的經驗來看，被壓制的孩子不及自由兒童的身體好。

同時我發現，夏山很多父母比較矮的男孩子都有六呎高。這也許沒什麼道理，但是也可能性情自由發展的話，身長也會增高。我倒真的發現解禁手淫之後，男孩子會發育得快一點。

至於睡眠，我不知道醫師所說孩子一定需要幾小時睡眠的說法，是不是有道理。對年幼小孩來說，這是需要的。允許一個七歲小孩太晚睡覺，他常常會因無法在早上繼續睡晚一點而影響健康。小孩常常拒絕睡覺，因為他們怕錯過有趣的事。

在一個自由學校裡，定時睡覺是最痛苦的，年紀大一點的學生尤其如此。年輕人愛熬夜，我很同情他們，因為我自己也恨睡覺。工作給絕大多數成人定了規矩，假如你第二天八點鐘要上班，你就不敢熬夜到三更半夜才睡。

另外的因素，像幸福與好的營養，也可以補償睡眠不足。夏山學生在星期天早晨補足他們的睡眠，有時連中飯也不吃。

至於談到工作與健康，我做的所有工作都有雙重意義。雖然我知道我可以寫文章獲取稿酬雇工人來挖馬鈴薯，但我卻自己來，因為我要鍛鍊身體，這比我寫文章賺錢更重要。我有一個汽車商朋友說，在今日機械化時代自己挖土是個傻瓜。我告訴他，機器會毀壞整個國民的健康，因為今天沒有人走路或者挖土。他和我都已年紀夠大，懂得特別注意身體。孩子則對健康毫無自覺。沒有一個孩子會因鍛鍊身體而去挖土。在做任何工作時他只有一個動機，就是當時他喜歡做。

夏山每個人身體都極健康的原因是：第一，自由；第二，食物好；第三，空氣新鮮。

清潔與服裝

在個人清潔方面，大體來說女孩子比男孩子愛乾淨。夏山孩子到十五歲才開始注意外表。但是十四歲以下的女孩的房間不見得比男孩子的乾淨。她們打扮洋娃娃、做戲裝，弄得一地都是碎紙和垃圾。不過這些都是相當有創造性的。

夏山很少有不梳洗的女孩，我們這兒曾有過一位九歲的女孩朱菊，她的祖母有潔癖，一天要幫她梳洗十幾次。有一天女舍監來找我：

「朱菊一星期來都沒有梳洗。她不肯洗澡，連身上都有味道了，我該怎麼辦？」

「讓她到這兒來。」

一會兒朱菊進來了，她的手臉十分骯髒。

「看看你這樣子。」我嚴厲地說：「這可不行。」

「但是我不愛洗手和洗臉。」她反抗說。

我說：「誰在說洗手洗臉，你照照鏡子看。」（她照了一下鏡子）「你覺得你的臉孔怎麼樣？」

「不太乾淨，是不是？」她笑著問。

「太乾淨了。」我說：「我不准學校裡有臉孔乾淨的學生，快出去吧！」

她馬上跑到煤窖去把臉全塗黑了。然後得意地跑回來問我：「這樣行不行？」

我正經的打量她臉孔一下。「不行，」我說：「這邊臉上還有一塊白的。」

朱菊那天晚上洗了澡，我不明白她為什麼會如此做。

我記得一個從私立學校來的十七歲男孩，他來了一星期之後，便和車站裝煤的工人打交道，混得很好，還幫他們剷煤，回來吃飯時臉和雙手都是黑的，但是沒有人作聲，沒有人在乎。

過了好幾個星期，他才從對私立學校和家中的清潔訓練的反感中恢復過來。他便不再去劇煤，人和衣服也變乾淨了，但這種乾淨和以前不同——清潔對它不再有壓力，它已經走出骯髒情結了。

當威利玩泥巴時，他媽媽害怕鄰居會笑他把衣服弄髒。在這種情形下，家長一定要把個人的要求放在社會的要求之上，那就是說，一定要讓孩子享受玩泥巴的樂趣。

家長常常過分重視整潔，它是可怕的美德之一。一個以整潔為榮的人通常是二流的公民；外表最乾淨的人常會有不整潔的頭腦。我是以辦公桌上亂七八糟的人的資格發此言的。

在我的家中，自由發展最大的問題在穿衣。如果准她這樣，珠綺願意整天不穿衣服。另外一個自由兒童的家長說當天氣變冷時，她那兩歲的女兒就自動回來加衣服。我們卻無這個經驗，珠綺寧可凍得耳鼻發紫也不肯多穿一點衣服。

勇敢的父母也許會說：「她自己身體會有抵抗力。讓她發抖，不要緊！」我們不敢冒險讓珠綺感染肺炎，所以我們逼她穿我們認為她應該穿的。

年幼的孩子該穿些什麼，應由父母決定，但到青少年時期，無論如何，他應該有自由選擇的權力。無數女兒因為母親一定要替她們選購衣服而感到苦惱；通常男孩子比較隨便些。假如父母手頭寬裕，給小孩錢讓他自己買衣服是最聰明的。假如他要把這些錢花在電影或糖果上，那也隨他的便好了。

把小孩打扮得和他的朋友不同是不可原諒的。全班學生都穿長褲，你卻讓孩子穿短褲也是殘酷的。

女孩子對頭髮的樣式應該自己選擇，或長或短或梳辮，悉隨她自決，假如她們要塗口紅，又有何不可？以我個人來說，我對口紅沒有好感，但是如果我女兒喜歡，我絕不會阻止她用。

年幼的兒童並非對衣服感興趣。但是對衣服敏感緊張的父母，自己很快的對衣物產生不正常的情結，他怕爬樹會撕裂褲子。

孩子隨處脫衣服、扔褲子是正常的事，假如我在夏天的黃昏到校園裡走一圈的話，永遠可以揀到一堆尺碼大小不同的鞋子和運動衫。

不寄宿的孩子時常會受到鄰居意見的限制，想想那些無數被漂亮衣服捆綁的孩子，你可以看見他們穿著硬領服裝和白衣，不敢去踢球或爬門。還好，現在已不太流行這麼做了。

天熱的時候，夏山男孩和老師在吃中飯時都打赤膊，沒人介意。夏山把不重要的事當成不重要的事，決不斤斤計較。

在衣服方面我們可以看出家長的「錢癖」。從前夏山有個小賊，經過老師四年辛苦與耐心的教導，後來終於被治好了。十七歲離校後，他的媽媽寫了封信來說：「比爾已經到家了。他丟了兩雙襪子，你能不能負責給找回來。」

有些時候，父母對在學校看顧孩子的保母頗有嫉妒心。來校拜訪的媽媽有時未經允許就直接開孩子的衣櫃，而且皺眉出聲，以顯示保母照料不周。這種母親通常十分憂慮孩子，因為對衣服的憂慮永遠是對孩子學習或其他東西的憂慮。

玩具

每個育嬰室都塞滿被丟棄或遭破壞的玩具。一般中產階級人家的孩子玩具都太多了，說實話，幾分錢以上的玩具都是浪費金錢，假如我有理財能力，我一定去開家玩具店。

有一次，一位夏山的老學生送給珠綺一個會走路和說話的美麗洋娃娃。這顯然是很貴的玩具。差不多同時，另外一個新生給了她一個廉價的小玩具兔子。貴的洋娃娃她只玩了半個鐘頭，小兔子倒玩了好幾個星期，而且每晚都帶它上床睡覺。

在所有玩具中，珠綺一直喜歡的是，一個在她一歲半時我給她買的會尿尿的洋娃娃，叫貝絲華絲。她對尿尿的機關一點也不感興趣，因為那只是一個在背上腰間中的小洞。直到她四歲半，有天早晨她才說：「貝絲華絲我玩膩了，我想把她送掉。」

幾年以前，我用問卷問一些大孩子：「你什麼時候最討厭你的小弟弟和小妹妹？」幾乎每個答案都是：「在他弄壞我的玩具的時候。」

我們絕對不要告訴孩子怎麼玩某種玩具。除非是他自己實在無法解決的問題，我們都不應該以任何方式幫助他。

自由發展的兒童好像能以他們的玩具和遊戲自娛較長的時間，並得到滿足，而不像受嚴格教育的孩子那樣常毀壞玩具。在隔音設備相當完善的家中，可以讓嬰兒玩那些不用的廚房用具，像瓶瓶罐罐、洋鐵筒蓋子、大木杓等等，他可能更喜歡玩這些。普通玩具有時像催眠劑一樣，會使小孩打瞌睡。

所有的父母都有玩具買得太多的傾向。孩子一看見某些玩具——推車、長頸鹿等等——便會伸手去抓，父母馬上就買下了，結果育嬰室中堆滿小孩不感興趣的玩具。

市面上富有創造性的玩具太少，金屬和木製的建設性的玩具倒有一些，但是仍然很少有創造性的玩具。所謂建設性的玩具就像是畫謎填字遊戲和數學遊戲等等，因為別人已經想出答案，所以不會有太多創造性。我承認我不會創造任何玩具，同時在這方面也無建議。但是我相信，玩具世界還在等待一個深得童心的奇才能超越今日玩具商所做的玩具，去接近兒童的內心世界。

喧囂

孩子天性愛吵鬧，父母必須接受這事實，同時去適應他們。假如要小孩健康，就必須允許他們玩相當多的吵鬧的遊戲。

迄今四十年來，我生活在孩子吵鬧聲中。平常已習慣而並不感到鬧，就像在鐵工廠裡，人們會習慣那從不間歇的打鐵聲，就像住在鬧區的人也不聞車馬聲一樣。打鐵和車馬聲到底比較單調，孩子的吵鬧卻千變萬化。有時他們吵得令人頭痛。我必須承認幾年前我從正樓搬進茅屋時，晚上的安靜是我多年聽孩子鬧聲以後最感愉快的事。

夏山餐廳的確是個喧囂的地方。小孩和動物一樣，在吃東西時是喧嘩的，所以我們只讓不怕吵鬧的客人和我們一起吃飯。內人和我另外進餐，因為我們每天平均要花兩小時服侍孩子吃飯，因此實在需要一點安靜的空間。老師不喜歡太多鬧聲，但中班似乎毫不在乎和小班一起起鬨。每當大班生提到小班生在餐廳喧鬧時，小班生都大嚷說大班生也一樣鬧。壓制吵鬧對孩子們的影響，遠不如壓制身體各部分功能來得大。吵鬧絕不是骯髒的，父親叫「不許鬧」是個公開而誠心的表示受不了，而母親的一聲「啊喲，髒死了」則是令人震驚而有道德含義的。

在夏山，特別是晴天，一些孩子整天玩。他們的遊戲經常是喧囂的。在大多數學校裡，吵鬧和遊戲一樣受到壓制，結果不難想像。

禮貌

有禮貌是想到別人——不，該說是感覺到別人。有禮貌的人一定要有群體的意識，能替別人設身處地、為別人著想。禮貌不允許一個人傷害任何別人。有禮貌也是真的有修養。禮貌學不來，因為它是一種潛意識行為。

禮節卻是可以學的，因為它是屬於意識層的，是禮貌的皮毛與表面裝潢。禮節不管人們在音樂會上講話，也允許饒舌和誹謗，它只要求我們在餐桌上服裝整齊，看見女士時起立致敬，以及吃完飯後說聲「慢用」。這些都是知覺、膚淺而沒有意義的行為。

沒有禮貌永遠是因不正常的心理引起。讒言與誹謗、饒舌與詆譭都是主觀的錯誤行為，它們只是表示誹謗者恨自己和不快樂。假如把孩子帶到一個快樂的世界裡，我們就可除去他們恨的願望。換句話說，這些孩子便會有禮貌，也會表現愛與仁慈。

假如小孩用刀子吃青豆，他們並不一定會在音樂演奏時談話；假如他們經過白太太身旁時不脫帽致敬，他們也不一定會去傳佈白太太酗酒的消息。

有一次在我演講時，一位老先生站起來埋怨今日的孩子禮貌不周，他說：「上星期我在公園散步，兩個小孩從我身旁走過，其中一個對我說：哈囉，朋友。」我向那位先生說：「這有什麼不對？是不是他們說『哈囉，先生』會更使你高興一點呢。老實說，不是孩子沒禮貌，而是你覺得被侮辱了，你的尊嚴損傷了。你只是要兒童卑屈，並不是要他們有禮貌。」

這對許多成年人來說也是一樣。這完全是一種自大。如此對待孩子，與封建制度下對待奴隸又有什麼兩樣？這不過是一種遠不如孩子的自私來得可原諒的自私行為，孩子們需要自私，但一個成人則必須把他的自私限於物而不限於人。

我發現孩子會互相糾正與模仿。夏山有個孩子吃東西時聲音很大，直到別的孩子嘲笑他時才自動改正。但如果一個小傢伙用刀子吃碎肉，別的孩子會認為這吃法不錯，然後就互相研究為什麼不可以用刀子吃。刀子會割破嘴的理由很快就被推翻，因為所有的刀子都不利，大家也許就用刀子吃起碎肉來。

小孩子應當有權利對禮節表示懷疑，因為用刀子吃青豆是個人的事。他們不應該有權懷疑社會禮節，但在我們學校，如果有一個孩子穿帶泥的靴子進會客室來，我們便會反對，因為會客室是屬於大人的，所以大人有權決定誰能進來。

有一個小孩對我們的販賣部店員沒有禮貌，我在學校大會提出店員的怨言。但是我想如果店員當時打那孩子一記耳光會更好一點。普通一般人所謂的禮貌是不值一學的，那些充其量不過是殘存的習慣而已。在女士面前脫帽致敬毫無意義。我小時候向牧師太太脫帽致敬，但對我母親和姊姊卻不如此做，我想大概是因為我了解在他們面前我不需要假裝的緣故，不過像脫帽致敬之類的習慣是沒有害處的。孩子大了之後自然會遵守這習慣，但在十歲以前不應當教他們任何虛偽的禮節。

禮貌是不應該教的，假如一個七歲小孩要用手吃東西，就該讓他去。沒有一個小孩該為了博取瑪麗阿姨的歡心而被迫表現得彬彬有禮。

我們應該寧願犧牲所有的鄰居和親戚，也不要教孩子虛偽的行為使他們終身受害。禮貌是自發的。來夏山較久的學生，禮貌都很好——即使他們有些人曾經在十二歲時舔過盤子。任何孩子都不應該被迫說「謝謝」——即使是鼓勵他們說「謝謝」也不應該。

多數人，包括父母或其他人，看到平常性格被定型的男孩和女孩剛來夏山時，所表現出來的禮貌居然如此的經不起考驗，都會大吃一驚。男孩剛來時舉止文雅，但他們很明確的發現，他們的虛偽在夏山並不適用，就很快的完全放棄。這種在聲音、禮貌和動作等方面的虛偽的逐步捨去，是很正常的。私立學校出來的學生通常需要很長的時間改掉他們的虛偽和厚顏。自由兒童從來不粗野。

對我來說，對老師恭敬是一個虛偽的大謊。如果我們真正尊敬一個人，往往不自覺地會表現出來。我的學生隨時隨地可以叫我笨驢。他們尊敬我是因為我也尊敬他們的年幼生命，而不是因為我是校長，或者是一個高高在上的神明。學生和我彼此尊敬，是因為我們互相贊同。

有位好問的母親問我：「假如我把兒子送到你這裡來，學期終了回來時，肯定不要像小野人一樣。」我的回答是：「當然，假如你已經把他養成像一個小野人的話。」

的確，到夏山來的那些被寵壞的孩子，至少在一年內回家去時像一個小野人一樣。假如他從小就被訓練得有禮貌，他每次回去都要變成小野人，這只不過證明表面的禮節對孩子的影響是如何淺薄罷了。

要去掉在自由下虛偽的面具的第一層，就是不自然的禮貌。很少小孩有好禮貌，如果他禮貌極佳，是虛偽的。在夏山，學生的禮貌——真正的禮貌——是漸進的，我們根本不要求孩子有任何禮貌。甚至連一聲「謝謝」與「請」都不要。但是客人一次又一次地重複地說：「學生的舉止真討人歡喜啊！」

彼得，從八歲到十九歲都和我們在一起，後來他去了南非，他的女主人寫信來說：「這裡的每個人都對彼得的好禮貌傾倒。」但在學校時，我從未注意到他有沒有禮貌。

夏山是個無階級的社會，學生家長的財富和地位都不受重視，受重視的是每個人的性格。最重要的是孩子的合群性——怎樣做團體中的好份子。夏山好的禮貌由自治產生，每一份子都被迫經常注意其他人的想法。無法想像夏山的孩子嘲笑口吃或是走路不方便的人，但是私立學校的學生兩樣都做。那些一天到晚都說「請」、「謝謝」和「對不起」的，可能很少真正的關懷他人。

禮貌是真誠的表現。當傑克離開夏山到一家工廠做事的時候，他發現負責分配螺釘帽和螺釘的人脾氣很壞，他看見每個工人都會去比爾那裡嚷：「喂，比爾，丟點半寸長的螺釘和螺釘帽給我。」但是比爾向來穿西裝，傑克猜想他一定覺得自己比穿工裝的技工稍為高級一點，他之所以發脾氣是因為別人沒有像他想像的那樣尊重他。所以當傑克需要螺釘和螺釘帽時，他便走到比爾跟前說：

「對不起，白先生，你可不可以給我一點螺釘和螺釘帽。」

傑克告訴我：「我沒有巴結他，我只是用了一點心理學。我同情他。」

「結果怎樣呢？」我問傑克。

「哦，」傑克說；「我是全工廠裡他唯一友善的人。」

我覺得這是夏山教給孩子禮貌的最好例子，替別人著想和感覺。

我從未在年幼小孩身上看見過壞禮貌，因為我從不挑剔。但是我從來沒看見過我們的學生在兩個正在談話的大人間鑽過去。孩子們從不敲我客廳的門就直接進來了，但是當他們一看見我有客人時便安靜的退出，而且往往還說：「對不起。」

最近有一個售貨員對學生做了一個很好的批評，他說：「三年來我都開車到你們學校來，但從來沒有一個小孩碰我的擋泥板或者想進我的車，而這學校是允許孩子整天打破窗子的。」

我一直提到夏山兒童對客人的友善。這種友善可以統稱為好禮貌，因為我從未聽意見特多的客人說被在校六個月以上的孩子干擾過。

我們戲院裡的觀眾有極佳的禮貌，甚至不好的演出或不佳的戲碼，也多少博得一些掌聲，當然掌聲不會太多，但是大家認為演員和作家都盡了他們最大的力量，因而不應該被批評或者被蔑視。

有些家長把禮儀問題看得太嚴重。有一個從很好家庭出來的十歲孩子初到夏山，他進來以前先敲門，出去的時候又把門帶上。我說：「看吧，這最多只能保持一星期。」結果我錯了，只保持了兩天。有時我向孩子們嚷：「把門帶上。」這並不是要訓練他們有禮貌，而是我不願意自己站起來關門而已。禮貌只是成人的想法，不管教授或工友的小孩都對禮貌不感興趣。

文明的進步在推翻世界上的許多虛偽和欺騙。我們應該給孩子自由，讓他們超越今日的虛偽文明。只要使孩子沒有懼怕和仇恨，我們就對創造將來有好禮貌的新文明盡了一臂之力了。

金錢

對大多數孩子來說，錢是愛的象徵：比爾叔叔給我兩先令半，瑪麗阿姨給我五先令，因此，阿姨比叔叔更愛我。父母下意識的感覺到這一點，因此經常給孩子太多錢而將他寵壞。為了補償起見，不被愛的孩子經常得到更多的零用錢。

沒有一個人在這一生中能夠逃出金錢的網。它無處不在，它決定我們坐在貴賓席或末席，也決定我們的孩子暑假到私立夏令營，或者在街上或公園內度過。金錢對每個人來說都是一種威脅。

一位母親會開玩笑的叫著說：「就是給我世界上所有的金子，我也不會出賣我的兒子。」五分鐘以後，她會因為兒子打破一先令一只的杯子而揍他。金錢的價值是家庭紀律的基本出發點：「別動那東西，因為它很值錢。」

孩子經常被拿來和金錢比，但只是孩子而不是成人。我從前如果打破一只盤子，我母親就會打我，可是父親打破盤子時，那只不過是他不留心而已。

父母給孩子帶來對金錢的憂慮。我經常聽見小孩驚惶的哭著說：「我把手錶砸破了，我不敢告訴媽媽，我不知道她會怎樣罰我。」

有時我們也會看見相反的一面，小孩故意打破東西以表示對家庭的恨：「我要讓不愛我的爸爸媽媽來賠這些東西，當尼爾寄賠償單給他們時，那他們才好受呢！」

夏山的家長給零用錢有的太多，有的則太少。這是一個我始終不能解決的問題。夏山孩子每星期一按年齡（每歲兩便士）領零用錢，有的還得到郵寄來的額外津貼，其餘有的少一點，有的完全沒有。

我已經不止一次在學校大會提議，每個人所有的零用錢都拿出來平分，因為有人得五十先令，而有人只得二先令半是不公平的。雖然家裡有錢的學生只是少數，我的建議卻從來未通過。一星期只得一先令的孩子，也會熱心反抗任何瓜分他們有錢同學進帳的建議。

給小孩錢寧可少不可多。給十一歲小孩一張五英鎊的鈔票，這樣的父母實在不聰明，除非那錢有特別用途，像買一盞燈或一輛腳踏車等等。給太多會破壞孩子的價值觀。家長也常常會給孩子一輛他不會細心照料的美麗昂貴的腳踏車、一架無線電，或者一樣沒有創造性的玩具。

太多金錢會損傷一個孩子的幻想生活。送給孩子一艘五英鎊的船，會把他從一塊木頭造條船出來的樂趣完全打消。一個小女孩經常珍惜她自已做的爛布娃娃，而不希罕買來的穿著講究、會睡會叫的洋娃娃。

我發現小孩並不重視金錢。我們的五歲孩子常常遺失金錢，有時甚至將它丟棄，由此可看出叫孩子儉省並無意義。家庭積蓄制度對孩子的期望未免太高，這是叫他只對今天有興趣的時候就「為明天著想」。對一個七歲的孩子來說，在銀行裡有九英鎊對他並無意義，特別是他想到，父母也許有一天會全部取出來替他買一樣他不喜歡的東西時，他會覺得更無意義。

幽默

我們一般學校和教育雜誌中的幽默太少。我知道幽默有它的危險，有人以幽默來遮掩人生比較嚴肅的事情，因為玩世不恭要比面對現實容易得多。小孩卻不拿幽默來派這種用場。對他們來說，幽默和滑稽是代表友誼與和善。嚴厲的老師知道這些，便將幽默從課堂裡驅逐出境。

問題是：**一個兇老師到底會不會有幽默感？**我感到疑惑。在我的工作中，我整天運用幽默和每個孩子開玩笑，但是當正經事來臨時，他們也徹底了解我不是說著玩的。

不論老師或家長，如果要成功地和小孩相處，就必定要了解他們的思想和感情，同時也必須有幽默感——一種孩子氣的幽默感。對小孩幽默，給他一種你愛他的感覺。但是這種幽默絕不能尖刻或是吹毛求疵。

看小孩幽默感的發展是極有趣的。我們不如把他們的幽默感稱為滑稽吧，因為小孩在幽默感未發展以前已先有滑稽感了。大衛等於是在夏山出生的，他三歲的時候，我對他說：「我是客人，我想找尼爾，他在哪裡？」

大衛輕蔑的看著我說：「笨蛋，你就是他！」

當他七歲的時候，有一天我又在園裡拉住他說：「告訴大衛我要見他。」我很正經的說：「我想他在那邊茅屋後面。」

大衛咧嘴一笑，說：「好呀。」就到茅屋那邊去了，兩分鐘之內他就回來了。

「大衛說他不肯來！」他機靈地笑著。

「他有沒有說為什麼不肯來？」

「說了，他說他在餵老虎。」

大衛七歲就能應付這種滑稽。但是當我對九歲的雷蒙開玩笑說他偷了學校大門，所以要罰半數零用錢時，他就哭了起來。我馬上知道錯了。但是兩年以後，他也經得起我的玩笑了。

三歲的莎莉在路上遇見我，我問她去夏山的路怎麼走，她就忍不住格格地笑了起來。但是七、八歲的小女孩馬上就一本正經指給我一個錯方向。

當我帶客人參觀時，我通常介紹茅屋的孩子為「豬」，他們就依樣豬叫起來。有一次我又介紹他們是豬時，有個八歲女孩出乎我意料地旁若無人的說：「這個玩笑似乎有點老套了吧？」我不得不承認是。

女孩和男孩一樣有幽默感，但是她們不像男孩一樣以幽默來保護自己。我看見德孚因不守公共秩序而受審判，他非常詼諧的替自己辯護，很為大家欣賞，所以只受到很輕的處罰。女孩子們則容易認錯，從來不那麼做。即使在最前衛的家庭，女孩子還是受到社會給女子自卑感的影響。

絕不要對孩子開不是時候的玩笑或損傷他的尊嚴。假如他真的有苦惱，你必須加以重視。與一個發高燒到三十九度的孩子開玩笑，並非明智之舉；但是在他養病時，你可以裝作醫生甚至殯儀館的人，他會喜歡那些玩笑。小孩喜歡幽默，因為幽默與友善和笑有關，連我們的大班生口出妙語時也從不傷人。夏山的成功有一部分是靠它的幽默感。

第三篇

性

尼爾對性的看法是很佛洛伊德的。他認為人的精神疾病是由早期禁止摸生殖器官而引起的，後來生活中的陽萎、性冷感和性憂慮，都由早年手被拿開而引發。如果讓小孩自由自在地摸自己的生殖器官，長成後便會有個誠實快樂的性態度。

對性的壓制、恐懼、故弄玄虛，只是替孩子佈下未來不快樂的一生；自由兒童在性方面不受限制，因此不會把興趣停留在窺淫、同性戀、性犯罪上面，而會去找尋更美好的人生樂趣。

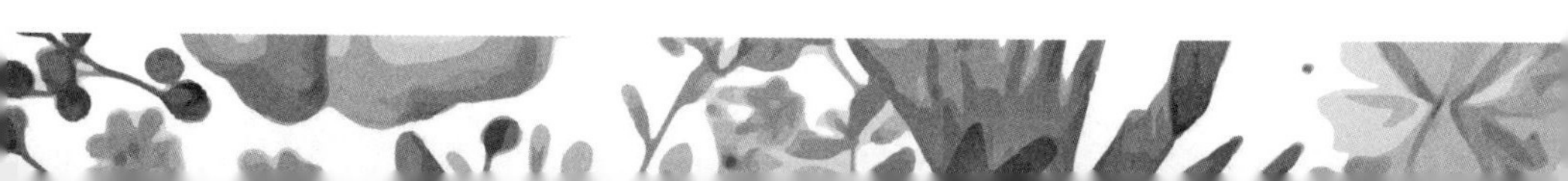

對性的看法

剛到夏山的小孩，對性和身體機能的態度沒有一個不是病態的。思想開明的父母的孩子，雖然正確地知道孩子是從哪裡來的，但對於性的態度依然和那些宗教狂熱家庭出來的一樣隱晦，因此使孩子對性有一個新的看法是老師和家長最艱巨的工作。

我們對性成為禁忌的原因知道得很少，因而只能瞎猜。性的禁忌不是我關注的焦點，但是這個禁忌的存在，卻是醫治被壓抑兒童的人士深為關心的。

這一代的成年人在兒童時期已被摧毀了。我們永遠不能自由地討論性方面的事。在**意識**層面，也許我們是自由的，我們也許是兒童性教育學會的學員，但是我想在潛意識中，我們早在嬰兒期即已大大的制約成為性的仇恨者與恐懼者。

我相信我對性的不自覺態度，就是我一歲時蘇格蘭小村的喀爾文教派強加於我的對性的看法。也許成年人是無可救藥的了，但是只要我們不把強加在自己身上的可怕看法再灌輸到孩子身上，他們還有機會。

孩子很早就認為性是很大的罪惡，父母永遠對違反性道德的行為加以最嚴厲的處罰，那些嘲罵佛洛伊德「帶著性的有色眼鏡看世界」的人，都是那些聽過性故事也笑過性故事的人。在軍隊待過的人都知道，軍隊的談話多半和性有關。差不多每一個人都喜歡看報紙上富刺激性的離婚和性犯罪的新聞，同時絕大多數的丈夫都把在俱樂部和酒吧間聽來的笑話講給太太聽。

我們喜歡看性的故事，完全是因我們對性方面的教育不健康，我們那些濃厚的性興趣也都是由於性壓抑而來。如同佛洛伊德所說，故事會洩露祕密。成人對小孩性興趣的定罪是虛偽的，那不過是一種投射，把罪惡加到別人身上而已。父母對性的冒犯處罰嚴厲，是因為他們自己也對性犯罪有極大的不健康的興趣。

為什麼對肉體的壓制如此普遍？宗教人士認為肉體使人墮落，下流的身體引誘我們走向罪惡。這種對身體的憎恨，使生育變成學校裡禁忌之談，比較含蓄的說法便不得不用來遮蓋生命的事實。

佛洛伊德認為性是人類行為最大的力量，每一個忠實的觀察者一定都會同意，但是道德的教訓把性看得過分。母親在孩子第一次動他的生殖器便糾正他時，就使性成為世界上最神祕和銷魂的事了。把一個果實變成禁果，就使它變成美味和具有無限的誘惑。性的禁忌是壓抑小孩的基本罪惡。我所指的性，是廣義的，不局限於生殖器。假如母親對自己身體的任何一部分不滿意，或禁止她的小孩在身體上尋找樂趣的話，那小孩也多半不會快樂。

性是所有對生命負面態度的起源。對性沒有罪惡感的孩子從不需要信仰宗教，或其他任何神祕主義。性被認為是原罪，但是對性沒有恐懼和羞愧的孩子沒有罪惡感，所以不必尋求他們的上帝原諒。

在我六歲的時候，我妹妹和我發現彼此的生殖器，當然很自然的就互相玩起來。母親發覺後，我們都被狠狠地鞭打一頓，我又被關在黑屋子裡好幾個鐘頭，然後再被迫下跪請求上帝饒恕。其後，父親回家，他拿起棍子，又是一陣毒打。

我花了好幾十年的功夫克服這早期的打擊引起的壓抑，有時我真懷疑我是否完全恢復。今天，有多少大人有同樣的經驗？有多少孩子因為這樣便把他們對生命的愛好變成恨與侵略性呢？別人告訴他們說觸摸生殖器有罪，那麼他們就會認為大便也是骯髒的了。

每個受性壓抑的小孩的腹部，都像木板一般僵硬。請看看一個被壓抑的孩子的呼吸，再看一隻小貓的優美和輕鬆的呼吸。動物沒有緊張的胃，牠們也不會對性或大便感到慚愧。

瑞奇在他那本著名的《性格分析法》（*Character Analysis*）中指出，道德的訓練不但對思想的過程有害，同時更影響身體，使它姿態僵硬，盤骨收縮。我同意他這種看法。多年來我從種種不同的夏山兒童中看出，假如沒有恐懼使肌肉緊張，小孩會優美的走、跑、跳和玩。

我們要怎樣才能防止兒童的性壓抑呢？第一件事是，孩子一生下來就讓他有碰自己身體任何一部分的自由。

一位心理學家朋友不得不對他四歲的兒子說：「巴伯，不要在陌生人面前玩你的小雞雞。

因為他們認為那是不好的，你只能在家裡或院子裡才可以那樣做。」

我的朋友和我談論到這點，我們的結論是：我們不可能使孩子避免反生命的仇恨性的人。唯一的希望是父母誠心相信生命，那麼孩子通常也會接受父母的看法而拒絕外界的過時想法。但是無論如何，假如一個五歲孩子發現他到海邊游泳非要穿褲子不可的話，他就會有——即使是很微小的——對性厭惡的感覺。

今天許多家長都不禁止手淫，他們發現那樣是順乎自然之事，他們也知道禁止手淫的害處。這實在是很可喜的現象。但是這些開明的父母對下一步就反對了。有一些人對他們的小男孩和別的小男孩玩弄生殖器不在乎，但是對小男孩和小女孩互玩生殖器則大為驚惶。假如我那用心良苦的母親不管我和妹妹玩弄生殖器，我們長大對性有正常看法的機會就大得多。

我懷疑有多少成人的陽萎和性冷感，是由於孩童早期異性關係的受干擾而起；我也懷疑有多少同性戀者是從早期被禁止同性間性的遊戲而來。

我想，孩童時期異性玩弄是達到健康、平衡的成人性生活的最佳之道。孩童在性方面，如果不受道德教條的訓練，他們會遠離淫亂，長成一個健康的少年。

據我所知，反對青年人愛情生活的理論，沒有一種是站得住腳的。幾乎每一種理論都以壓抑感情和對生命憎恨為出發點——如宗教的、道德的、權宜的、武斷的、色情的，沒有一個能夠回答為什麼自然賦予人強烈的性本能，而青年人卻在年長者的禁忌下失去使用它的自由。而那些拍攝性感電影的公司，那些使女孩更富誘惑的化妝品公司，以及那些以色情照片與故事吸引讀者的出版公司的股票，卻往往又操縱在年長者手中。

我知道今日少年性生活還是不切實際的，但我認為這是達到明日健康社會必經的過程。我可以這樣寫，但在夏山我要是允許學生一起睡覺的話，我的學校就會被權威壓制，但是我想明日社會將會了解，對性的壓抑有多麼危險。

我不敢期望夏山的每個學生都沒有精神疾病，因為誰能生存在今日社會而沒有情結呢？我所希望的是，將來的一代會從人為的性禁忌的束縛中脫離出來，創造出一個愛生命的世界。

避孕方法的發明終將為社會帶來新的性道德觀念，因為怕懷孕是造成今日性道德最大原因之一。自由的愛一定要有安全感才行。

今日的青年很少有機會真正的愛。父母不准子女生活在所謂的罪惡裡，所以年輕的情人只好到陰暗的樹林、公園或者汽車裡。每樣事情都對青年不利。環境逼他們把原本快樂和可愛的事看成可怕、罪惡、淫猥和羞恥。

對性行為的禁忌和恐懼，造成在公園強姦、勒殺小女孩的罪犯，也造成那些虐待猶太人和黑人的罪犯。

性的壓抑也把性束縛在家庭之中。手淫的壓抑使小孩對父母感興趣。每次當母親因小孩碰他的生殖器而打他的手時，小孩的性衝動便移轉到母親身上，而對母親壓抑的態度就變成欲望和嫌惡、愛和恨的混合感覺，籠罩在一個不自由的家庭中。它伸張成人權威，卻帶來大量的精神疾病。

假如性的興趣可以常常發展到鄰居的男孩或女孩身上，家中的權威便為之動搖，對父母的連繫便會鬆弛，而孩子的感情會自然地離開家庭。雖然有些聳人聽聞，但是這個對父母的連繫是我們權威社會很重要的保障，一如妓女是良家婦女道德的保障一樣。把性的壓抑除去，權威便不能控制青年。

父母只在重複他們承自父母的那一套：教養一群可尊敬的、貞潔的孩子，而暫且忘掉所有祕密的性遊戲和童年時代聽來的猥褻故事，忘掉不得不一再壓抑的對父母劇烈的反抗。他們不明白，他們正給予孩子同樣的罪惡感，那種罪惡感多年以前曾帶給他們無數痛苦的夜晚。

人的精神疾病由最早觸摸生殖器官的禁忌而起，後來生活中的陽萎、性冷感和性憂慮都是由於早年手被綁或者被拿開（挨打）而引起。小孩如果可以自由摸他的生殖器，便會有機會長成一個具有快樂誠實的性態度的人。在年幼孩子中，性遊戲是自然和正常的現象，不該被反對。相反的，它應當受到鼓勵，因為這種遊戲是養成一個健康少年和成年的前奏曲。父母如果說不知道孩子在暗地裡有性遊戲，便是掩耳盜鈴。祕密和偷偷的遊戲會引起罪惡感，當這些孩子變成大人時，他們也就會反對性遊戲。把這種遊戲搬到陽光下來是唯一明智之舉。假如性遊戲被認為是正常的，將來性的犯罪便會大大減少。我要再次強調，性犯罪和任何性的不正常，都是孩童早期性遊戲被禁止的結果，這就是一般道德父母不能了解也不願了解的。

著名的人類學家馬林諾斯基（Malinowski）告訴我們，特洛布里安族人（Trobrainders）直到傳教士感到驚異時才令男女孩分宿，那時他們沒有同性戀，沒有強姦，也沒有性犯罪，為什麼？因為小孩的性未被壓抑。

今日家長要自問的是：我們希望孩子和我們一樣嗎？假如是，社會上不就像現在一樣有強姦、性謀殺、不愉快婚姻和問題兒童嗎？假如第一個問題是肯定的，第二個問題也是肯定的。這些問題也是世界毀滅的前奏，因為它們將恨和以戰爭表達恨的延續視為當然。我想問那些伸張道德的父母，當原子彈轟炸時，你還在憂慮你的小孩有性遊戲行為嗎？當原子塵毀滅整個人類生命時，你兒女的貞操還更重要嗎？當你的兒子要犧牲於原子彈爆炸時，你還在那裡堅持孩童時代一些好的東西要被壓制嗎？那時候你崇拜的上帝會救你和你的孩子嗎？

你們之中有一些人也許會說，人間世只不過是一個過程，來世將會沒有仇恨，沒有戰爭，沒有性。假如你這樣想的話，把這本書丟開算了，我們之間根本無法溝通。

對我來說，永生是個夢想，一個可以理解的夢想。人除了在發明機械之外，其他都失敗了。但光是夢想還不夠，我希望看見天堂在人間，不在雲端。可憐的是，絕大多數的人也抱持同樣的希望，他希望得到，但缺乏爭取的意志，因為那意志早就被第一個耳光和第一個性禁忌腐蝕殆盡。

家長對這問題不能保持中立，他們必須在罪惡祕密的性和公開健康快樂的性之間作一選擇。假如父母採取普通道德標準，他們便不能埋怨這個痛苦的、性被敗壞的社會，因為它是這個道德標準的產物。因此，父母也不能恨戰爭，因為他們傳給孩子的恨自己的觀念，將自動表現於戰爭之上。整個人類在感情上是病態的，此一感情上的病態是由於幼年時代所養成的罪惡感和憂慮而來。它在我們的社會上處處可見。

珠綺六歲時，她告訴我說：「在所有小男孩裡面，威利的小雞雞最大。張太太（一位客人）說**小雞雞**是髒話。」我馬上告訴她這不是髒話。我在心裡咒罵那個無知而不了解小孩的女人。我也許可以容忍對政治或禮貌的宣傳，但是對於任何一個使小孩對性有罪惡感的攻擊，我馬上會強烈的反擊。

所有對於性的嘲笑態度，在電影院裡的哄笑，還有廁所牆上寫的髒字眼，都是因為孩提時代手淫被壓抑，或者幼年時代性遊戲被禁止的結果。每個家庭裡都有祕密的性遊戲，而這種神祕和罪惡感使孩子對兄弟姊妹有一種情感的終身束縛，因而以後不可能有快樂的婚姻。假如五、六歲時兄弟姊妹之間性遊戲被認為自然的，每個孩子都會自在的在家庭以外找到一個愛的對象。

對性最極端的恨就是虐待狂。沒有一個生活很滿意的男人會虐待動物、別人或支持監獄；沒有一個對性感到滿足的女人會輕蔑私生子的母親。

當然，我一定會被人批評：「這個人滿腦子都是性，性不是生活的一切，還有友誼、工作、快樂與憂愁，為什麼說性是生活的一切呢？」

我的回答是：性給我們人生中最大的愉悅。性和愛結合在一起是最大的喜樂，因為它是給予和接受的最高境界。但是顯然的，性是一般人敵視的，要不然就不會有母親禁止手淫，不會有父親禁止正式婚姻以外的性生活了。戲院裡便不會有猥褻笑話的產生，便不會有那麼多人把時間浪費在言情電影和小說上，他們會實踐愛。

差不多每一部電影都和愛情有關，這證明性是生活中重要的因素，那些電影對性的偏重幾乎已到病態的程度。人們因為對性有罪惡感，所以不能自由地愛，就會對那些把愛描寫得羅曼蒂克、甚至極為美麗的電影故事趨之若鶩。受到性壓抑的人，只能靠代替品滿足他對性的興趣。沒有一個愛情生活豐富的男女，會一星期上兩次電影院去看那些無聊的、不過是生命模仿的故事。

通俗小說也一樣，不是講性，就是講罪惡，通常兩者兼提。一本有名的小說《飄》（*Gone with the Wind*）曾膾炙人口，洛陽紙貴，並不是裡面美國南北內戰悲劇的背景或黑奴吸引人，主要是因為它寫的是個無聊、自私的女人和她的愛情故事。

時裝雜誌、化妝品、大腿舞、矯揉造作的評論和言情小說，一再清楚地表示：性是人生活中最重要的東西。同時也證明：只有像小說、電影、大腿舞這些性的裝飾品，才為社會所接受。

勞倫斯（D. H. Lawrence）指出色情電影的罪惡。他說：性被壓抑的一些青年，懼怕周邊真實的女孩，卻到電影院裡，把所有性的感情都傾洩在一個好萊塢明星身上，然後再回家手淫。勞倫斯當然不是說手淫不對，他是表明手淫時幻想和一位明星做愛是不大健康的行為。健康的性，通常是在鄰近的地方尋求伴侶。

試看多少企業因性壓抑而繁榮，時裝、口紅、教會、戲院和電影、暢銷小說、絲襪等等，不勝枚舉。

如果我說性自由的社會就會不屑美麗的服飾，那我就是笨蛋。當然不會，女為悅己者容，男士也一樣。會消失的，將是因真實有禁忌而不得重視幻影的戀物狂。那裡將不會再有性被壓抑的男人對著櫥窗裡女人的內褲發呆。性的興趣被壓抑是多麼可怕，最高的樂趣竟和罪惡感連在一起。那種壓抑影響到生命的每一個層面，使它變得狹窄，不快樂，而且可憎。

如果你憎惡性，你就憎惡生命也無法愛你的鄰居。你的性生活最糟時會變成陽萎或性冷感。最好時也不會完美，因此那些憎惡性而生過孩子的女人會說：「性是個累贅。」但性是非常強烈而不可能消滅的一種本能，假如不被滿足，它就一定要找到去處，它會走向焦慮和仇恨。

很少成年人把性的行為當做一種給的行為，假如不是這樣，陽萎和性冷感就不會如專家所說在已婚者中占百分之七十了。對許多男人來說，性行為不過是較禮貌的強姦；對許多女人來說，不過是討厭的、不得不忍受的儀式。成千累萬結了婚的女子，一生從來沒有經驗過性高潮，甚至有許多受過高等教育的男士還不知道女人會有性高潮。在我們這樣人人吝嗇的社會中，性的行為多少有點粗暴和下流。有些性變態者一定要被鞭打或者打人才能享受性的樂趣。還有一些特殊的極端例子，那些人除了以恨的方式外，就不會表現他們的愛。

每一個夏山的畢業生，從我的談話和書本裡都知道我贊成他們：不無在什麼年齡都該享有完整的性生活。在我演講時，常常有人問我是不是供給學生避孕工具，假如沒有，為什麼？這是一個老掉牙又令人傷感情的問題。答案是否定的，這使我良心很不安，因為對這方面的任何妥協對我們來說都是困難而又令人焦慮的。但是如果我給已達或未達法定年齡的人避孕工具，我們學校一定會被勒令停辦。在今日社會裡，我們不能太超越法律而行事。

許多不相信給兒童自由的人常問我一個問題：「你為什麼不讓小孩看性交行為？」我想有人認為孩子精神上會強烈激動，或因此而受到心靈創傷的看法並不正確。據馬林諾斯基說：在卻不林族裡，小孩認為看父母性交、生產與死亡都是自然的事，絲毫沒有激烈不良的反應。看性交行為對自由兒童來說大概不會有任何影響。因此，對此一問題唯一誠實的回答應該是：在我們這個社會裡，做愛並不是做給人看的事。

我知道有許多家長對性都有宗教上的和其他負面的看法，他們不能接受我們這套思想，而且也無可救藥。但是如果他們干涉到我們孩子的自由——不論是性或其他方面的——我們一定要反抗。

對其他的家長我要說：「等你女兒長到十六歲要過自己的生活時，你就要感到頭痛了。」假如她半夜三更回家，絕不要問她到哪裡去了，假如她不是自由發展的話，她一定會說謊，就像你和我向我們的父母說謊一樣。

等我女兒十六歲的時候，如果我發現她愛上一個魯鈍的人時，我就會有煩不完的事。我知道什麼事也無能為力，我希望我能冷靜而不去管她。因為她是自由發展的，我想她不會愛上不合適她的男孩子，但誰也說不準。

我想，**許多人結交不良伴侶基本上都是為了反抗父母的權威。**我的父母不信任我，我才不在乎呢，我要怎麼幹就怎麼幹。假如他們不喜歡的話，活該！

你那時的恐懼是怕你女兒會被引誘，但是女孩子通常不會被引誘，引誘是雙方面的事。假如你女兒過去是你的朋友而不是你的屬從，她到這種年紀就不會給你困難。你一定要了解誰也不能代替別人生活。像情感這種重要的經驗無法傳授，關鍵在家庭對性的態度。假如那是健康的，你可以放膽給女兒私人房間和鑰匙；假如那態度是不健康的，她很可能會以錯誤的方式和不合適的人找尋性的樂趣，而你將束手無策。

你的兒子也是一樣，你不大替他憂慮，因為他不會懷孕。但如灌輸他對性的錯誤看法，也很容易將他一生弄糟。

很少婚姻是幸福的。看了一般人訓練幼兒的方法，我懷疑世界上能不能有真正幸福的婚姻。假如性在嬰兒室內被認為是骯髒的，在洞房裡也不可能會被看成非常乾淨。當性的關係失調時，婚姻裡的其他方面也是失敗的，被灌輸厭惡性的觀念的不快樂配偶會成為怨偶，他們的孩子必然會不幸，因為家庭裡缺乏那種會使他們將來生活快樂的溫暖。父母對性壓抑的態度會不自覺地傳給孩子，最糟的問題兒童就是從這樣的家庭出來的。

性教育

如果父母都很誠實的回答孩子的問題，而父母本身對性的態度並沒有什麼壓抑的話，性教育會成為兒童生活中很自然的一部分。那種假科學的解釋方法是不對的。我知道有個小孩就是這樣被訓練長大的，他承認每次一有人提到花粉的時候他就臉紅。性的事實當然重要，但是更重要的是對情感的內涵。醫師知道人體解剖學的一切，但他們比起南海群島的原住民，非但不見得是更好的情人，而且往往不如。

性教育對自由發展的兒童來說是不必要的，因為「教導」這個詞含有以前被忽略的意義。假如孩子自然的好奇心都被坦白而不感情用事的回答滿足了，性就不會變成一樣必須開導的東西。因為我們並不教小孩消化器官或排泄器官功能是如何的，**性教育**一詞實在已暗示性行為是被抑制而富有神祕性的東西。

在小學課程表上加上性教育的課，有很大的危險。它可能以道德方式來壓抑性。我可以想像一位膽小的老師尷尬地講解一堂人體解剖學的課，他很可能怕這個問題會講到不可收拾的地步。

在絕大多數學校裡，如果一個老師誠實地講解愛和生育的事實，他很可能被革職。輿論（以母親為代表）是不會贊成的，我已經知道常常有憤怒的母親因女老師教了孩子一些「污穢、不敬、下流的東西」有使孩子變壞的嫌疑，而威脅說她必須承受嚴重的後果。

另一方面，要滿足自由的孩子對性的好奇只不過是要知道如何說得更明白一點而已。一個小孩有時想知道，為什麼不是每一匹公馬都是種馬，或者每一匹公羊不都是牡羊。答案涉及四歲孩子無法理解的觀念。去勢是一種對四歲小孩解釋不清的過程。在這種情形下，每個家長只好盡力而為，同時要記住謊言和遁詞是用不得的。

一個五歲的男孩在父親的口袋裡掏出一枚保險套，自然就問父親那是什麼東西。他接受父親簡單而明瞭的回答，而絲毫不覺得奇怪。

在某種情形下，我覺得可以對孩子說，**這事情太複雜，要等以後才解釋得清楚**，因為別的事情你也是一樣處理的。舉例來說：孩子問一架機器怎麼動，或者誰創造上帝時，父母可以回答說，那個問題太複雜，他那年紀還不能了解。

保留一個問題暫不解答，遠比一些愚蠢的父母告訴孩子太多來得妙。我記得我們有一個學生，她是一個十五歲的瑞士女孩子，告訴我：「意格瑪（十歲）以為小孩是醫生送來的，我很早就知道小孩是哪裡來的。媽媽告訴過我，她還告訴我許多別的呢！」我問她還知道些什麼，她告訴我所有同性戀和性變態等等行為。這就是一個不妙的例子，那個母親應該只回答孩子問的問題。她對孩子天性之無知，使她告訴孩子許多吸收不了的知識，結果那女兒觀念變得有些錯亂。但是，大致來說，這位不智的母親比起那些小孩問生產時故意給錯誤答案的母親要聰明得多。因為小孩很快就發現母親在說謊。當小孩知道真相時（通常是同伴以不完全正式的髒話說出來的），就自以為他知道母親為什麼會說謊，媽媽怎能告訴我那樣下流的事呢！那就是社會對生育的態度，認為那是一件骯髒可恥的事，懷孕媽媽穿衣服掩飾她的大肚子，就足以使我們責備這社會的道德觀了。

也有母親告訴孩子關於生育的真話，但她們當中又有許多對性說謊話。她們避免告訴孩子：性交是一件非常快樂的事。

內人和我對珠綺的性教育從來沒有遭遇任何困難。一切看起來都是那樣簡單、明瞭與可愛——雖然有時也有難堪的時候，像當珠綺告訴一位未婚女性訪客說，因為爸爸授胎給媽媽，所以她才來到這個世界，她還滿懷興趣地問了一句：「誰授精給你？」

我還發覺自由發展的兒童從小就很機智。珠綺三歲半時會講剛剛那種話，但是到她五歲時，就知道在某些人面前不能講某些話。佛洛伊德發現小孩也有性的感覺，但這方面研究還不夠。寫嬰孩性的書倒有，但是寫關於自由發展兒童性的書還沒有，我們的女兒對她自己父母的以及同伴的性，都沒有特別的興趣。她經常看見我們在浴室或洗手間不穿衣服，她推翻了一些心理學家的理論——認為小孩有一種本能的、不自覺的內在羞怯，使他看見大人生殖器或其他自然身體功能時會不好意思，我認為這種理論與對手淫與生俱來的罪惡感一樣，都是胡說八道。

自由兒童的家長多半會避免一切對性教育有害和愚笨的錯誤。如將性與罪惡和過失連在一起等等，但是我不能確定他們是否把性看得過分崇高。在「自由發展」的理論尚未出現以前，有些家長告訴孩子性是神聖不可侵犯的，應以一種精神的、神祕的和宗教的崇拜對待它。現在的家長雖然不會如此，但常常殊途同歸。他們把性看成一個新被發現的神，這很難解釋，也許太微妙而不能解釋，我發現那些人一提起性，聲音和表情都會變得虔誠起來。此一態度顯示對色情的恐懼。假如我不肅然起敬，那我豈不是把性當成開玩笑一樣的事了嗎，那些年輕父母的聲調與語氣，就和從前武士說他們身體上某部分是神聖的一樣。

歷來性都被認為是下流的，如今又走到另外一個極端，變成不能隨便提的了，不是因為它太壞，而是因為它太好。這種態度又會引起新的性恐懼和壓抑。假如小孩對性有健康的看法，其後也有健康的愛情生活，性一定要合實際，性就是性，把它提到一個更高的境界不過是畫蛇添足而已。

告訴孩子性是神聖的，和說所有罪都要下地獄是一樣的。假如你同意吃喝和笑都是神聖的，那我便贊成性也是神聖的，那麼**所有的**東西都是神聖的。但假如我們只把性當成神聖，那便是自欺，也誤導了孩子。只有孩子才是神聖的，他們不能被無知的教育褻瀆。

宗教對性的恨已漸漸消滅，但又有別的敵人崛起。熱中於性教育的人給小孩看圖，同時向他們解釋蜜與花粉說：「性只是一種科學，沒有什麼稀奇，不是嗎？」我們的性觀念受到太多的制約，因此，我們行不了中庸之道。我們對性不是太反對就是太贊成。贊成性是好的，但是以贊成性反對兒童時期反性的訓練，則多少有點過分。我們需要一個正確的性態度，這種態度只有在我們不干涉孩子對性的自然看法原則下才能建立。

假如我的建議不夠清楚或不合實際，我提議年輕父母在提到性的時候，不要表示任何羞愧、憎厭或者道學的樣子。只有這樣，小孩對性的態度才不會被壓抑，他才不會恨他的肉體，這樣一個孩子不需要別人教導、警告或其他幫助。假如我們能使小孩不把性看成罪惡，他長大後就會成為一個道德的人，而不是一個教訓人家的道德家。愛情不專的人是在尋求性方面的樂趣而得不到愛的樂趣的人。手淫、風流、同性戀都沒有建設性，因為它們是以自我為中心的。新的有道德的人會發現他必須了解性的雙重意義：他會發現除非有愛，否則他不會在性交上得到最大的樂趣。

手淫

絕大多數孩子都手淫，但是人們告訴孩子說手淫是罪惡的，會妨礙生長，會引起疾病，還有其他各式各樣的害處。假如一個聰明的母親不去管她孩子對身體性器官的最初探索，手淫就不會有很強的驅動力，因為壓抑的關係，才使小孩的興趣停留在那裡。

對一個年幼孩子來說，口腔（不是生殖器官）才是性慾敏感區，假如母親對嘴也像對生殖器一樣以道德觀念處理，吮指頭和接吻就成為道德問題。

手淫是為了滿足尋求快樂的欲望，因為它是興奮的高潮。但是高潮一過去，道德良心馬上就使孩子覺得自己是個罪人，我發現當罪惡感消除時，小孩對手淫的興趣也減少了。有時父母情願小孩犯罪而不願他們手淫。我發現許多少年犯罪都是由手淫被壓抑而來。

一個十一歲的男孩到夏山時，除了有別的壞習慣外，還有縱火的毛病，他曾被他的父親和老師鞭打過。更糟的是，他曾經被教導地獄火和憤怒的上帝等褊狹的宗教訓練。他剛來夏山不久，就把汽油倒在裝油漆和松節油的大桶裡面，然後縱起火來，幸好兩位傭人及時撲救，屋子才沒被燒掉。

我把他帶到房間問他：「火是什麼？」

「燒東西的。」他說。

「你現在想的是哪種火？」我繼續問他。

「地獄火。」他說。

「那麼你想汽油瓶是什麼東西呢？」

「一個長長的一頭有孔的東西。」他回答（很久不作聲）。

「再多講一點那個長長的一頭有孔的東西給我聽。」我說。

「我的小鳥頭上也有一個孔。」他不自然地說。

「講你的小鳥給我聽，」我很和氣地說：「你有沒有碰過它？」

「現在沒有，從前有過，但我現在不碰了。」

「為什麼呢？」

「因為陳先生（他從前的老師）說，那是世界上最大的罪惡。」

我斷定他的放火是一種代替手淫的行為。我告訴他說他的先生完全不對，他的小鳥就和他的鼻子和耳朵一樣，沒有什麼分別。從那天起，他對放火的興趣就不見了。

當小孩早年手淫沒有遭到困難時，他就會自然地走上異性發展的階段。許多不快樂的婚姻都是因為丈夫和妻子不自覺地對性的憎惡，此種憎惡則導因於小時候手淫被禁止而埋藏的對自己的恨。

手淫的問題在教育上極重要。假如手淫的問題不解決，功課、紀律和遊戲都是徒勞無功的。手淫自由就可以養成快樂、高興、有活力的兒童，而且他們對手淫不會真的有多大興趣，若是禁止反而會培養出痛苦的、不快樂的兒童，他們容易生病和傷風，也會因為恨自己而恨別人。夏山充滿快樂的基本原因之一是，沒有由禁止性而引起的恐懼與對自己的憎恨。

佛洛伊德使大家熟知許多性方面的觀念：性是與生俱來的，嬰兒吸吮有性的樂趣，口腔的性慾敏感區會漸漸移到生殖器上。因此，手淫對孩子來說是一種自然的發現。在最初並不重要，因為生殖器並不如嘴，甚至不如皮膚對性的樂趣來得更敏感，完全是因為父母的禁止才使手淫問題變得那樣嚴重。禁止愈嚴，罪惡感便愈深，而耽溺於其中的衝動也愈強。

一個教育得當的孩子，上學來時不應該對手淫有任何罪惡感。在夏山，只有很少幾個小班生對手淫有興趣。性對一般學生沒有什麼神祕的吸引力。他們一到學校，我們便讓他們知道生育的真相（假如家裡沒有告訴他們的話），他們不但知道孩子從哪裡來的，並且知道他們自己是怎麼來的。在他們那樣小的時候，對這種知識不會感到什麼激動，主要的原因是我們講給他們聽的時候毫不激動，所以孩子到十五或十七歲的時候，他們可以大方的討論性，而一點也不感到猥褻與罪惡。

父母的話對年幼的子女就好像至高的神的話一樣。媽媽的話就是聖經，小孩完全接受她的那一套。有位母親說手淫會使人變傻，她的孩子便信以為真，而變得什麼都學不會，後來她接受勸告，再告訴他從前對他說的那一套是胡說八道，那小孩自然而然就變得聰明很多。

另一個母親告訴孩子，假如他手淫的話，每個人都會恨他，小孩就如她所說的變成全校最討人嫌的孩子。他偷東西、吐口水、毀東西，他實在是可憐地依照媽媽說的做，但這位母親不聽勸告，她不承認從前告訴孩子的話是錯的。因此我們幾乎可以斷定，這個孩子將來多少是會不受歡迎的。

我們夏山曾經有孩子聽說：假如手淫就會發瘋，而他們就真的在努力去發瘋！

我懷疑學校能否完全糾正從前父母對孩子的暗示。我總是試圖讓父母自己糾正，因為我知道我對小孩說不會有多大效果，通常我到他的生活裡太遲，因此我說手淫不會使人發瘋時，小孩不會輕易相信我，他五歲時父親說的話才是金科玉律。當嬰孩開始玩他的生殖器時，父母就面臨考驗了，他們必須認為玩生殖器是好的、正常的和健康的。任何壓抑它的嘗試都是危險的，包括那些把小孩注意力引到別的方面的、不動聲色的、不誠實的嘗試在內。

我記得有一個自由發展的小女孩被送到一家幼兒園，她好像很不快樂，她叫手淫抱抱。當她母親問她為什麼不喜歡學校時，她說：「我要**抱抱**時，他們不讓我，他們一直說來看這個來做那個，所以我連『抱抱』也不行。」

因為所有的家長在搖籃裡時都曾被制約而反性，所以他們無法克服對嬰孩玩生殖器感到的羞愧、罪惡和厭惡感。可能家長在理智上認為玩生殖器是好而健康的，但是他們的聲音和眼神卻傳達給小孩他在情感上不贊成的訊息。一個家長在平常無人時可能完全贊成孩子玩他的生殖器，但是當頑固的阿姨來拜訪時，他們就會著急，生怕孩子會在那個不贊成生命的人面前玩生殖器。對於這樣的家長，可以很容易對他說：阿姨代表你被壓抑的自我，反對性。但是這樣的說法對家長或小孩並無益處。

父母懼怕小孩因玩生殖器而早熟，似乎言之成理。但事實上，玩生殖器並不會導致早熟。就算會又怎樣？要知道，使孩子到了青春期對性有不正常興趣的最好方法，就是當他在搖籃裡時不准他玩生殖器。

告訴一個已達理解時期的小孩在公共場所不能玩生殖器可能很殘忍，卻有必要。這樣說有點膽小，對小孩來說也不公平，但是如果不這樣做也很危險。如果小孩遇見不友善的成人對他那種行為嚴厲而兇狠地反對，那比從愛他的父母告訴他不要隨便地手淫的害處更大。可是如果一個小孩被允許不受責罰、說教與禁忌而自由發展，他會發現生命滿足了其他興趣而不會專玩生殖器。

我本身不知道自由發展兒童在互相玩生殖器時是怎樣的。從小被教導性是壞的男孩子，通常把玩生殖器和施虐狂連在一起。有同樣訓練的女孩常認為施虐狂是正常的。自由發展的孩子沒有侵略性的恨，所以他們互相玩生殖器時可能是溫和與親愛的。

我們不能接受自己，主要是由童年時期開始的。一大部分是來自對手淫的罪惡感。我發現，不愉快的孩子都對手淫有很重的罪惡感。除去這種罪惡感，是我們帶領問題兒童走上快樂道路最重要的一步。

裸體

許多夫婦，尤其是工人階級，直到替配偶穿壽衣時，從來沒有看過對方的身體。有一個農婦在法庭上為一件無禮暴露的案件作證：她真的被嚇壞了。「珍妮，」我催促她道：「別怕難為情，妳已是七個孩子的媽媽了。」

「尼爾先生，」她鄭重地說：「我從來沒有看過約翰的……我一生從來沒有看過我先生光身子。」

裸體不應該禁止，從小就應該讓小孩看父母裸體。但是，等小孩聽得懂以後，也應該告訴他們，有些人不願意看小孩光身子，在這種情形下，他就應該穿衣服。

有個女人因為我們的女兒不穿衣服在海邊游泳而埋怨我們。那時候，珠綺才一歲。游泳這件事可以總括一切社會反生命的態度。我們都知道游泳要脫衣服，但又有不准暴露身體某部分的麻煩。自由發展兒童的父母知道對一個三、四歲的小孩解釋，他為什麼一定要在公共場所穿游泳衣，可夠困難的！

不准赤身裸體的法律本身，就會給小孩帶來對人體的不正常感覺。我曾經為了滿足一個對裸體有罪惡感的小孩的好奇心而裸體給他看，同時也鼓勵另一個女老師這麼做。但是如果我們強迫孩子裸體也是不對的，他們是活在一個穿衣服的文明裡，裸體還是犯法的。

許多年前，我們剛來里斯敦時，這裡有一個池塘，早晨，我會在水裡泡一泡。一些教職員和一些大一點的學生也來參加。後來來了一群私立學校的轉學生，女孩便開始穿起游泳衣，我問一個很漂亮的瑞典女學生為什麼？

「都是那些新來的男孩子，」她說：「原來的學生把裸體當做一件自然的事，但是這些新來的又偷笑又看個不停。總之，我不喜歡。」從那以後，我們只有黃昏到海邊游泳時才裸體。

也許有人會想，夏山孩子都是自由發展，夏天他們一定會整天光著身子到處跑，其實不然，九歲以下的女孩在熱天才會打赤膊，小男孩卻很少那樣做。若依照佛洛伊德所說的，男孩以有陰莖為榮，而女孩會因沒有而感到羞愧的學說來看，倒令人費解。

夏山的幼童並沒有暴露的欲望，而較大的男孩和女孩則很少裸露。夏天，男孩和男人只穿短褲而不穿襯衣。女孩穿游泳衣。洗澡並無私密之感，只有新生才會在洗澡時上鎖。雖然有些女孩在運動場作日光浴，卻沒有男生想偷看。

我曾經看到我們的英語老師在曲棍球場邊挖水溝。他有一群幫手，九到十五歲的男女生都有。天氣很熱，他就脫光了。另外有一次，一個男性教職員裸體打網球。在學校大會中，他被告知要穿褲子，以免萬一有生意人或訪客剛好經過。這個例子，可以具體說明夏山對裸體的務實態度。

猥褻

所有的小孩都是猥褻的，他們有時是公開的，有時是祕密的。最不猥褻的是那些在嬰、幼兒時期對性沒有道德禁忌的。我可以斷定，在夏山長大的孩子會比那些用鬼鬼祟祟方法教養大的孩子來得不猥褻。正如有個畢業生某年夏天從大學回到母校時告訴我的：「夏山把人給寵壞了，你會發現同年紀的人太乏味，他們還在談我們老早就談夠了的東西。」

「性的故事，是不是？」

「是，我也喜歡好的性故事，但是他們所說的那些既不雅又無聊。何況性並不是一切。還有別的有趣的東西——心理學、政治等等，真滑稽，我發現和我談得來的都是比我大十歲的人。」

有一個新到夏山來的學生，他對在私立學校的那種淫猥還有興趣，而想來猥褻一番；但其他的學生不准他講，並不是因他在講猥褻的故事，而是因為他打斷其他有趣的話題。

幾年以前，我們有三個女孩，她們已經過了對一些不雅的事說悄悄話的階段。後來，一個新來的女孩到夏山，分派到同一房間。有一天，新來的女孩對我埋怨說，那三個女孩一點趣味也沒有，「我晚上在睡房說黃色故事的時候，她們叫我住嘴，說她們對那個沒有興趣。」

當然，她們對性還是有興趣的，但她們的興趣不在故作神祕。她們不覺得性是污穢的東西，對一個從私立學校轉來的說悄悄話女孩，她們好像很正經的樣子。她們真的是很正經，因為她們的道德是以真正知識為根據，而不是以只問對或錯的假道德標準作根據。

自由發展的小孩對一般的猥褻很開通。不久以前我在倫敦看到一個人在表演通俗戲，台下的人拚命喝采。我想他在夏山就不會如此受到歡迎了。當他一提到女人內褲時，台下女人就尖叫，但夏山兒童便不會覺得這些笑話可笑。

有一次，我替小班學生寫了一個劇本，那是一個相當俗氣的故事。一個樵夫的兒子撿到一張百鎊大鈔，大喜之下，就秀給家人看，甚至給家裡的牛看，笨牛一看就把鈔票吞了。家人想盡一切辦法也沒把鈔票弄出來，結果小男孩想到一個好主意，他們到市上搭個棚子，賣一先令兩分鐘的票，假如誰在兩分鐘內讓牛拉出鈔票，那個人就贏得那張鈔票。這齣戲會使倫敦觀眾哄堂大笑，但我們的孩子卻若無其事。那些演員（六到九歲）一點也不覺得有什麼好笑的，其中一個八歲女孩罵我笨瓜，為什麼在戲裡不用那該用的字，當然她是在指普通人認為**不該用**的字。

自由兒童不會有窺淫狂，當銀幕上演廁所鏡頭或者提到生育時，他們無動於衷，也沒有罪惡感。對小孩來說，廁所是家裡最有趣的房間。我們常會有一陣子廁所牆壁上被亂塗的現象。廁所好像為許多作家和藝術家帶來靈感，就像浴室是一個創作的地方一樣，是極自然的。女人比男人頭腦更純潔是個誤傳，但是男人的俱樂部的確比女人俱樂部來得猥褻，那些風行的淫穢故事都因不登大雅之堂而流行，在性不被壓抑的社會裡，不能說的話便會消失。

在夏山無事不能提，也無人會大驚小怪。**大驚小怪是表示你對那些使你大驚小怪的事感到猥褻**。我可以想像有一些人會大叫：「使小孩失去他們的天真是多麼大的罪過啊！」那些人實在是掩耳盜鈴。雖然小孩對性的事也許無知，但他們從不天真，而那些人卻一看見有人幫助小孩除去無知就大驚小怪。

最被壓制的小孩實際上並不是真的無知。他和別的小孩來往時，也會得到那些無聊竊語傳出的知識。那些很小就到夏山來的，很少講悄悄話，這些小孩對性一樣有興趣，但那興趣是健康的，他們對人生倒有真正乾淨的看法。

同性戀

最近有位同性戀者寫信給我，哀求我告訴他，有什麼地方可以讓他去成為合法的同性戀者。我回信說不知道（後來，我聽說同性戀在荷蘭與丹麥是法律允許的）。說實話，我不能想像異性相交社會的人，能大方地容忍同性戀者。

夏山沒有同性戀。但是每一批到夏山來的孩子，都經歷過排斥異性的一段時期。

這兒九、十歲的男孩對女孩沒耐性，並且輕視她們。他們自己結黨而不和女生來往，他們的興趣在「舉手，槍斃」。同年紀的女孩也只對女孩有興趣，她們也形成自己的小團體，甚至到青春期，她們也不和男孩打交道。好像女孩不自覺的同性期要比男孩的長一點。她們也許會和男孩較量，但還是在自己那一群裡玩。這麼大年紀時，女孩嫉妒男孩的權利，男孩在力氣上的優越使她們不舒服。這是抗議男性的時期。

通常男女孩直到十五、六歲才對異性感興趣。沒有成雙成對的自然傾向。事實上，他們對異性會以帶有侵略性的方式表現。因為夏山的小孩對手淫沒有罪惡感，他們不會走上同性戀的道路。幾年以前一個從私立學校轉來的孩子想嘗試雞姦而沒有成功，當他發現全校都知道他的企圖時，感到驚奇與恐慌。

同性戀和手淫有連帶關係。你對另一人手淫，他會與你一起共同負擔那罪惡感，這樣你的重擔就會減輕。但是如果手淫不被當做一種罪惡時，有罪同當的感覺就沒有了。

我不知道早期的壓抑會不會引起同性戀，但是它好像起源於孩童早期。夏山現在不收五歲以下的學生，所以我們常常會處理被幼兒園教壞的孩子。但是三十八年來，學校沒有出現過一個同性戀，因為自由發展會養育出健康的孩子。

淫亂、私生子與墮胎

淫亂的人是病態的。他經常交換伴侶而希望最後能找到理想的伴侶，但是永遠找不到。原因在那些陽萎、病態的風流者本身，或他們的女性對手。

假如淫亂有邪惡的意義，那是因為他所代表的性是病態的。淫亂——直接由壓抑而來，永遠是不快樂和可恥的。在自由的人當中，淫亂根本不存在。

性被壓抑的人會對任何一樣東西都愛慕，像手套、手帕等與身體相接觸的東西，因此淫亂是男女混交，是沒有柔情、溫暖與真情的色欲。

一個年輕少婦，在經過一段淫亂時期以後告訴我說：「跟比爾，我第一次感到性高潮。」我問她為什麼是第一次。「因為我**愛**他而不愛別人。」

那些年歲較大才到夏山來的孩子（十三歲以上）裡面，有些有性不專的傾向，雖然不一定有實際的行動。性不專一的原因遠在小孩時候就種下了。我們只知道這是病態的，這種性不專的行為雖然變化多姿，但很少給人滿足或快樂的感覺。在愛享有真正自由時，不會引起性不專，愛也許不會恆久不變，但是健康的人相愛的時候是真誠、忠實而快樂的。

私生子的一生是條艱難的路。有些母親告訴他說，父親打仗去了或者生病死了，這是絕對錯誤的，他看到別的孩子有父親時，就會有被傷害感。另一方面，社會的譴責遲早會降臨到他頭上。有幾個夏山學生是私生子，但誰也不介意。在自由環境中，這些小孩和正常小孩一樣快樂地長大。

在外面的世界裡，私生子有時會怪他的母親，對她不敬。他也可能崇拜母親而害怕有一天她會嫁給一個非他父親的人。

世界是多麼奇怪啊！墮胎是不法的，私生子亦為社會所不恥。今日許多婦女不贊成社會摒棄私生子是可喜的現象。她們可以公開擁有他們愛的結晶，且對他們很感驕傲，為他們工作，把他們很快樂地養大。就我所見到的那些孩子，都長成均衡發展而誠懇的人。

公立學校的女老師如有私生子便會被革職。我不止一次聽說牧師太太因下女懷孕而將她辭退。

墮胎問題是人道低落且最令人作嘔與虛偽的病徵。沒有任何法官、牧師、醫師、老師或任何「知名人士」會不贊成他自己的女兒墮胎，而讓私生子失了他家庭的面子。富有的家庭為了避免麻煩，經常以月經不調或者任何別的藉口，將他們的女兒送到高級療養院。中下階級少女才非將孩子生下來不可。她們沒有別的辦法。假如要一個中等階級的女孩設法，她也許還可以找到一個敲她一筆的醫師替她動手術。窮一點的則不得不冒險去找那些不學無術、粗心大意的「墮胎專家」，否則她就只好將孩子生下。

在倫敦有婦女可以取得避孕法的診療所。通常只有帶結婚戒指的人才會被接納，幸而借個結婚戒指是不犯法的。

這整個做法使我想起公共廁所牆上的猥褻句子，這是我們可恨文明必須付出的代價。那個代價是肉體的疾病，加上精神上的痛苦和絕望。

第四篇

宗教與道德

尼爾認為，宗教是對生命的畏懼，是逃避現實、否定生命的。把宗教中的原罪思想灌輸給孩子，將使他帶著恐懼度過一生，這是莫大的罪惡！新的宗教是以認識自己與接受自己為出發點的，真正能愛人的必要條件是愛自己，這和生而有原罪，初則恨自己，繼而恨別人，不可同日而語。

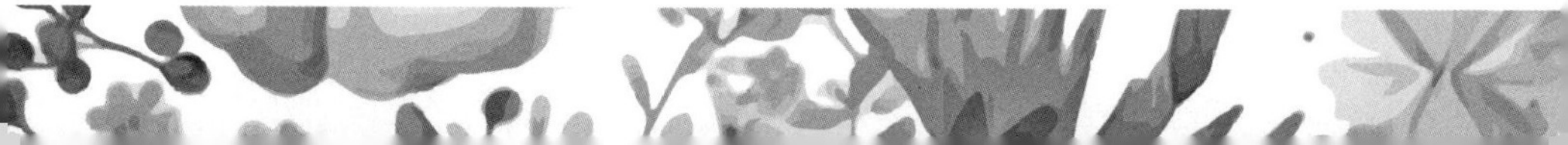

宗教

最近一個到我們這裡來參觀的女客人對我說：「你為什麼不向學生講述耶穌基督的一生，使他們感動而事奉他呢？」我回答說，人是從真誠的生活中、而非從傳記中學習如何生活的，因為行動遠比說話重要。很多人說夏山是一個真正實行教義的地方，因為它給孩子們愛。

這也許是對的，只不過我不喜歡宗教這個名詞，因為今天的宗教是違反自然生活的。在我的記憶中，宗教不過是一些穿暗色衣服的人，唱蹩腳的悲悼讚美詩向上帝祈禱請求赦罪。這不是我想認同的對象。

我個人不反對別人信上帝——不管他的上帝是什麼樣子；但我反對任何人說他的上帝是操縱人類生長與幸福的唯一權威。今日宗教的鬥爭不是信徒與無神論者之間的論爭，而是相信人類自由和壓抑人類自由之間的論爭。

將來我們會有一種新宗教。你也許會驚訝地叫起來：「什麼？**新的**宗教？」基督徒會憤慨的抗議：「難道基督教不是永恆的嗎？」猶太人也會憤慨的抗議：「難道猶太教不是永恆的嗎？」

不，宗教和國家一樣不是永恆的。一個宗教——**任何**宗教，都有初生、青年、老年和死亡的階段。幾百種宗教興起又衰微。四千年前有幾百萬埃及人相信阿蒙拉（Amon-Ra），今天卻找不到一個信那種教的教徒。上帝的概念因文化而變：在農業社會，上帝是仁慈的牧者；在戰爭時，他是戰爭之神；當商業發達的時候，他是正義之神，大公無私的衡量之神。今天，人在機器方面有發展，上帝成了威爾斯（Wells）所說的「偉大的失落者」。因為當人類可以自己製造原子彈時，我們便不需要一個富有創造性的上帝了。

將來新的一代會摒棄今日漸被淘汰的宗教與神話，當新的宗教開始時，它會駁倒人的原罪論。一個新的宗教會以造福人類來讚美上帝。

新的宗教會拒絕肉體與靈魂的二元論，它會承認肉體無罪。它會說星期日上午游泳比唱聖詩（好像上帝需要聽聖詩才會滿足似的）來得更虔誠。一個新的宗教會發現上帝在草原而不是在天空。試想，假如把百分之十上教堂和祈禱的時間，用在做好事和慈善事業上，那我們的成就會有多大！

每天，我的報紙都會告訴我，今日的宗教怎樣的死氣沉沉。我們送人入獄；我們箝制異議；我們壓榨窮人；我們窮兵黷武。教會組織卻毫無作用。它未阻止戰爭。它對我們野蠻的刑法幾無教化。它很少站出來反對剝削者。

你不能夠一面服侍上帝，一面又服侍財神。以現代的辭句來說：你不能星期天上教堂而星期一又練習戰鬥技巧。戰爭時，當各個教會說全能的上帝站在他們那一邊，我真不知還有什麼邪惡的話比這更褻瀆神。上帝不可能相信兩邊都是對的，上帝不可能一面是愛，一面又是贊助屠殺。

對許多人來說，有組織的、因襲的宗教是解決個人問題的。假如一個天主教徒犯罪，他只要向神父懺悔，神父就饒恕他的罪。

信奉宗教的人把他的重荷交給上帝。他只要相信，上天國的榮耀之路就穩了。因此人們將個人價值、信念與「信主者必得救」的教條交換。只要你宣示一下信心，你的精神問題就解決了，你便得到一張保證上天堂的通行證。

基本上宗教是對生命的畏懼，是逃避生命。它輕視當下的生命，認為它只是到來世一個更豐富生命的前奏。神祕主義與宗教都是說人世間是失敗的，而且獨立的人再怎麼行善也得不到拯救，但是自由兒童不會覺得生命是失敗的，因為沒有人教他們否定生命。

宗教與神祕主義養成不現實的想法與行為。顯而易見地，我們和我們的電視機和噴射機，事實上比非洲原住民更遠離真正的生活，當然非洲原住民也因恐懼而有他們的宗教，但是他們沒有性冷感症，沒有同性戀，也沒有性壓抑。他們的生命是原始的，但是他們對生命的許多要素是肯定的。

和野蠻民族一樣，我們也因恐懼而尋求宗教，但和他們不同的是，我們是去勢的人。只有將孩子永遠去勢並以恐懼敗壞他們的精神以後，我們才能教小孩信宗教。

有許多孩子都是被宗教訓練毀了，提出這些例子來對誰都沒有好處。另一方面，任何一個「救世者」都會如數家珍地述說那些「在血裡洗過」就「被拯救」的例子，唯有人真是罪人而需要贖罪，那主張宗教的人才是對的。

但是我希望家長要把眼光放遠大一點。我請求你們扶助培養一個無原罪的文明：我要求家長告訴孩子**他們生來是好的而不是壞的**，以除去任何贖罪的必要。我要求家長告訴孩子，如果把他們的精力放在現世，而不寄託在一個虛無飄渺的來世，這個世界可以而且也應該變得更好。沒有一個孩子應該受宗教或神祕主義的薰陶。神祕主義提供孩子逃避現實的機會，那是極端危險的。我們有時都有逃避現實的需要，要不然就不會去看小說、看電影或喝酒了。但我們是睜著眼睛逃避，也很快就會回到現實來。神祕主義的信徒終日在逃避的生活中，把他所有的欲望都寄託在神學、精神學、天主教或者猶太教上。

沒有一個孩子生來是神祕主義的信徒。在夏山一堂戲劇課裡，偶然有一次證實了若不為恐懼所壓迫，他們本性是現實的。那天，我坐在椅子上說：「我是聖彼得坐鎮天門，你們要扮演想進天堂的人，來吧！」

他們申述各種要進來的理由，有個女孩子甚至從天堂裡面走過來，請求讓她出去！但是最精彩的是一個十四歲的男孩，他手插在口袋裡，一面吹口哨一面從我旁邊若無其事的走過去。

「喂！」我叫道：「你不能隨便進天堂。」

他回轉身來看我一眼。「啊！」他說：「你顯然是新來的，是不是？」

「你什麼意思？」我問道。

「你不知道我是誰吧，是嗎？」

「你是誰？」我問。

「上帝。」他說著，一面吹著口哨進天堂去也。

小孩也不想祈禱。對小孩來說，祈禱不過是作偽。我問過許多孩子：「你祈禱的時候心裡想些什麼？」每個人答的都一樣，他**永遠**在想別的事。孩子不得不想別的事，因為祈禱是強迫性的，對他沒有意義。

無數人每天都在吃飯前祈禱，也許百分之九十九都是依樣畫葫蘆，就好像我們請人讓路時說「借過」一樣。但為什麼要把這些機械的祈禱與禮貌傳給我們新的一代呢？這是不誠實的。把宗教強加在無助的孩子身上也是不誠實的。在他們達到可以選擇的年齡時，應當給他們完全的自由去做決定。

比神祕主義更危險的，是把孩子教成一個心懷仇恨的人。假如我們告訴一個孩子某些事情是罪惡的，他對生命的愛便會變成恨。自由的孩子從不設想其他孩子是罪人。在夏山，假如一個孩子偷東西被陪審團審判以後，他不會被當賊懲罰，而只會被罰款。孩子們下意識地知道偷竊是一種病態。他們很現實，也非常講道理，不會把自己設想成一個憤怒的上帝或誘人的魔鬼。被奴役的人照自己的形象造上帝，能熱切而勇敢面對現實的自由兒童則根本不需要造上帝。

要使孩子靈魂健康，我們必須保護他們，使他們沒有錯誤的價值觀念。有許多對基督教理論懷疑的人，毫無疑問地讓孩子信仰自己懷疑的宗教。有多少母親真正相信煉獄和天堂呢？但是絕對不信那一套的母親，卻也把這些過時的幼稚故事說得天花亂墜，而束縛了孩子的靈魂。

宗教因人類**不能也不願**面對他的潛意識而產生、而興盛。宗教將潛意識變成魔鬼，同時警告人逃避它的引誘。但如果把潛意識變成意識，宗教就無用武之地了。

對一個小孩來說，宗教差不多永遠是恐懼。上帝無所不在，無所不見，你無論在什麼地方他都看得到。對小孩來說，這就是說上帝可以看見他在被單底下做些什麼事。把恐懼帶進孩子的人生，實在是莫大的罪惡。孩子會因此永遠對生命說不，他永遠是自卑和懦弱的，沒有一個小時候被來世和地獄威脅過的人，長大後還會沒有病態的焦慮而對生命感到安全——即使他理智上知道天堂與地獄都是人的願望與恐懼造成的幻想。小時候感情上受到的刺激仍然會影響他的一生。那個以七絃琴為報酬或以地獄火為懲罰的上帝，是依他自己的形象造的。他是自己的反映。上帝是願望的實現，撒旦則是恐懼的實現。

因此，凡是予人樂趣的就代表罪惡，玩牌、看戲、跳舞都與罪惡有關。通常，虔誠就是沒有快樂。小鎮上孩子們在星期天穿的硬領服裝就可以代表宗教的苦行與懲罰的成分。聖樂也常是悲愴的。對許多人來說，上教堂只是一種努力和責任而已，對許多人來說，虔誠也就是痛苦，非但看起來痛苦，實際上也很痛苦。

新的宗教是以認識自己與接受自己為出發點的。真正能愛人的先決條件是愛自己。這和生有原罪，初則恨自己繼而恨別人，不可同日而語。英國詩人柯爾律治（Coleridge）已替**新**宗教下了定義：「愛不論尊卑的一切人者，祈禱得最好。」在新的宗教裡，祈禱得最好的人，也就是對**他自己的**一切，不論偉大或渺小都愛的人！

道德教育

絕大多數的父母相信，如果他們不教給孩子道德觀念，或者不隨時告訴他們什麼是錯、什麼是對的，他們就沒盡到責任。每個家長都相信，除了養育孩子的身體以外，更重要的是灌輸他們道德觀念。假如孩子不接受這種訓練，長大以後他就會變成一個無法控制、只顧自己不顧別人的野人。這種信念主要是因為在我們這文化中，絕大多數人都相信人是生下來就有罪的，他的天性是壞的，除非經過教導，否則他會貪得無厭、殘忍、甚至殺人。

基督教公然宣揚這種信念：「我們都是該永淪地獄的罪人。」因此牧師和老師相信，一定要引導走孩子向光明的道路，不管那光明的道路是十字架的道路或是倫理的道路，在任何一種情形下，他們的目的都在感化人類。

既然教會與學校都同意孩子是生而有罪的，我們不能指望父母會反抗那些權威。教會說：「假如你犯罪的話，你將被懲罰。」父母馬上仿效：「假如你再那樣做的話，我**現在**就要懲罰你。」二者都極力以強加的恐懼來拉拔。

《聖經》上說：「畏神是智慧的開始。」這不如說是心理病態的開始，因為加給小孩任何樣式的恐懼都是有害的。

很多時候家長對我說：「我不知道我的孩子是怎樣變壞的，我已嚴厲地處罰過他，我相信我們家裡從來沒有過壞榜樣。」我的工作大半是幫助那些在鞭子下、或對上帝的恐懼下，**被逼迫**去做好的孩子。

一個家長很少了解經常不斷的禁忌、訓誡和說教，以及把整個道德制度強加在一個沒有準備好的孩子身上的後果。他們不能了解，因此也不願意正視那結果。

問題兒童的緊張過度的父母，從來不想想他那一套道德觀念到底對不對，因為絕大多數時候他自己知道何者為是，何者為非。而所有的正確標準，都早已一勞永逸的、權威的書寫於《聖經》中。這些家長從不動搖，他們從不懷疑他們父母的教訓、老師的教訓，或者社會上所行的法典，他會覺得他的文化裡各樣信條是必然的。懷疑和分析這些信條太費腦筋了，而反對又會使他們驚惶。

因此一個緊張過度的家長相信孩子是錯的，小孩好像是故意做壞事。在此我要再次宣佈我的堅定信念，**孩子沒有錯**。我處理過的每一個壞男孩，都是早期教育和養育的不當結果。因為他在早期發育時，他的家長根本不知道任何基本的兒童心理。

幾乎每個人都相信人是意志的動物，按他的意志行事，但所有的心理學家都不會同意。精神分析證明，人的行為大都受他的潛意識操縱。許多人說如果殺人大盜迪林傑運用他的意志，他就不會變成一個謀殺犯了。刑法是根據「每個人有做好和做壞的自由意志」這一錯誤觀念而訂定的，因此，最近有一個人因為在女人衣服上潑墨水而坐牢。對社會來說，這潑墨水的人是個壞蛋，假如他改過的話，他就會變好；對心理學家來說，他是一個可憐的精神疾病患者，做了一樁他自己也不知道意義何在的事。一個開明的社會便很仁慈的送他去看醫生。

潛意識心理學認為，我們所有的行為都有一個隱藏的原因，除非經過長期的分析，否則我們不會明白，甚至精神分析也無法達到潛意識的最深處。我們做，但不知道**為什麼**那樣做。

不久以前，我將我的全部心理學書放在一旁而去鋪瓦，我不知道為什麼？假如我不鋪瓦而去潑墨水，我也不會知道是為什麼？因為鋪瓦是一件對社會無害的事，因此我還是一個很好的公民；而潑墨水對社會有害，那個人就成了令人卑視的罪犯。不過那個潑墨水的人和我唯一的分別是，在意識上我喜歡工藝；但那罪犯並非在意識上喜歡潑墨水。在工藝上，我的意識和潛意識是一致的；在潑墨水上，意識與潛意識則不一致。反社會的行動是意識行為與潛意識衝突的結果。

幾年前夏山有一個學生，是個活潑、聰明而可愛的十一歲男孩。他經常會安靜地在那裡看書，然後突然跳起來，跑到房子外面想放火燒房子。他有一種不能控制的衝動使他這樣做。

許多以前的老師都勸過他，也體罰過他，叫他**用意志**控制他的衝動，但是潛意識的放火衝動太強烈而根本控制不了（潛意識的衝動比意識上的來得強烈得多而不容忽視）。這個男孩不是個壞孩子，他是個**有病的**孩子。造成他病態的原因是什麼？是什麼使一些孩子變成生病的少年罪犯？我要在這裡試著解釋。

當我們看一個嬰孩時，我們知道他不是邪惡的——他不會比一棵白菜或一隻小老虎更邪惡。初生的嬰孩帶來一股生命力，他的意志和潛意識都有**活下去**的衝動，他的生命力催促他去吃，去探索他的身體和滿足他的願望。他在自然的引導下成長，但是對成人來說，孩子內在的自然意志就是魔鬼意志。

差不多每個成年人都相信小孩的天性一定要改進，因此每一個家長從孩子一生下來便開始教他怎樣生活。小孩很快就遇到一大套禁忌，這是討厭，那是骯髒，這樣那樣是自私。孩子內在原有的自然生命力遇見外來的控制。教會稱自然的聲音為魔鬼之聲，道德指導則為上帝之聲。我相信這兩樣應該互換才對。

我相信道德教育使小孩變壞。**我相信，如果摒除一個壞孩子所受的道德教育，他就會變成一個好孩子。**

也許對成年人來說，道德教訓有它的道理，但對小孩來說則是毫無道理的，從心理學上來說是錯誤的。叫一個小孩不要自私是不對的。每個小孩都以為世界是屬於他的。當他有顆蘋果的時候，他唯一的願望就是吃掉那顆蘋果。母親慫恿他和弟弟平分，結果是讓他恨他的弟弟。假如**小孩未被教導不自私**，利他主義後來便會自然發展起來；假如孩子是被逼不自私，他也許會永遠自私，如果母親壓抑小孩的自私，她便會把自私永遠種在孩子的潛意識裡。

此話怎講？精神分析學發現，任何一個未被滿足的欲望都潛伏在潛意識裡。因此，一個被教導不自私的孩子，為了博得母親歡心，便照她要求的做，他會不自覺地把他真正的願望——自私的願望——埋藏起來，因而這個壓抑會使他一輩子自私。道德訓練因此是毫無意義的。

性方面也一樣，道德訓練使小孩對性的興趣一直停滯在幼稚期。那些會因為把猥褻圖片給女學生看，在公共場所玩弄他們的生殖器等等因而被捕的可憐人，都有道德觀念堅強的媽媽。兒童時期毫無害處的興趣，被母親看成不可饒恕的罪惡，小孩於是把那些幼稚期的願望都壓抑下來。但是這些願望後來原封不動的跑出來，或者以其他外顯的行為表現，一個在百貨公司偷東西的女人，就是將小時候的道德訓練的症狀以外顯的方式發洩出來。她的偷竊行為不過是在滿足被壓抑的幼稚期興趣而已。

所有這些可憐蟲都是不快樂的人。偷竊是不受團體歡迎的事，團體的意識是強烈的。與鄰居和睦相處是人生真正的目標之一，人的本性並不反社會，人的自私性就足夠使正常的人合群，只有比自私更強的原因才會使人反社會。

那更強的原因是什麼？當兩個自我——一個是自然的自我，一個是道德訓練出來的超自我——起了嚴重的衝突時，真正的自我就退回到幼稚時期。那麼團體的意見就變成次要，竊盜狂知道被送警法辦或者名字登在報紙上是件可恥的事，但是對公共輿論的畏懼心抵不過他那幼稚的願望。竊盜狂分析到最後乃是表示追求快樂的願望。但是這種象徵性的滿足絕不能滿足原來的願望。這個可憐蟲一直會繼續做下去。

讓我以下面的例子解釋未被滿足的願望如何發展。七歲的小比利到夏山來的時候，他的母親告訴我說他是個小偷，他來了一星期後，一位教員說他放在臥室桌上的金手錶不見了，我問保母知不知道這回事？

「我看見比利在玩一隻錶，」她說：「我問他從什麼地方得來的，他說是在他家院子裡一個很深很深的洞裡撿來的。」

我知道比利把所有東西都上鎖，我試著用我的鑰匙將他的箱子打開，裡面赫然有一隻拆散的金錶，那顯然是用鎚子和鑿子敲擊的結果。我鎖上箱子，叫比利來。

「你看見安先生的錶沒有？」我問他。

他瞪大眼無辜地看著我說：「沒有，什麼錶呀？」

我向他注視了半分鐘，說：「比利，你知道孩子是從哪裡來的嗎？」

他抬頭很有興趣地說：「從天上來的。」

「哦，不是的，」我笑著說：「你在你媽媽的肚子裡長大，當你夠大的時候，就跑出來了。」

他一言不發，走到箱子面前，打開箱子，然後遞給我那隻拆散了的手錶，他的偷竊習慣便如此治好了。他不過是在偷竊真理而已。從此以後他的面孔不再迷惑，也變得更快樂。

讀者一定會認為這是魔術，其實並不是。當孩子提到深孔、深洞，他們下意識地多半在尋問他的生命是怎麼開始的。我也知道他父親養一些狗，他知道小狗怎麼出生，因此他自己一定也會猜想小孩是怎樣來的。媽媽羞怯的謊言不得不使他壓抑自己的猜想，他發現真理的欲望就以另外一種外顯的方式表現出來。偷東西對他來說，就是把媽媽偷來，然後把她打開，看看裡面到底是什麼。我有另一學生因為同樣原因，不斷地開抽屜。

家長一定要了解，不能揠苗助長。有些沒耐心的父母在孩子還不能爬的時候就要他站，因為他的四肢還不夠強壯，撐不住體重。這要求未免太早，結果孩子變蘿蔔腿。假如父母能等到孩子自然會走的時候，他當然會好好走。同樣的，太早訓練大小便也會產生有害的結果。

道德訓練也是一樣。強迫小孩子採取許多他不能遵守的道德標準，不但會使他永遠不能接受這些道德標準，同時會使他罹患精神疾病。

叫一個六歲孩子在單槓上引體向上四次未免要求太高，他的肌肉還不夠結實，但是到十八歲時，他很容易就做到了。同樣的，小孩的道德觀念也不應該受到催促，家長一定要有耐心，堅定相信孩子生來是好的。假如不阻撓而讓他自由發展，他自然會長成一個好人。

我在夏山多年的經驗是：**我們毋需教孩子守規矩，假如不逼他，他能自己在適當時刻學會分辨什麼是好、什麼是壞**。

學習是從一種環境取得價值觀念的過程，假如父母是誠實和道德的，他們的孩子在適當時刻也會走上同樣的路。

影響孩子

家長和教師都喜歡影響孩子，因為他們認為他們知道孩子應該有什麼，應該成為怎樣的人。對此，我並不同意。我從不試著讓孩子採納我的信念和偏見。我沒有宗教，但我對孩子從沒有說過反對宗教、反對刑法、反對歧視猶太人或者反對帝國主義的話。我絕不會故意影響小孩子，使他變成和平主義者、素食主義者或任何其他的主義者。我知道向小孩說教是行不通的，我對自由有信心，相信它可以使青年強壯，使他們能抵抗虛偽和盲從。

每一個強制加在孩子身上的意見都是罪過。一個小孩不是一個小大人，小孩根本就不能了解大人的想法。

讓我舉個例子。有天晚上，我對五個七到十一歲的男孩說：「張小姐感冒了，她很不舒服，你們上床睡覺不要太鬧。」他們答應不鬧，但是五分鐘以後，他們卻喧嘩的大打枕頭戰，我知道他們並不是要使張小姐痛苦，我想大概是年齡的關係。一頓打和罵，當然會給張小姐帶來安靜，但是這便要付出把恐懼帶到小孩心中的代價。整個世界都在教小孩適應我們的需要，這是不對的。很少家長和老師知道向小孩訓話是白費力氣的。天下沒有一個小孩真正從父母的比喻裡得到任何益處，「你要人家拉你的耳朵是不是？」還有，小孩根本不了解父母所說的：「好啊！你拿大頭針戳小弟，我要讓你曉得大頭針戳人是怎麼個疼法的，讓你嘗嘗（尖叫），看你下次敢不敢再做？」這可以使他不做，但是最終後果呢，我們的精神病院裡又多一個病人，你去看好了。

我在這裡想解釋給家長聽的是：小孩對因果關係的無知。告訴一個小孩「你這麼討厭，星期六休想得到零用錢！」星期六到了，大人提醒他的不乖和應得的懲罰，他實在很生氣和失望。因為星期一發生的事老早就過去了，他不覺得那個和星期六的零用錢有關係，他一點也不覺得他不對，卻覺得那不給錢的權威非常可恨。

家長一定要經常檢討他是不是因為自己想滿足權力需求，而驅使別人做某件事。除非其他力量逼一個人不合群，不然他會去尋求朋友的忠告。小孩當然會做別人贊同的事，但這種取悅別人的願望，要到相當年齡之後才會發展起來。任何家長或老師要揠苗助長，就會給孩子很大的損失。

我有一次去參觀一所學校，裡面有一百個男女學生聚會聽牧師講道，他很熱心地宣教。後來校長問我對牧師演說的想法如何。我回答說，我覺得那是罪惡。那些孩子對性或別的東西已經惴惴不安了，他的說教只加強每個小孩的罪惡感。

另外一所進步主義學校，強迫所有的學生每天早餐前聽半小時巴哈的音樂。這在心理學上的效果就和老派喀爾文教派以地獄威脅孩子一樣，是在壓抑孩子的興趣。

如果一所學校的校長告訴我，他的學生喜歡貝多芬而不喜歡爵士樂，我相信他一定運用了影響力，因為我的學生絕大多數都喜歡爵士樂。我個人卻恨那種吵鬧的吹法螺一樣的聲音。但我很肯定地相信，雖然那校長可能是一個誠實的好人，他仍是錯的。

當一個母親教小孩做好的時候，她就是在壓抑小孩天然的本性，她就是在對小孩說：「你想做的是錯的。」這等於是在叫孩子恨自己。去愛別人同時卻恨自己是不可能的，我們如果愛自己，就會愛別人。

看見孩子一點微小的性行為，母親就責罰他，這位母親對性的態度一定是骯髒的。剝削者以法官的身分高坐法庭之上，對被指控偷錢包的男人毫不隱藏內心的憤怒。因為我們沒有勇氣面對自己赤裸的心靈，所以我們就變成道德家。我們引導孩子其實就是在引導自己，我們不自覺地把我們當做自己的小孩。我們最不喜歡的小孩總是最像我們自己。我們恨人家，因為我們恨自己，結果小孩便挨罰、挨打或挨訓。我們為什麼恨自己？這是個惡性循環，因為我們的父母曾想改正我們的天性。

在處理犯人時，家長、老師或法官都要面對自己感情上的問題。他是不是一個道德家？仇恨者？虐待狂？嚴格訓練者？他是在壓抑年輕人的性嗎？他有沒有心理學的研究？他是不是以偏見依慣例行事？總結一句，他是不是自由？

沒有一個人感情上是自由的，因為我們在搖籃裡已經被制約了，也許該問的問題是：**我們是不是夠自由，不干涉別人的生命，而且老幼不論？我們是不是自由得夠客觀呢？**

咒罵

人們對夏山最常有的批評是這裡的孩子愛罵髒話。他們咒罵倒是確有其事，而新來的學生咒罵特別多，也是事實。

學校大會時，一個從教會學校來的十三歲女孩子老是被告，因為她在游泳時說**婊子養**的。她只有在公共沙灘上而且有陌生人在的時候才咒罵，因此她是在炫耀自己。就像一個男孩向她說：「妳真是個小笨瓜。你在人面前咒罵來炫耀自己，你說你因夏山是自由學校而驕傲，但你剛好做反了，你使別人看不起夏山。」

我向他解釋說，因為她恨學校，所以她真的是在試圖傷害學校。她回答說：「可是我不恨夏山啊！這是個很棒的地方。」

「是的，」我說：「夏山，正如你所說，是個很棒的地方，但你現在還未生活在裡面，你還住在你的教會學校裡，你把所有對教會學校和對修女的恨都帶來了，你還在把夏山當做你的教會學校。你並不是想真的毀壞教會學校。」但是她還是依然故我，直到夏山失去象徵性而真正成為她的學校後才停止。

咒罵有三種：涉及性的、涉及宗教的和涉及排泄物的。在夏山，宗教類的咒罵不成為問題，因為這裡不教小孩宗教。一般小孩和成人，甚至在軍隊裡更是家常便飯，在大多數大學和俱樂部，用的都是性和排泄物的髒話。小學生暗地咒罵和說髒故事。夏山和別的準備進大學的私立預備學校不同的是，夏山學生可以公開咒罵，別的學校學生只能在暗地裡咒罵。

在夏山，新生的咒罵總是會成為問題，並不是老學生嘴巴乾淨到哪裡去，但是老學生會見機行事，他們會自覺地控制自己，因此不會得罪別人。

我們的小班生對「糞」的古英文字大感興趣。他們用得很多，那些從用辭典雅、很有禮貌的家庭中出來的也是一樣。小孩喜歡古字，他們不懂為什麼在公共場合不可講屎而可以講糞和大便。我也想知道為什麼。

小班的小孩，假如不被干涉的話，多半是用排泄物類的髒話。夏山四到七歲的孩子很愛說屎或尿。我知道他們小時候大小便的訓諫都很嚴，因此對於這些自然功能有癖好。但是有一兩個是自由發展的，並沒有受過那種訓練，沒被罵過討厭或者髒，也沒有不准看大人裸體，但他們似乎和那些受過嚴格訓練的兒童一樣喜歡用那些字眼。因此說髒話的自由並不會使一般孩子對那些骯髒字眼失去興趣。我們的年幼小孩很自然與隨意的用這些字眼，沒有別的連帶意思，而那些大一點的男孩和女孩則像大人一樣用得很恰當。

性方面的字比排泄方面的字用得更多。我們的小孩不覺得廁所是可笑的事情。他們因大小便沒有被壓抑便覺得這些話並無意義。性則不同，性是生活中那麼重要的一部分，有關它的字彙在我們生活裡到處都用得到，我們在每首歌與舞曲裡面都可以看到性在以不刺耳的方式表現出來，像「我的火辣媽媽」或「我今晚要和你獨處」等等。

孩子把咒罵看成一種自然語言，成人將之定罪是因為他們的猥褻勝於孩子。只有一個猥褻的人才會斥責猥褻。我相信假如一個家長把孩子帶大時讓他相信鼻子是污穢的，小孩就會只敢在暗地耳語鼻子的事。

家長一定要決定：「我是允許我的孩子公開說髒話呢？還是讓他暗地說髒話？」這也沒有折衷之途，竊竊私語的孩子長大後，就變成喜歡講骯髒無聊故事的人。公開說髒話的則變成一個乾淨的人。我敢和任何人打賭，夏山的畢業生是全英國頭腦最乾淨的。但是孩子總會遇見那些反生命的親戚和鄰居。珠綺倒能理解外邊人的態度，有個小孩教了她一句髒話，一次我們正在和一位將要送孩子來夏山的家長談話，那位家長是一位尋常的生意人。當時她在拼東西，結果沒拼成，所以說「去他媽的」，後來我們告訴她（我現在想是很不應該），有些人不喜歡這字眼，因此她在客人面前不能講，她說：「好。」

一星期以後，她又在做什麼困難的事，她抬頭便問一位老師：「你是不是客人？」

老師回答說：「當然不是！」

珠綺鬆口氣大聲說：「去他媽的。」

我看見許多在家裡可以隨便咒罵的孩子到外面不能被別人接受，我們絕對不可以請湯姆來參加宴會，因為我們不能讓我們的孩子被他的髒話帶壞。不受歡迎是相當嚴重的處罰。因此一個人一定要注意社會禁忌而適當教導他的孩子，但是這種教導不可含有懲罰性的責難。

審查讀物

我們應該對孩子的讀物作何種程度的審查呢？在我的辦公室書架上陳列著各種心理學和性

的書，任何孩子都可隨時來借。但我不知道有沒有一兩個學生對此有過興趣，沒有一個男孩或女孩借過《查泰萊夫人的情人》（*Lady Chatterley's Lover*）、《尤里西斯》（*Ulysses*）或《克瑞夫—艾賓》（*Krafft-Ebing*），只有一兩個大班生借過《性知識百科全書》（*Encyclopedia of Sex Knowledge*）。

有一次一位新來的十四歲女孩把《一個少女的日記》（*A Young Girl's Diary*）拿去看，我看見她一面看一面吃吃地笑。六個月後她再讀第二遍時，就告訴我那本書相當乏味。對於一些無知的人是很刺激的讀物，對有知識的人卻是老生常談。這個女孩來夏山時是無知而在牆角說悄悄話的。當然，我把她對性的疑問都解答了。禁忌永遠會使小孩暗中看那些不准看的書。

小的時候，我們的讀物都是被審查過的，所以我們最大的野心便是讀《黛絲姑娘》（*Tess of the D'Urbervilles*）。換句話說，審查是造成什麼是最有趣味的書的準則。禁書是無效的，因為它不能保護任何一個人。以喬伊斯（James Joyce）的《尤里西斯》來說吧，它曾經一度在英國和美國被禁，卻可以在巴黎或維也納買到。它裡面有所謂猥褻的字，一個天真的讀者不會懂，一個世故的讀者因為已經知道，所以也不會受到腐化。我記得有個學校校長批評我的不是，因為我把《曾達的囚徒》（*The Prisoner of Zenda*）介紹到學校圖書館來，我很驚奇，問他為什麼，他說開頭幾章是講私生子，那本書我看過兩遍，但沒有注意到這回事。

小孩的頭腦似乎比成人的乾淨，一個男生可以讀完《湯姆・瓊斯》（*Tom Jones*）而看不到那些猥褻的描寫，假如把孩子從性的無知中解放出來，我們就會把任何一本書中的危險都除去。我對任何程度書籍的審查都很反對。

我們暫且撇開關於性的書籍不談，來看對恐怖書籍的審查，這問題就難了。一本像《吸血鬼伯爵德古拉》（*Dracula*）那樣恐怖的書對於一個病態的孩子有很壞的影響，我就不會故意把這本書放在他拿得到的地方。但是因為我的工作是分析恐懼的來由，我不會禁止小孩讀這本書，相反的，我會對這本書引起孩子的恐怖病狀予以反擊。

我小時候讀到《聖經》裡孩子被熊吃掉的故事就感到害怕，但從無人審查《聖經》。許多小孩在《聖經》裡找猥褻的描寫，我是個小孩的時候，對猥褻的章節都瞭如指掌。現在我突然想到，也許我怕熊是因為我看了《聖經》其他部分受良心譴責而起的。

我們講打打殺殺的故事給小孩聽的影響常常是受到誇大的。大多數孩子能欣賞殘酷的故事，星期日晚上當我講冒險故事給孩子們聽時，他們常常是在最後一秒鐘才從食人族的大鍋裡被救出來，而他們卻高興得手舞足蹈。

神怪的故事則多半會嚇人。絕大多數孩子，尤其是從宗教家庭出來的，都怕鬼。與其審查這一類的書，不如像和性的問題一樣——先把恐懼去掉。我承認要使孩子信鬼並不簡單，但是老師和醫師常常要把它們栽在孩子心裡，因此父母的責任在注意不讓鬼進入孩子的心靈。

父母絕對不應該講殘酷的巨人與巫婆的故事給小孩聽。有些人懷疑能不能讓小孩念《灰姑娘》（*Cinderella*）的故事，因為這故事有個錯誤的寓意：一天到晚待在灰堆裡做苦工，你的神仙教母會給你一個王子做丈夫。但是《灰姑娘》對健康的孩子有什麼害處呢？

在任何書攤上，偵探故事都是熱門書。一個十六歲的男孩槍殺了一位警察，一兩百萬人都不知道，他只是在表演一種他們喜歡看和讀的幻想而已。我們對驚悚讀物的愛好是表示我們沒有去玩、去幻想和去創造的能力。根本說來，它觸及滿足我們被壓抑的恨和殺人或傷人的欲望。

書和電影是不同的，書本不如看或者聽來的可怕。有些電影把孩子嚇壞，我們從來不知道電影裡，何時會鑽出什麼可怕的東西來？在銀幕上有那麼多兇惡的事，男人揮拳互相廝鬥，有的時候甚至還打女人。新聞片也放映拳擊與摔角。給這些殘忍景象火上添油的，還有鬥牛的場面。我曾看見小孩害怕《小飛俠》（*Peter Pan*）裡的鱷魚或海盜。《小鹿斑比》（*Bambi*）是一個可愛的故事，斑比是那麼的善良和可愛，我真不能想像誰看過那部片子後還會去獵鹿。孩子都喜歡這故事，雖然他們當中有些看見獵狗攻擊斑比時害怕得哭起來。因此，一個家長不准小孩看某種電影是有道理的。

沒人知道性的電影對小孩有無害處，當然，那些電影絕不會傷害自由兒童。我的學生看法國電影《輪舞》（*La Ronde*）時，並沒有什麼激動或者受到壞的影響，因為孩子只看到他們想看的，一齣沒有性的電影票房價值不會高，在全國的收入統計上，愛情電影比書和音樂加起來的收入都高。化妝品比音樂會的票更暢銷。但是我們一定要記得，在可以表示的性下面都有說不得的性。在花轎、紅蠟燭各種東西下都象徵著提不得的事。

因為我們都在逃避，所以電影才會流行。這就是為什麼製片家總是以堂皇場面與鮮艷的服裝來娛樂我們。在那些繁華陪襯之下，惡有惡報，善有善報，於是人心大快。

最近，我們看了一個把靈魂賣給魔鬼的電影，小孩一致同意說魔鬼看起來很像我。對那些小時被教導「性的罪惡就是反抗上帝的罪惡」的小孩來說，我永遠是魔鬼。當我告訴他們，人的身體沒有什麼罪惡的時候，他們便把我當做引誘人的魔鬼看待。對病態的孩子來說，我代表上帝又代表魔鬼。一個小傢伙有一天真拿著鋤頭打魔鬼來了。幫助精神疾病患者可能是一件很危險的事。

要過濾小孩交朋友在普通情形下都非常困難。我想只有鄰居小孩粗暴或蠻橫時，你也許才需要過濾你孩子的交友情況。可幸的是，絕大多數孩子都天生善於擇友，他們遲早都會發現合適的朋友。

第五篇

孩子的問題

問題兒童是怎樣產生的？假如孩子被愛而且具有自由發展的機會，他們就會變成好的、誠實的人。他們不會因為缺乏愛或由於變態的愛，而養成殘忍、虐待、偷竊、犯罪的行為。

對於少年罪犯的心理治療，唯一有效的方法就是真正的愛，不是監獄的處罰或醫院的藥物。當然，也有些是怎樣都無法治好的，但社會必須容忍這些孩子，因為他們只是少數，事實上，大多數的少年罪犯都可以用愛和容忍治癒。

虐待與虐待狂

虐待是變態的愛，極端的虐待狂就是極端的性變態。殘忍的人不會給予，因為給予是一種愛的行為。殘忍不是一種本能。動物不殘忍，貓玩老鼠並不是因為貓殘忍，那只是一種遊戲，而不是有意識的殘酷。

人類虐待行為之起因，大部分是無意識的。在夏山與小孩子相處的長期經驗告訴我：很少有孩子會玩弄小動物。只有幾年以前有一次例外，十三歲的約翰得到一隻小狗做生日禮物。「他喜歡動物。」他的媽媽寫道。當約翰把小狗帶在身邊的時候，他顯然是在虐待牠。我斷定他是把小狗當做他媽媽偏愛的小弟弟吉姆。

有一天我看見他在打那隻小狗。我便走近，摸摸那隻狗，同時說：「喂，吉姆。」顯然地，我想使約翰意識到，他不過是把對弟弟的恨發洩在那可憐的狗身上。從那以後，他便停止虐待牠。但我只治了標，並沒有治他虐待狂的本。

自由與快樂的孩子不會殘忍。小孩的殘忍都是因為大人對他們的殘忍而來，你不可能被打而不希望打人。和老師一樣，你選一個比你身體弱一點的打。嚴格學校的學生遠比夏山的學生殘忍。

殘忍永遠被合理化：**打在兒身，痛在娘心。**很少有（如果有的話）虐待狂的人會誠實的說：

「我打人家是因為我打的時候很痛快。」雖然這是事實。他們常藉道德來解釋他們的虐待狂：「我不希望我的孩子懦弱。我希望他們能在這個會打擊他的世界上站得住腳。我打孩子是因為小時候被打過，那對我實在很有好處。」

打孩子的父母永遠有這樣現成的答案。我還沒有遇見一個誠實的父母說：「我打我的孩子，因為我恨他，實際上，我恨生命，我打兒子是因為他小而不能回打。我打他是因為我怕上司。當上司跟我過不去的時候，我就回家把氣出在孩子身上。」

假如家長可以這樣對孩子直說，那麼他們就不會有對孩子殘忍的需要。殘忍是由無知和恨自己而來；殘忍袒護有虐待狂的人，使他不知道自己的天性已經變態了。

在希特勒統治下的德國，拷打是由性變態型的病人來執行的。在沒有集中營以前，納粹報紙《先鋒報》（*Der Stürmer*）早就充滿惡劣的性變態。但是那些攻擊性變態的家長，對於自己較輕微的虐待狂卻是雙重標準。在家或學校打孩子基本上就和在德國貝爾森（的集中營）拷打猶太人一樣。假如虐待在德國和性有關，在家裡和學校也是一樣。我可以聽見一個母親抗議的聲音：「胡說！你說我因吉姆動了祖母送的花瓶而打他的手時是性變態？」

我的回答是：「是的，不過很輕微就是了。假如你的婚姻很幸福，而且有美滿的性生活，你便不會打吉姆。體罰就是恨肉體，肉體就是代表身體以及它所有的需求。假如你愛自己的肉體，就不希望吉姆的肉體受到傷害。」父母能夠盡情的打孩子，只要不打得遍體鱗傷因之坐牢就行。長久以來，我們的刑法都是假借正義之名，以行虐待之實。精神上的虐待比肉體上的虐待更難對付。某些地方的法規可以禁止學校體罰，但沒有法律能夠觸及精神的虐待。嘲笑和輕蔑的言辭更傷害孩子。我們都知道嘲笑兒子的父親是**笨蛋**，他們會對孩子說：你的手沾滿奶油嗎？就沒看過你拿什麼東西不會掉的。這種人也以不斷的批評妻子來表示他們的恨。以嘮叨和嘀咕管理丈夫和孩子的太太也是一樣。一種特別的精神虐待，是一個父親把對太太的恨出在子女身上。

老師有時以輕蔑和諷刺學生來表示他們的殘忍。這種老師常常責難一些可憐膽小的孩子，還希望引起哄堂大笑。如果小孩沒有被迫壓抑自己的強烈情感，他們絕不會殘忍。自由兒童很少甚至沒有恨要表達。他們不恨別人，因此也不殘忍。

每個小霸王的生命都在某些方面受過損傷，常常他只不過是重複人家對他的作為。每一頓打都使一個小孩在願望或行動上想打別人。

被壓抑的孩子的笑話是殘忍的。在夏山我從來沒有看過孩子捉弄別人，偶爾發生的捉弄，都是私立學校新轉來的學生幹的。有時，學期開始時，孩子從他們管教較嚴的家中回到學校來時，會有開玩笑的事（藏腳踏車等等），但是通常這種情形只維持一星期左右。一般來說，夏山的幽默是仁慈的，因為孩子得到老師的愛的贊同；**因為當恨和恐懼消除時，孩子便是善良的**。

犯罪行為

許多心理學家相信孩子生下來時既不好也不壞，而是行善和犯罪的傾向都有。我相信孩子沒有什麼罪惡的本能或惡意的傾向。孩子會犯罪是一種變態的愛，是殘忍的一種激烈表現，從缺乏愛而產生。

有一天，我的學生中有個九歲的男孩在玩遊戲，他很快樂的自言自語：「我想殺掉我的媽媽。」這是一個不自覺的行為，因為當時他正在造一條船，而他所有的知覺都集中在那行動上。事實上是他媽媽只顧自己，很少關心他。她不愛他，他在潛意識裡也感覺到。

但是這個男孩，我們學校裡最可愛的學生之一，並不是一出生就有犯罪念頭的。這不過是那個老故事：**我假如得不到愛，至少可以得到恨**。每一個孩子的犯罪行為都可以追溯到他的缺乏愛。

另外一個九歲的孩子有毒藥恐懼症，他怕母親會毒死他。當母親離開桌子時，他把她的每一步都看在眼裡，他常常說：「我知道你要幹什麼，你會在我飯裡下毒藥。」我猜那是一種投射作用。他的母親好像比較愛他弟弟；所以這病態的小孩可能幻想毒死他的媽媽和弟弟。他的恐懼也許是怕報復：我想毒死媽媽，她也許要報仇來毒死我。

犯罪行為顯然是恨的表現。要研究小孩的犯罪行為，就得研究是什麼使孩子產生恨。那是因為他的自我受了傷害。

我們不能忽略小孩在本質上是一個自我主義者，別的人都不重要。自我滿足時，我們就善良；自我不能滿足，我們就有犯罪的行為。犯罪者向社會報復，因為社會未能以愛表示欣賞他的自我。

假如人生來就有犯罪本能，那麼從中產階級家庭出來的罪犯，與從貧民窟出來的應該一樣多。但是富有的人有較多的機會表現他們的自我。錢能買到樂趣、高尚的環境，文化和門第的高貴都使自我得到滿足。窮人的自我是不易滿足的，只有很少的孩子被注意。做一個罪犯、強盜、甚至流氓，都是被注意的方法之一。

許多人相信壞電影造成罪犯，這看法好像短視了一點。我很懷疑電影會使任何人腐化。當然，電影可能給青年人暗示，但他的動機絕對在看電影以前就開始了。電影使犯罪的技巧提高，但是它絕不能給沒有犯罪思想的人犯罪的動機。

犯罪，最初只限於家庭，然後才涉及社會。假如我們都誠實的話，會承認早就在幻想中殺過家人。有一個女學生替他們幻想出各種可怕的死法，尤其是母親。權威和嫉妒引起許多謀殺的願望。沒有一個孩子能接受權威。有那麼多四歲到十六歲的孩子受到壓制，我很訝異世界上怎麼還沒有更多更多的謀殺案發生。

孩子的權力願望就是要被羨慕和被愛的願望。小孩都極力爭取別人的讚賞與注意，因此我們發現內向的孩子——膽小沒有社交才能的孩子——會有較多的犯罪思想，那個其貌不揚的女孩在她漂亮的妹妹表演舞蹈時，就替她鋪排了一個可怕的橫死的幻想。

外向的人沒有時間恨。他笑、跳和說個不停，聽眾欣賞他，於是他要被人讚賞的願望便得到滿足。內向的人坐在牆角夢想著空中樓閣。我們學校最內向的孩子不參加晚會，他從來不跳舞、唱歌或玩遊戲。上課時他告訴我，他有個奇妙的魔術師供他使喚，只要他下一道命令，那魔術師就變給他一輛豪華汽車。後來我告訴他一個故事，整個夏山都毀滅了。他看起來好像不喜歡那個故事，於是我叫他幫我把故事改編一下，他說：「講我是唯一被救的人好了。」我們都很熟悉這種自我——要往上爬便把別人扯下來的行為。這也就是告狀者的心理：「老師，湯姆在說髒話。」就等於說，我不說髒話，我是好孩子。

在幻想中殺掉你的仇敵，和罪犯在真實生活裡將對手殺掉，只有程度上的差別。由於我們都或多或少缺乏愛，我們都可能變成罪犯。我從前自誇我應用心理學的方法把小孩犯罪的幻想醫治好，現在我相信是愛的功勞。假裝愛一個新學生是愚蠢的，但是因為我尊敬小孩的自我，所以覺得我愛他。

讓一個小孩做自己的自由是治療犯罪的最上策。這是我從前去參觀連恩的「小共和國」時領悟到的。他給少年罪犯做自己的自由，他們就變好了。在貧民區，少年罪犯唯一滿足自我的方法，就是以反社會行為引起別人的注意。連恩對我說，有些犯罪孩子在法庭上還會自鳴得意的環顧四周。在連恩的農莊上，這些孩子發現新的與**好的**價值——合群。對我來說，他的「小共和國」已經有力的證明犯罪行為不是與生俱來的。

我記得那裡有一個新來的孩子逃走，連恩追上去將他抓住，那個孩子因為已經習慣手銬，馬上便舉手抵抗，連恩笑起來，同時在他手裡塞了一些錢。

「這是幹嘛？」小孩吃吃地說。

「搭車回去，」連恩說：「這樣你就不必走路。」那孩子當晚就回到小共和國來了。

我想到絕大多數改造學校嚴厲的方法。法律製造犯罪。在家裡，父親的法律使孩子的自我不能發展，因它不能發展，小孩就變壞。對一個罪犯來說，國家的法律只不過將家庭的約束從潛意識的回憶裡又重新翻出來。

壓抑使人反抗，反抗就是報復，報復就要引起犯罪。要消滅犯罪，我們必須消滅引起孩子報復心理的壓抑，更重要的，我們一定要對孩子表現愛與尊敬。

偷竊

孩子的偷竊行為有兩種：正常孩子的偷竊和病態孩子的偷竊，兩者不可混為一談。一個自然發展的正常孩子會偷竊。他只不過是要滿足自己擁有東西的需要，或者和他朋友一起做，因為他喜歡冒險。他還分不清楚**我的**和**你的**，許多夏山的孩子直到某種年齡才會停止這種偷竊，但我們讓他們自由地度過這段時期。

我和一些外校老師談到他們的果園。他們告訴我，學生幾乎把他們所有的水果都偷摘掉。我們夏山有個大果園，但是小孩很少偷裡面的水果。不久以前，兩個男孩在學校大會被告偷摘水果，他們是新生。當他們的「良心」被去掉之後，他們再也沒有興趣偷水果了。

學校偷竊多半是團體行為，以團體行為表示冒險占很重要的一部分，那不僅是冒險，而且是炫耀企業精神和領袖才能的表現。

偶爾我們也會有一個獨行犯。通常是個狡猾的男孩，滿臉無辜的樣子。他總是能逃過許多麻煩，因為在夏山沒有人會出賣他。從一個小小偷的臉上，你從來不會看出他偷東西。真的。

我有次看見那麼一個明亮、純真藍眼睛和滿臉無辜笑容的小孩，而不得不懷疑他是否和前晚學校伙食房遺失的一罐水果有關。

但是我看過十三歲還在偷東西的孩子，長大以後成為很誠實的公民。孩子比我們想像中要花更多的時間才能長大。我所謂長大，是指變成社會的一份子。

小孩本質上是自我主義者，這情形一直要維持到青春期，在那以前，他不太有本事替別人著想的。我的與你的是成人的概念，當小孩長大成熟以後，他自然會有些觀念。

假如孩子是被愛而且是自由的，**時間到了**他們就會變成好的與誠實的人。這理論聽起來好像很簡單，但是我知道實行起來並不容易。

在夏山，我不能不把錢櫃和冰箱鎖起來。在學校大會時，學生互相控告箱子被打開，只要有一個小偷就會使整個團體覺得東西有上鎖的必要，而且很少有青年一起的團體生活是完全誠實的。五十五年前在大學裡我不敢在衣帽間的大衣裡留一本書，我也聽見傳聞說，國會議員在開會時不敢把貴重的東西留在大衣或皮包裡。

誠實好像是在私人財產制度發展以後才有的一種近代社會的特質。可能造成誠實的最大因素是恐懼。我並不是因為完全要誠實才不虛報所得稅，而是怕這不划算，和怕被查到之後會毀壞我的名譽、工作和家庭。

任何一種法律的產生，必定是因為有犯這法的傾向而來。在一個徹底禁酒的國家，就不需要有處罰醉酒駕車的法律。許多國家對付偷竊、搶劫或詐欺等等的法律，是由如果有機可乘就有人會去做那些事的假設而來的。這是真的。成年人多少都有點不誠實。很少有人不想在海關逃稅，更少人不虛報所得稅。但是絕大多數的家長對於孩子偷一毛錢就會感到十分不安。

但在另一方面，人和人打交道則多半都是相當誠實的。假如你在別人家作客，想把人家的銀匙順手牽羊塞到口袋裡是很容易的事，但你不會這樣做。可是你會想到再使用一張車掌忘了剪、或忘了收去的票。成人把個人與公家分開，不管公家是政府機構或私人公司。欺騙保險公司是可以的，但欺騙你認識的零售商卻不太應該。小孩則不管這一套，他們對同宿舍的孩子、老師或商店都一視同仁地順手牽羊。不是每個小孩都這樣做，但他們卻願意分贓。因此你可以發現，自由和快樂的中產階級孩子的不誠實和窮孩子所差無幾。

我發現如果有機可乘，許多孩子都會偷東西。我小時候沒偷過，因為我已完全是受到制約了。對我來說，偷東西被發現是要挨揍的，同時永遠要受地獄火燒。但是不像我一樣膽小的小孩則照樣偷竊。我還是要強調，假如一個小孩在愛裡長大，經過一段時間他就會度過這段偷竊時期，而長大成為一個誠實的人。

第二種偷竊是習慣性而不能控制的偷竊，這是孩子病態的證明。一個病態孩子的偷竊多半是因為沒有愛，他的動機是不自覺的，每一個經證實的少年偷竊犯都覺得沒有人愛他，他的偷竊行為是想得到一個貴重東西的象徵。不管他偷的是錢、珠寶或者任何其他東西，他不自覺的願望是在偷愛。只有把愛給他才能將這種偷竊治好。因此我送錢給偷我煙草的小孩，我在針對他潛意識的感覺而不是他意識的想法下藥。他會認為我是個傻瓜，但是他怎麼想沒什麼關係，他的感覺才是重要的，他覺得我是他的朋友，贊同他的人，同時是不恨他而給他愛的人。遲早他的偷竊行為會停止，因為他已得到那些錢或其他東西所象徵的愛，所以就不需要偷竊了。

在這一種偷竊行為範疇中，我又想到一個專門騎別人腳踏車的孩子。他在大會被控告：「經常用別的孩子的腳踏車，因而破壞私人財產的法律。」判決是「有罪」，處罰是「學校替他買輛腳踏車」。學校真這樣做了。但是我一定要申明，給小偷的嘉獎不是沒有分寸的。假如他是智能不足，或者更糟的，在情感上被壓抑，這嘉獎不會有什麼大的效果；假如他很驕傲，他也不會從象徵性的禮物獲益。我處理兒童問題的經驗告訴我，每個小小偷對我的嘉獎方面的反應都很良好，唯一失靈的時候是少數可以稱為有知覺的小偷，他們已不能用精神治療的方法或象徵性的報酬醫治。

如果偷竊是因為沒有父母的愛和對於性過度的壓抑而引起，這情形就變得很複雜了，那就會造成偷竊狂，不自覺的要取一些被禁止的東西——手淫。這種情形最有希望的就是使父母了解從前的錯誤，坦白告訴小孩對他們的壓抑是錯的。沒有家長的協助，老師很少能醫好一個偷竊狂。解鈴還須繫鈴人——最好是讓原來施行壓抑的人來解除壓抑。

有一次校內來了一個十六歲的男孩，他是一個很壞的小偷。他到車站時，交給我他父親給他買的票，那是張兒童票。我想向那些有習慣不誠實孩子的父母親說一句話，他們應該先自己檢點一番，應該先發現他們怎麼對待孩子而使他這樣不誠實的。

父母往往把孩子的不誠實錯怪到小孩交友不慎、強盜電影，或者父親在軍隊裡沒法管教小孩。假如小孩在性方面有合乎自然的養育，而且得到父母的愛與贊許，以上提到的這些對孩子都不會有影響，即使有也很輕微。

我不知道少年偷竊犯每天或每星期去兒童心理診療所一次，會有什麼益處，我只知道這些診療用的方法是不凶狠的，那些社會福利工作人員的確很努力了解那些孩子，而對他們不加以道德的判斷或譴責。兒童心理學家和監護官的治療會因病態孩子家庭的影響打折扣，我覺得只有心理學家和監護官說服了那些家長，使他們改變作風，才會見效。因為少年犯罪一如青年人的暗瘡——是一個病態身體外面的症狀，他們就是我們的病態社會的症狀。任何對個人的治療，並不能消除一個壞家庭、貧民區的街道或者貧窮家庭。

從五歲到十五歲這段期間，大多數孩子都受到偏重智育的教育，完全未顧到他們的情感生活。但是病態孩子因為情感上的不安，才會有忍不住的偷竊行為，他對學校科目的了解與否與他的犯罪無關。真相是，沒有一個快樂的人，會不由自主並繼續不斷地偷竊的。對一個慣性小偷要問的問題是：他的背景如何？他的家庭快樂嗎？他的父母經常告訴他真話嗎？他對手淫感到罪惡嗎？他對宗教感到罪惡嗎？他為什麼對他的父母不尊敬？他覺得他們不愛他嗎？在他心裡一定有什麼地獄才使他變成一個賊。更確定的是，我們的某些法官要把他們送去的監獄，無法消除他們內心的監獄。

治療不一定能解決少年偷竊犯的問題。當然，治療可以給他很多幫助，可以消除他的恐懼與仇恨，可以給他一點自尊心。但是只要原來的恨還在他的環境裡，他有時又會退化。只有治療他的父母才會帶來更大的效果。

有一次我看到一個大孩子，他的心理年齡不過三、四歲。他從店裡偷東西，我於是想到和他一起到店裡，我當著他的面也偷東西（當然事先知會店主了）。對那孩子來說，我是父親也是神。我相信他父親不贊成他和他的偷竊很有關係。我的主意是假如他看見他的新的如神的父親也偷竊，他就不得不把偷竊的行為改過來。我已預料他會很嚴重的抗議。

在醫治小孩偷竊的心理疾病時，除贊成以外，我看不出還有什麼別的方法。心理疾病是由一個人「被告知不能擁有的」與「他自己真正想要的」之間衝突的結束。我總發現把虛假的良心打破以後，小孩就變得快樂與更好一點。把小孩虛假的良心除去，你就會醫好他的偷竊病。

少年犯罪

在這個動輒以槍和手指虎實施暴力攻擊的時代，全世界對少年罪犯都束手無策，而且願意不惜任何代價防止它。報紙告訴我們處理這問題的新方法，一種很嚴厲的方法：送到感化學校受嚴格操練，並對其違規嚴加處罰。我見過一張孩子肩上扛大木頭的照片，在那些壓力極大的地方，好像他們一點權利都沒有。

我相信，幾個月下來這樣也許會阻止一些可能發展成罪犯的少年人，但是這方法不是治本的。更壞的是，這種待遇會使絕大多數的孩子生恨。最嚴格的教育一定會使他們產生對社會永久的恨。

三十年以前，連恩以他的改造學校「小共和國」，證明少年罪犯可以以愛的方式治好，也可以被和孩子站在一邊的權威醫好。連恩從倫敦法庭把難以管教的男孩和女孩帶出來，包括反社會的、粗暴的、以當強盜和小偷出名為樂的青少年。這些頑石型的小孩來到「小共和國」。在那兒，他們建立了一個自治和以愛的認同組成的社區。慢慢地，這些孩子變成正直、誠實的公民，他們之中有許多現在都是我的朋友。連恩在了解和處理少年罪犯這方面實在是天才。因為他經常給愛與了解，所以他能治好他們。他總能找出藏於任何少年犯罪行為後面的動機，因為他相信，在每個罪案後面都有一個原先是好的願望。他發覺對小孩說話沒有多大用處，只有行動才有效。他覺得要小孩去掉一種不好的社會特質，一定要讓小孩的願望獲得滿足。有一次，他的一個年輕的少年犯嘉貝表示他很憤怒，想把桌上的茶杯和碟子都打破。連恩遞給他一把火鉗，叫他儘管做。嘉貝就大打一頓，但是第二天他又要求連恩給他換一個錢賺得更多的工作，他說：「因為我要賠那些杯子碟子。」連恩的解釋是，把杯子打破是想打破他所有從前的壓抑和心理衝突。第一次在他生命裡他受到權威鼓勵去打破一些東西，並發洩憤怒，確實對他的情緒有益。

連恩的「小共和國」少年罪犯都是從風評不佳的城市貧民區來的，但是我從來沒聽到他們再回到從前不良的集團。我稱連恩的方法是愛的方法，而處罰少年罪犯的方法是**地獄方法**。因為恨從來不會醫好任何人，因此我相信地獄方法不能幫助年輕人改邪歸正。

但是我知道，我今天如果是個法官，而不得不處理一個粗暴陰險的少年罪犯時，我會迷惑而不知應當怎樣辦。因為在今日的英國，他沒有像「小共和國」那樣的地方可以去。我實在對此感到羞愧。連恩在一九五二年就過世了，可是英國卻沒有從這個偉大的人那裡學到什麼東西。

但是，近年來，我們的監護官的確真誠表示他們想了解少年罪犯的願望。精神分析學家雖然在法律的反對下也開始教育大眾，讓他們知道犯罪不是邪惡，而是一種需要同情與了解的病。時代的潮流漸漸趨向愛而不是趨向恨，趨向了解而不是趨向偏見或道學式的憤怒，這是一股很慢的潮流，但即使緩慢，到底也把世界的骯髒沖走一些，而且這潮流正在逐漸強大中。

我從不以為暴力、殘忍或者仇恨的方法可以感化人。我一生中接觸過許多問題兒童，其中有許多少年罪犯，我發現他們非常不快樂，充滿仇恨、自卑和焦慮。對他們來說，我是老師、父親的象徵和敵人，因此他們對我傲慢和無禮。我曾被他們強烈地憎恨和猜忌過。但是到夏山以後，這些可能成為罪犯的孩子能夠自由地學習與遊戲，偷竊時也許還會得嘉獎。他們從未被教訓，也從不用害怕地上或天上的權威。

離開夏山以後，這些仇恨的學生變成社會上快樂合群的人。據我所知，沒有一個在夏山待到七年以上的少年罪犯以後還會去坐牢、強姦或做任何其他反社會行為。這並不是因為我個人，而是這裡的環境將他們治癒。夏山的環境給孩子們信任、安全感與同情心，沒有責備也沒有批評。

夏山的兒童把那段作惡的時間在這裡無拘無束地度過了，所以他們離開學校以後，便不會變成罪犯或暴民。

我不知道一個成年罪犯對愛的反應如何，我只知道給一個小偷嘉獎並不會將他治好，就像一段刑期也不會治好他一樣。治療只有對年幼的孩子有效。但雖然孩子有時遲到十五歲才接受治療，自由還是能使罪犯變成好公民。

夏山收過一個十二歲的小孩，他因為不合群而被許多學校開除。在我們學校裡，他變成一個快樂的、有創造性和合群的孩子。但一個感化學校的權威一定會將他毀滅。假如自由能夠救一個已呈病態的問題兒童，那麼自由對無數所謂「正常」而在家庭中受到壓制的孩子的益處有多麼大呢？

十三歲的湯姆曾是一個很嚴重的問題兒童，他不但偷竊而且很有破壞性。有一個假期他不能回去，所以我們讓他留校。在放假那兩個月當中，他是學校裡唯一的孩子，他非常守規矩，我們不用把食物或錢鎖起來。但是等到別的學生一回來，他就帶頭到伙食房去偷東西，這證明，一個單獨的小孩和一個在群眾裡的小孩是兩個完全不同的人。

感化學校裡的老師告訴我們，不合群的孩子往往在智力上是低能的。我還要補充一句，他們在情感上也是低能的。我曾有一度以為少年罪犯是因為精力過盛而沒有地方發洩，所以才有不合群的行為。我想，使他不受壓抑，他就會變得伶俐而有創造性，甚至聰明。我錯了，很不幸地錯了。幾年來和少年罪犯在一起，我發現他們幾乎在各方面都次人一等，我只記得其中一個男孩後來有成就，但其中的確也有不少反社會與不誠實的都被醫好，而且後來也找到適當的工作，但沒有一個變成好的學者、優秀的藝術家、熟練的工程師或優秀的演員。當他們從反社會的行為中釋放出來以後，這些一度迷途的孩子也不過呆板度日而沒有多大上進心。

假如孩子一直受無知的父母與不良環境的限制，他就永遠沒有希望滿足他的反社會性。唯有消滅貧窮、貧民區，以及父母的無知，感化學校的學生會自然減少。

要根本消除少年犯罪，必先消除社會上的道德犯罪，以及伴隨而來的漠不關心。目前我們有兩種方法來處理少年罪犯，一種是以恨，另一種是以愛。

且讓我想像做幾分鐘的教育部長吧，我現在對教育有全權，讓我擬定一個五年計畫的藍圖。我會廢除全國所謂的感化學校，而以男女合校的自治學園（colonies）代替。我也會馬上設立訓練老師和管理員的中心。每個自治學園將完全自治。教職員沒有特別的權利，他們和學生吃住一樣，學生做社區的任何工作都要領取工資。自治學園的口號是自由，那裡將沒有宗教、道德和權威的約束。

我也排除宗教，因為宗教是說教，它想昇華人性的結果卻是將它壓抑。原罪並無根據，宗教卻假定人生來有罪。它也相信自由意志，但對許多被內在衝動束縛的孩子來說，他們根本沒有自由意志。

我主張以愛、不虐待和沒有不公平來制約情感，以代替宗教上的制約。自治學園只有一個方法才能達到這個理想——盡量不管這些少年人，使他們從權威、仇恨與處罰下重獲自由。從經驗中我知道，這是唯一行得通的方法。

教師將和孩子平等而不能比孩子優越；他們應該沒有權威也不能譏諷孩子；他們不能激起恐懼，教師應該是有無窮耐心、遠見和對未來有信心的男女人士。

雖然現在的社會不允許一個有豐富愛情的生活存在，但使青年男女在一起，會使他們有愛心和禮貌。對異性有相當的認識，也會使猥褻減少。

教職員的主要特長是信任那些少年，有禮貌地對待他們，不要認為他們是小偷或罪犯。另一方面，教職員也必須現實和具有判斷能力，不要一下給孩子太多自由，像叫一個小偷做自治學園聖誕晚會的出納等等。教職員一定不能說教，因為他們知道行動永遠比說話重要。他們必須知道每個少年罪犯的歷史和完整的背景。智力測驗在訓練所並不重要，它們不能測驗生命中許多重要的東西，不能正確地衡量感情、創造力、原創性及想像力。

整個自治學園的氣氛會像一所醫院而不像一座監獄，就像醫師醫治梅毒時不把道德觀念牽涉在內一樣，我們的教職員也不能拿道德觀念處理少年罪犯。自治學園和醫院唯一不同的是那裡不用藥物治療——甚至一般治療精神疾病的藥物也不採用。唯一的治療是這個環境中真正的愛。教職員要對人性有信心，那些孩子裡面當然一定會有醫不好的，但是社會要容忍他們，而且他們只會是少數，多數的少年罪犯都會以愛、容忍及信任治癒。

我記起連恩講他在倫敦少年法庭訪問一個少年罪犯的故事。連恩給了他一鎊，替他付到鄰鎮去的車費，他知道孩子會把剩餘的錢找回來給他。結果那小孩真的如此做了。（我想提醒美國讀者，連恩是在美國東北新英格蘭出生的。）

我也記得美國一位典獄長叫一個無期徒刑犯人到紐約替監獄工藝室買機器的故事。他絲毫不苟的將機器採購回來，典獄長問他：「你為什麼不趁此機會逃走？」犯人搔了搔頭說：「大概是因為你信任我的關係。」

監獄與處罰絕不能代替像這些人士的偉大信心，這種信心對迷途的人來說就是愛而不是恨。

醫治孩子

醫治如想見效，就必須靠病患自己。許多受過心理治療的人都沒痊癒，因為他們是被家人逼著去看醫師的。舉例來說，做丈夫的將不情願的太太送去接受心理治療，她會想：我丈夫認為我不夠好，想改變我，我才不幹呢！

監禁中的少年罪犯也有同樣的因難，他也被逼去接受分析、治療。大人與小孩都要自己情願才會有效。

自由本身便可治癒小孩的多數犯罪行為，不過那必須是**真正的自由**，不是放縱的自由，也不是感情用事的自由。但只是自由本身卻不能治癒一個病態的孩子，它只能涉及那些被壓抑衝突的皮毛。在寄宿的學校，假如當局態度一貫的話，自由的功效將會更大。

幾年前，有一個真正的小騙子被送到我這裡來，他來了一個星期以後，我接到從利物浦來的電話稱：「我是朱先生（一個當時英國很有名的人）。我有一個姪子在你們學校，他寫信問我，他能不能到利物浦來住幾天，你反不反對？」

「一點也不反對，」我說：「但是他沒錢，誰替他付車費？你還是跟他父母商量一下吧。」

第二天下午，亞瑟的媽媽打電話給我說，她接到迪克叔叔的電話，她和她先生商量過了，亞瑟可以到利物浦去。他們已經查出車費是二十八先令，她問我可不可以先支給亞瑟兩鎊十先令？兩個電話都是亞瑟自己在鎮上電話亭打來的。他學他叔叔和他媽媽的聲音簡直是出神入化，把我完全騙倒了。在我未發覺上當之前，我已經把車錢給了他。

我和內人商量一陣，我們覺得把錢要回來不妙，因為他以前一定都是這樣被人對待的，於是我太太建議獎勵他，我也很贊成。當晚夜深的時候，我到他房間去。

「你今天運氣不錯。」我高興地說。

「當然囉。」他說。

「是啊！不過你想不到的好運氣還在後頭呢。」我說。

「什麼？」

「你媽媽剛剛又打過電話來，」我若無其事的說：「她說她把車錢算錯了，不是二十八先令，是三十八先令。所以要我另外再給你十先令。」我不在意地把一張十先令的鈔票放在他床上，在他沒有搭腔以前就走出來。

第二天早上他去了利物浦，留給我一封信，教我在火車開了以後再看。上面寫的是：「親愛的尼爾，你是個比我更偉大的演員。」以後幾個星期，他一直問我為什麼給他那十先令。

有一天，我回答他，也問他：「我給你錢的時候，你覺得怎樣？」他費勁地想了一下，然後慢慢地說：「你曉不曉得，我一生中從來沒有那麼吃驚過。我心裡說，你是我一生中第一個庇護我的人。」這是一個知道贊同就是愛的孩子。通常這種意識要很久才會感覺到。被治療的人對此只稍稍有些眉目，有時幾個月後他才會恍然大悟。

過去當我常與少年罪犯相處時，我一再嘉獎他們的偷竊。但是只有在幾年之後，當他們已經被治好了，才發覺我的贊許非常有效。

和小孩打交道，我們一定要深入運用心理學，找出他行為的深層動機，一個孩子不合群，為什麼？當然，他的行為令人不悅的，他也許是個小霸王，也許是個小偷，也許是個虐待狂，但為什麼？老師可能因不悅而大罵或處罰他，但是等到老師脾氣發過以後，問題還是沒解決。最近的教育潮流又有提倡恢復嚴格紀律的趨勢，這也許只能治標而不能治本。

有一對家長把女兒送到夏山，她說謊、偷東西，而且狡詐陰險。他們對我描述了一大堆她的錯處。假如那女孩知道我清楚她的一切，後果將不堪設想，我一定要等她自己表示，從她對我或學校其他人的行為來處理她。

幾年前，我有一個很麻煩的問題兒童。他的家長堅持一定要給精神疾病專家檢查一下，所以我就把他帶到倫敦一位有名的醫師那裡。我花了半小時把他的情形講給那位專家聽，然後小孩被叫進來，那醫師很嚴厲地對他說：「尼爾先生告訴我說，你是一個很壞的孩子。」這就是那位專家的那套心理學！

一次又一次我看見那虛假無知的對待孩子的方法。「你看起來好像比同年齡的矮。」一位客人向一個對身高有自卑感的小孩說。另外一個人對一個女孩說：「你的姊姊很聰明，是不是？」和小孩交往的藝術可以說是**知道不要對他們說什麼**。另一方面，你應該表示給孩子知道你不容易被欺騙。任小孩偷你的郵票是愚笨的，你一定要讓他知道你曉得這回事。「你媽媽告訴我你偷郵票」這是不可原諒的，這和你說「我知道你拿了我的郵票」大不相同。

我寫信給家長提起他們的孩子時總有一點緊張，我怕孩子在假期回家時偶爾會看到。可是我更怕的是家長會寫信給他們的孩子：「尼爾說你不去上課，而且是個不乖的搗蛋鬼。」假如他們這樣做，孩子便永遠不會信任我。因此，通常除非我知道那位家長絕對可靠並懂得如何處理書信，否則我盡可能少提到孩子。

通常我對小孩的處理可以說相當得體，因為我是識途老馬。這並不需要什麼智慧，也不要有什麼才能，只是常常實習，最重要是有時要對一些不重要的小事睜一隻眼閉一隻眼。

新生比爾偷了另外一個孩子的錢。被偷的問我：「我在下次學校大會上該不該告他？」我毫不思索地說：「不要。交給我來辦。」我先答應然後再想怎麼辦。因為比爾剛得到自由，對這新環境他還不習慣。他很努力的想討人喜歡和被團體接受，因此他誇張和炫耀自己。假如將他的偷竊行為公開，也許會使他羞愧、恐懼，因而繼續反抗和做不合群的事，或走向另一個極端，因為他在從前的學校裡是一個暗中以破壞來對抗教職員的搗蛋頭兒。公開的指責可能使他更炫耀自己是怎樣一個強者。

又有一次一個小孩說：「我要告瑪麗偷我的蠟筆。」我對此沒有反對而讓她去告，因為我知道瑪麗在校已經兩年，而且應付得了。

有一個十三歲的新生來到夏山。他一生都恨上課，在晃蕩了幾個星期之後，他終於厭倦，到我這裡來問我：「我要不要上課？」我回答說：「這跟我沒關係。」因為他一定要自己發現他內在的意志。但是對另外一個孩子我也許會回答：「是的，那是很好的主意。」因為她的家庭和學校生活都照時間表進行，使得她不能決定任何事，我一定要幫助她，使她能自立。當我回答孩子的時候，我並未自覺地想到他們個別不同的地方，我的回答是自然而然的。

愛是和對方站在一邊，愛就是贊許。我知道兒童學習對「自由與放縱迴然不同」這個道理理解不易，但是他們確實能學，也學得會。最後，幾乎每一次，他們都懂了。

幸福之路

佛洛伊德說，每一種精神疾病都是因性被壓抑而引起的，我便說：「我要辦一個沒有性壓抑的學校。」佛洛伊德說，潛意識是遠比意識更重要而且更有力量，我便說：「我們學校裡，不查禁、處罰和說教。我們讓每個孩子依他內心的衝動生活。」

慢慢地我發覺，多數的佛洛伊德派學者不知道或不相信應該給兒童自由，他們竟把自由與放縱混為一談。他們接觸到的是一些從來沒有做自己的自由的孩子，這些孩子因此也不會自然地尊敬別人的自由。我相信佛洛伊德派學者，是以對這些受束縛的孩子的觀察來建立他們對兒童心理學的理論。佛洛伊德派學者發現，嬰孩中有許多肛門性慾感，但是我在自由發展的嬰孩中卻沒有發現。佛洛伊德派學者發現的兒童反社會的侵略感，在自由發展的兒童中也沒有。

漸漸地，我發現我的工作是預防——而不是治療。經過許多年我才發現與了解：是自由而非治療幫助了夏山的問題兒童。我發現我的工作是不干涉兒童，和贊同一切他自己不贊許的東西——那就是強加在他身上的良心——也就是對他自己的仇恨。

一個新來的學生說髒話，我笑著說：「好，說髒話吧！說髒話沒有壞處。」對手淫、說謊、偷竊和其他被社會定罪的活動，我也採用一樣的方式。不久以前，有一個小孩連珠砲式地問我：「你的鐘值多少錢？」「現在是什麼時候？」「學期什麼時候終了？」他焦急不堪，但對我的回答卻一句也沒聽見。我知道他是在避問一個他極想知道的問題。

一天，他到我的房間來，問了一連串的問題。我不回答，仍然繼續看我的書。在他問了幾個問題以後，我不在意地抬起頭來說：「你剛剛問的是什麼？孩子哪裡來的？」

他站起來，臉都紅了。「我才不要知道孩子從哪裡來。」他說，然後匆匆離去，把門砰的一聲關上。十分鐘以後，他又回來問：「你打字機從哪裡來？這星期電影院演的是什麼電影？

你幾歲？（停了一下），唉！去他媽的，孩子**到底**從哪裡來的？」

我正確地回答他，他再也沒有回來問我其他的問題了。

要把他雜亂的思想清理出一個頭緒來，實在是苦差事。只有看見一個不快樂的孩子變成快樂和自由以後，這種工作才變得能忍受。

另外一種情形是，長時期費力的研究和了解一個孩子而得不到一點效果。有時你在孩子身上花了一年的工夫，在年底時因為他的偷竊問題已經改善而感到十分高興。但是才過一天，他又退化了，這真使人感到絕望。我對湯姆稱讚了半天，五分鐘以後一位老師跑進來說：「湯姆又偷東西了。」但是心理學和打高爾夫一樣，你一回合打了兩百桿，也許氣得咬牙切齒或者折斷你的球桿，但是第二天陽光燦爛的早晨，你又會精神飽滿和充滿希望地走到第一洞的發球區。

假如你告訴一個孩子任何人生的基本問題，或者他把所有的煩惱都講給你聽，他便有「感情轉移」的趨向，那就是說，他會把所有的感情都傾洩在你身上。當我向小孩解釋生育和手淫時，感情轉移特別強。有的時候情感轉移是否定的，一種恨的感情的轉移。但是一個正常的孩子否定的感情轉移不會持久，肯定的愛的感情轉移會接踵而來。

一個孩子的感情轉移很快就消失，他會很快就忘掉我，而把他的感情轉到別的孩子和東西上。因為我是父親的替身，女孩對我的感情轉移當然比男孩強。但我不能說女孩對我的感情轉移永遠是肯定的，而男孩的一定是否定的。相反地，有些女孩在相當長的時間內對我有強烈的恨意。

在夏山，我曾經是老師兼心理醫師，後來我漸漸發現一個人不能同時擔任這兩種角色。我不得不放棄精神分析家的角色，因為大多數學生不能和父親的替身合作，他們變得焦急不安，同時很怕我的批評。假如我稱讚一個孩子的圖畫，其他的孩子就非常嫉妒。心理醫師根本就不應該住在學校裡，小孩不應該和他有社交性的往來。

所有心理學派都承認潛意識的假說。它是我們不自覺的願望，愛情和仇恨埋藏的地方。我們的性格是意識行為與潛意識行為的混合品。

侵入住宅行竊的青年知道他想要錢或東西，但不知道他用這種方法而不以社會接受的方法來賺取的內在動機在哪裡，那個動機是內隱的。這就是為什麼道德教訓和處罰永遠醫治不了他的緣故，責罵不過是耳邊風，處罰也只讓他的身體感覺到。這些教誨和處罰從來不能深入觸及控制他行為的潛意識動機。因此，宗教的說教不能滲入小孩的潛意識，但是假如有天晚上助理牧師同他一起出去偷竊，那個行動就會解除造成孩子反社會行為的自恨，助理牧師那種同情關係會使孩子用不同的辭彙思考。好幾個小竊盜都因為我和他們一起去偷鄰居的雞或學校抽屜裡的錢而醫好了，行動可以觸及潛意識，語言卻不能。這也是為什麼愛與贊許經常能除去孩子的問題的道理。我並不是說愛會治好嚴重的幽閉恐懼症或虐待狂，但是通常愛會治好絕大多數的少年竊盜犯，以及說謊的和有破壞性的兒童。我已經以行動證明，自由的給予及道德紀律的消滅，能治好許多將來一生可能會長駐監獄的孩子。

真正的自由對於夏山之類的團體，好像心理治療對於個人一樣。它釋放了內在的鬱積，有如一陣清風吹過心懷而驅散對人和對己的仇恨。

替青年人爭取自由一定要做得徹底，我們一定要立場分明而不能中立，權威或是自由，紀律或是自治。騎牆是不行的，今日青年人所居處境需要我們以行動支持。

要孩子做一個靈魂自由、對工作感興趣、對友誼感樂趣、對愛情感快樂的人，或者讓他成一個痛苦的、衝突的、恨自己和恨社會的人，這大權操在家長和老師手中。

幸福是怎樣獲得的？我的答案是：**消除權威。讓孩子做他自己，不要教導他，不要教訓他，不要勉強他上進，也不要逼他做任何事。**這也許不是你喜歡的答案，但是如果你不採用我的答案，你應該自己找出更好的答案。

第六篇

家長的問題

很少有父母會意識到自己對孩子的恨，也很少有父母能接受孩子恨自己的事實。尼爾認為，父母的嘮叨與發脾氣、打屁股、說教，皆是恨的表現。處罰與道德說教只會增加孩子內心的恨，根本無法解決任何問題。

做為父母，除了愛恨之外，其他像權威、嫉妒、離婚、憂慮等，無一不是影響孩子人格發展的問題。實際的情形是：問題父母養成問題子女。每一個做家長的，都必須注意自身的問題。

愛與恨

孩子從父母、老師、牧師以及一般環境得到他的良心，良心和天性衝突就造成他的不愉快，如果以佛洛伊德的名詞來說，是他的超我（super-ego）與本我（id）之間的鬥爭。

如果良心完全致勝，孩子將來就會變成一個和尚，同時完全拋棄紅塵與情欲，但在絕大多數情形下都有妥協情形，一言以蔽之，是平日敬奉魔鬼，週日敬奉上帝。

愛與恨不是相對的，愛的反面是不關心，恨是遭到阻礙的另一種表現方法，恨永遠含有恐懼的成分。我們在小孩對弟弟的憎恨中看出，他的恨是因為怕失去母親的愛而來，同時他也對想報復的心理感到害怕。

當十四歲的瑞典女孩安茜到夏山來時，一開始便踢我，使我生氣，我不幸成為她所恨而又懼怕的父親的替身。她從來沒有在他的膝蓋上坐過，他也從來沒有對她表示過任何愛。她對父親的愛因他不愛她而變成恨。在夏山，她突然發現一個新的不嚴厲和不使她害怕的父親，所以她的恨就統統發洩出來了。第二天她對我特別溫和順服，證明前一天的恨只是愛的偽裝。要完全了解安茜攻擊我的原因，我們一定要先了解她對性被扭曲的態度。她是從一所學生只能從暗處以不健康、不乾淨的態度談論性的女子學校出來的，她對父親的恨包括被壓抑的性教育的恨在內，同時她對經常處罰她的母親的恨也一樣強烈。

很少家長了解處罰會使孩子對他們由愛轉恨，小孩內在的恨很難發現。母親發現在一頓打之後小孩很順服，卻不知是因被打而生的恨馬上遭到壓抑。但是被壓抑的感情是不會消滅的，它們只是在睡眠狀態。

馬格斯（Marcus）有一本小書叫做《少年人的道德》（*Morals for the Young*），我常常讀裡面的詩給孩子聽，有一首是這樣的：

湯姆放火燒房子。
媽媽給火燒死了。
爸爸給磚砸死了。
湯姆，笑得快死了。

這首詩孩子們很喜歡，有的孩子每聽到念這首詩就哈哈大笑，甚至喜歡父母的孩子也笑得很大聲。他們笑，因為他們對父母有壓抑的恨、被打的恨、被批評的恨和被處罰的恨。

通常，這種浮現在看似與父母毫不相關的幻想中。有一個年幼的學生，很喜歡他的父親，但他也喜歡幻想自己在射一隻獅子，假如我要他描寫那獅子，他馬上會發現那獅子和他爸爸有些關聯。

一天早晨，我給每個孩子講我死亡的故事，當我提到殯儀館的時候，每張面孔都亮了起來。孩子們在那天下午特別高興，殺巨人的故事永遠受孩子歡迎，因為巨人很可能就是他們的父親。

孩子對父母的恨沒什麼值得大驚小怪的，它往往始於孩子的自我中心時期。孩子尋求愛與權力，每一個生氣的字，每一個耳光、每一次傷害，都是愛與權力的剝奪。媽媽的每一句責罵，對孩子來說，都是「媽媽不愛我」。父親的每一句「不許動」，都是「爸爸在礙我事，假如我跟他一樣大的話，你瞧吧！」

是的！孩子會恨父母，但是這遠不如父母恨孩子來得危險，嘮叨、發脾氣、打屁股和說教都是恨的反應。因此假如父母不互相愛，孩子的前途就很黯淡，因為通常父母都會拿孩子出氣。

當一個孩子得不到愛時，他就尋求恨以代替愛。「媽媽不注意我，她不愛我，她愛小妹妹，我要讓她注意我，你看吧！」於是他把家具打爛。所有問題兒童的不良行為都是基於缺乏愛，所以處罰與道德說教只能增加他們的恨，而永遠不能解決問題。

另外，一個產生恨的情形是父母想占有孩子。孩子一面恨那些束縛，一面又想要那些束縛。

這種衝突有時相當嚴重。孩子壓抑對母親占有的恨，但是因為感情需要發洩，他就踢貓或打妹妹，這些都比反抗媽媽容易些。

通常我們恨別人的地方就是恨自己的地方，不管這是不是老掉牙的話，但這是真的，雖然我們非常願意去愛，但嬰孩時期所受到的恨還是會發洩到孩子身上。常常有人說：「假如你不能恨，你就不能愛。」也許這是真的。我發現我很難有恨的感覺，我從來不偏愛孩子，更不感情用事。**感情用事**很難下定義，我叫他是「癲痢頭兒子自己的好」。

當我開始治療羅勃的時候，他是個縱火者、小偷和準謀殺犯。他自然的把他對父親的愛與恨都轉移到我身上。有一天，我們談話完畢，他跑出去踏死一隻蝸牛，並告訴我這回事，我讓他描寫蝸牛。他回答說：「一種長長的、黏黏的、很難看的動物。」我遞給他一張紙叫他寫蝸牛，他寫 A Snail（一隻蝸牛）。

「你看看你寫的是什麼？」我說。

突然，他大笑起來。他拿了筆在蝸牛下面寫。

「A Snail」（蝸牛）。

「A.S. Neill」（本書作者姓名）。

「你不知道我就是你要踏的那隻長長的、黏黏的、很難看的動物吧？」我笑著說。

到此時，這男孩一點危險性都沒有。讓他發覺他對我的恨對他來說是好事。但如果我說：「當然我是蝸牛，但是你並不是真恨我。你恨我所代表的你自己的某些性格。你才是那隻該被踏死的黏黏的蝸牛，你不過是在踏死自己的某種性格而已。」依我看來，這是個很危險的分析方法。羅勃的本份是玩彈子和放風箏，所有老師或醫師有權做的，不過是阻止他放風箏的心理上的衝突。

任何期望回報的父母，根本不知道孩子的本性。小孩恨對任何人負債，我對那些免費或打折扣的學生對我的怨恨很有經驗。他們每個對我表現的恨比二十個付學費的學生加起來還多。蕭伯納曾說：「我們不能為別人犧牲，而不去恨那些我們為他們犧牲的人。」這是真理。同理，我們不能為別人犧牲而不為他們所恨，也是真的。一個能大方給予的人不要求回報，要孩子報恩的家長必會失望。

總而言之，小孩子都覺得處罰是恨，這當然是真的。每次處罰都使小孩的恨愈來愈深。假如你研究一個相信體罰的老頑固，你永遠會發現他是一個仇恨的人。恨生恨，愛生愛，無論如何強調，都不嫌誇張。只有愛才能將孩子的恨治好。

寵孩子

寵壞的孩子是我們寵壞的社會的產品，不論你對**寵壞**作何解釋。在一個社會裡，他恐懼地生活著，他所得到的是放縱而非自由，他不知道真正的自由是**愛**的表現。寵壞的孩子對社會都是討人厭的傢伙，你可以看見他在火車上的旅客腳邊爬來爬去，在走道上大叫，對困擾的父母叫他安靜的請求充耳不聞，其實他老早就當這些是耳邊風了。

寵壞的孩子長大後，會比受嚴格教育的孩子遭遇更多困難，因為他們是十足以自我為中心的，他長成一個隨地亂丟衣服要別人替他撿起來的人，即使已是成年人，他仍會到處碰釘子。

寵壞的孩子常是獨子。因為沒有同樣年齡的孩子在一起玩或者互相比較，就會自然的和父母比較，他要做他們做的事，既然父母當他是個寶，他們就鼓勵這種早熟，因為他們害怕假如不讓他隨心所欲，便會失去他的愛。

我有時也看見老師溺愛學生，這些老師經常懼怕他們不受孩子的歡迎。這種恐懼是通往寵孩子的捷徑。一個好的老師或家長必須努力做到客觀，他一定要把成見置於與孩子的關係之外。我想這不是一件容易的事，因為我們常常不知道我們的成見。舉例來說，不快樂的母親很可能會寵壞孩子，因為她很可能給他一種不正常的愛。

在夏山，一個寵壞的孩子永遠是件棘手的事。因為我太太是母親的替身，因此他會把她煩死。他總是問個不停：「這學期什麼時候放假？現在是什麼時候？可不可以給我一點錢？」其實是他心裡恨他的母親。這些問題是以折磨母親為目的的。因為我是父親的替身，所以一個寵壞了的女孩子永遠想得到我的反應。通常她並不求一個愛的反應，而是求恨的反應。寵壞的新學生會把我的筆藏起來，或者告訴另外一個女孩子：「尼爾要見妳。」其實是要尼爾見**她**。

寵壞的孩子曾經以踢門、偷東西試圖激起我的反應。他們不喜歡突然被放置於一個大家庭似的團體中，他期望從我和教職員那裡，得到像溺愛他的父母一樣有求必應的待遇。

寵壞的孩子常要有很多的零用錢，家長常常會寄五元大鈔給他零花。這使我感到苦惱，我還因為他們的經濟狀況不佳而允許他們學費打折扣或免費呢！

對孩子不該有求必應。一般說來，目前的孩子擁有太多東西，因此他們不會珍惜一件禮物。給孩子太多東西的父母通常不夠愛孩子。他們要用禮物表示愛，就像不忠實的丈夫會替太太買一件他買不起的皮大衣。我決定每次去倫敦時絕不給女兒帶禮物回來，因此，她就沒有期望。寵壞的孩子很少珍惜任何東西，一輛剛得到的鍍鉻的三段變速新腳踏車，三個星期後就被他扔在雨裡過夜了。

寵壞的孩子常顯示出他的父母想再從頭活一次的願望。**我的生活沒有意義，因為那麼多人都壓迫我，但是我的兒子將要得到所有我沒有的成功機會。**這就是沒有受過音樂教育的父親堅持孩子學鋼琴的原因，也是一個放棄職業回家做家庭主婦的女人，把沒有天份的女兒送去學芭蕾舞的原因。還有一些家長逼兒女選他們不喜歡的科系或做不喜歡的工作，可憐的家長無法阻止自己的感覺。一個辛辛苦苦建立起一家裁縫店的父親，發現兒子要做一個演員或音樂家時，他是很不好受的，但是這種事情常常發生。

一個寵壞孩子的媽媽不許孩子長大。做母親是份工作，但不是一個終身的工作，絕大多數的女人知道得很清楚；但是有多少次我們會聽見母親這樣談論她的女兒：「她長得太快了。」一個小孩不應該被放縱到侵犯別人權利的地步。不希望寵壞孩子的父母，一定要能分辨自由與放任的區別。

權力與權威

在心理學未發現潛意識的重要性以前，人們認為兒童是理性的動物，他的頭腦好像一張白紙，可以任有良知的老師帶領。

現在我們知道小孩並不是靜止而是充滿變態的驅力。他尋求以行動表示他的願望，他天生是自私的，而永遠在試探他的力量。假如性無所不在，要權力的願望也無所不在。

最小的嬰孩也許發現，吵鬧最能表現他征服環境的力量，大人對他們吵鬧的反應使他對吵鬧感到過度的重要性。事實上，如非過度，吵鬧本身也可能是相當重要的。吵鬧常常在幼稚園內受到壓抑，再早一點他也受到大小便訓練的壓抑。我們只能猜想小孩在大便時會感覺到權力感，因為那是他首次創造出來的東西，因此對他來說，大小便富有重大的意義。我說我們只能猜想，因為沒有人能斷定一兩歲的小孩能感覺什麼或在想什麼；但是我們發現，七、八歲小孩確已對大小便感到很有權力感。

正常的女人怕獅子，病態的女人則會怕老鼠。對獅子的恐懼是真的，但是老鼠只代表一個她不敢承認的被壓抑的興趣。孩子的願望也會被壓抑而轉變成恐懼症，許多兒童都有夢魘，他們怕鬼、強盜或妖怪。常常，父母怪傭人的故事引起這種懼怕，但是傭人的故事充其量只是將此恐懼症具象化。恐怖的根本是被父母壓抑的性的興趣。小孩怕他自己內在埋藏的興趣，就像有老鼠恐懼症的女人恐懼她隱藏起來的興趣一樣。

壓抑不僅是性的壓抑。當憤怒的父親叫「不准鬧」時，可以把小孩吵鬧的興趣變成害怕父親的興趣。一個小孩的願望如果被阻止，他就會恨。假如我把玩具從一個三歲的聰明孩子手裡搶過來，可以的話，他會殺掉我。

有一天，我和比利坐在一起。我坐在一張橘色黑色條紋相間的帆布椅上，我當然是比利父親的替身。

「講個故事給我聽。」他說。

「你講個給我聽。」我說。

「不要。」他堅持地說，他不會講，一定要我講。

「好，我們一起講。」我說：「我一停止的時候，你就接著講下去，好不好？從前從前，有一隻……」

比利看了一看帆布椅。「老虎。」他說。我知道那時我是一隻全身斑紋的動物。

「牠躺在學校大路旁邊。有一個小孩走過路旁，他的名字是……」

「唐納。」比利說，唐納是他的好朋友。

「老虎就跳起來，然後……」

「然後把他吃掉了。」比利很快地說。

「然後德克說，我才不能讓老虎吃掉我的哥哥呢，所以他帶槍出去。老處跑出來……」

「然後……」

「把他也吃掉了。」比利高興地說。

「然後尼爾生氣了。『我才不讓老虎把我的學生都吃掉呢。』他說，於是他帶上雙槍，然後出去，老虎出來……」

「當然把他也吃掉了。」

「但是比利說這不行，所以他帶了他的雙槍、劍、匕首以及他的機關槍，走到路上，老虎又跑出來，然後……」

「他把老虎殺掉了。」比利很謙遜地說。

「好極了！」我叫起來，「比利把老虎殺掉了，他把老虎屍首拖到校門口，然後進去召開學校大會，一位老師說：『現在尼爾在老虎肚子裡。我們需要一個新校長，我建議選……』」

比利低下頭，沒說話。

「我建議……」

「你當然曉得是選我囉。」比利不耐煩地說。

「然後比利就變成夏山的新校長。」我說：「你想他第一件事做什麼？」

「到你房間去把你的陶器轉盤和打字機拿來。」他毫不遲疑，大言不慚地說。

比利還有一個故事。有一天他對我說：「我知道哪裡可以找到一頭比爸爸的獵狗還要大的狗。」他的父親有兩隻蘇格蘭短腿長毛獵犬。

「在哪裡？」我問道。他搖搖頭，不肯告訴我。

「比利，他叫什麼名字？」

「水龍頭。」他回答。

我遞給他一張紙。「你畫個水龍頭給我看看。」

他畫了一根大陰莖。我突然想到我有一個大的唧水筒，我找出來教比利怎樣用它噴水。

「現在，」我說：「你的水龍頭比爸爸的更大。」他大笑起來。他到處去噴水，噴了兩天，然後對水龍頭就失去興趣。問題是，比利這情形是一件性的案例還是權力的案例？我想他是權力的例子。他想殺老虎（我）是想殺他父親，這和性沒有直接關係。他希望比他父親有更大的陰莖也是個權力願望，比利的幻想就是權力的幻想。我也聽說他向同學吹牛說他一次能開幾架飛機的故事，每個故事裡都有他的自我表現。

願望受到阻止就是幻想的開始。每個小孩都想強大，他周圍環境中每樣東西都告訴他，他是小的。小孩便以逃避環境來征服他的自卑感，他們做著白日夢，在幻想的世界遨遊。孩子想做火車司機的野心，是一種權力動機。控制一列高速的火車是表現權力的最好例子。

孩子很喜歡小飛俠，並不是他長不大，而是他能飛，能和海盜打架。成人也喜歡小飛俠，因為他們想做小孩，可以沒有責任也不需要奮鬥。但是沒有一個男孩真正一輩子不想長大。想要權力的願望逼促他長大。

小孩吵鬧和好奇心的壓抑，會把小孩對權力的正常愛好加以歪曲。所謂的少年犯罪和電影看得太多的青少年，都是想表達被壓抑的權力。我經常發覺，不合群的帶頭者（那些打破玻璃的幫派領袖）在自由環境之下，變成法律和秩序的大力支持者。

安茜在她的學校是帶頭搗亂的，學校不能收容她。來夏山兩天以後，她和我打著玩，但是一會兒就假戲真做起來，她連續三小時中手腳並來，又踢又咬要惹我發脾氣。但我拒絕發脾氣，而且一直微笑。這確非易事。最後，一位老師坐下，彈起柔和的音樂來，安茜才慢慢恢復平靜。她的攻擊一半是性的，但是在權力這邊，我是代表法律和秩序，我是校長。

安茜發現生命很矛盾。她發現夏山沒有法律可觸犯，因此覺得格格不入。她於是試著慫恿老學生作亂，但只有很小的小學生同她合作。她想利用她慣用領頭作亂的本事反抗權威，實際上她是喜歡法律與秩序的。但在大人的法律與秩序下，她無法表示她的力量，因此她退而選擇與法律及秩序對抗。

一星期之後，我們開了一次學校大會，安茜對一切都嗤之以鼻，最後她站起來：「我要投法律一票，」她說：「是因為我想破壞它。」

我們的保母站起來說：「安茜表示她不要遵守人人都遵守的法律，因此我提議我們廢除一切法律，我們只要混亂。」

安茜大叫「萬歲！」就帶領孩子一窩蜂衝出室外去。她得來全不費工夫，因為那些起鬨的都是秩序觀念尚未養成的年幼孩童。她帶領他們到工藝室，以鋸子把自己武裝起來，同時宣言要把所有的果樹都鋸掉。我不動聲色和平常一樣到園裡種菜。

十分鐘以後，安茜跑來找我：「怎樣才能停止混亂而恢復秩序呢？」她較為溫和地問。

「我沒有任何意見。」我回答道。

「那我們可不可以再召開一次學校大會呢？」她問。

「當然可以，不過我不會參加。因為我們已經表決要混亂了。」她走了，我繼續掘地。一會兒她又回來。「我們剛剛開了一次會，投票贊成再開一次正式的學校大會，你來不來？」

「正式大會？」我問。「好，我來。」

開會時，安茜很嚴肅，我們安靜地通過守秩序的規律。結算下來，混亂時期全部的損失——一根曬衣桿被鋸成兩段。

直到這件事發生以前，安茜以領頭作亂反抗權威而感到滿足。她煽動反叛，做的正是她所恨的事。她恨混亂。實際上她是一個很守法的孩子，但是她有很大的權力欲望，只有在指揮別人時才愉快。以反叛老師來說，她想使自己比老師更重要，她恨法律，因為她恨那製造法律的權力。她把自己看成是她那愛施處罰而有虐待狂的媽媽。我們只能說她之所以恨權威，客觀的說是恨她母親的權威；主觀的說是恨自己內在、承自媽媽的管人特性。我發覺，這些權力個案比性的個案更難醫治。小孩對性方面的良心有愧的情形比較容易疏導，但是疏導有虐待狂傾向和需要權力的孩子則十分困難。

我想到一個失敗的例子。我在德國教書時，一個十三歲的南斯拉夫女孩瑪瑙被送到我這裡來。她恨父親。有半年之久，她使我的學校像地獄一樣。她在學校大會上攻擊我。有一次她提案說，因為我對學校沒什麼用，應該被趕出校門，這提案通過了，我於是離開學校。三天之後，當我正在陶然享受我的放逐而在寫我的書時，不幸學校又開一次大會通過（當然有一票反對）一定要我回去，瑪瑙時常說：「我不許學校裡有個校長。」她是一個自我極強而頑劣的孩子。我不得不告訴她母親說我醫治不了她。當她離校時我和她握手告別。

「我沒能幫你什麼忙吧？」我很愉快地說。

「你知道為什麼？」她狡猾地笑著說：「讓我告訴你，第一天我到學校的時候，我在做盒子，你說我釘子用得太多。從那時候起，我知道你和全世界別的老師一樣，都是管人的。從那一分鐘起，我就知道你不能對我有任何幫助。」

「你說得有理，」我說：「再見了！」

仇恨可能更多是源於受挫的權力，而非受挫的愛。瑪瑙表現的恨是每個人都會有的。要權力是每個男女皆有的性格，通常，女人喜歡控制人的權力，男人喜歡控制東西的權力。瑪瑙和安茜絕對都是想以權力征服別人。

沒有一個八歲以下的小孩是自私的，他只是自我主義者。當一個六歲孩子的父親告訴他說不能自私，而且在他自私的時候打他，他的良心起初是客觀的：在爸爸看得見的時候，我必須把糖果分給別人吃。但是另外一種認同過程也跟著來了。他想和爸爸一樣大——我是指他的權力欲望。他要和爸爸一樣擁有母親。他想和父母平等，他把自己想像成父親，採取父親的哲學，變成一個小保守黨或小自由黨。慢慢地，他就把父親帶到他的心靈深處。良心，本來代表外在父親的聲音，現在就變成內在父親的聲音。就這樣，人們變成浸信會教友、喀爾文會教友或者共產黨員。

被母親打的女孩，長大也變成打人的母親。一個最好的例子是孩子玩「學校」的遊戲，老師總是要打學生屁股的。

小孩要長大是一種權力的願望。大人的身材就會使小孩有自卑感。為什麼大人晚上可以不睡覺？為什麼他們可以有最好的東西——打字機、汽車、高級工具和手錶？

我刮鬍子時，男學生也喜歡往自己臉上塗肥皂。抽煙的欲望也是因為希望長大。一般說來，獨生子的權力是被抑制得最嚴重的，因此他在學校裡往往最難處理。

有一次我犯了一個錯誤，在別的孩子還未註冊時，讓一個新學生早入學十天。他在客廳坐，和教職員談天，一人一間臥房，過得不亦樂乎。但是當其他孩子回校的時候，他便變得很不合群。當學校只有他一個學生的時候，他曾經幫助修理好不少東西，但是別的學生一到，這孩子便開始毀壞東西。他的自尊心受到傷害，突然之間他不能再做大人了，他非得和其他四個孩子同住一間屋子，而且還得提早上床睡覺。他那種強烈的反應，使我決定下次再也不讓一個孩子有機會自以為是大人。

只有**受到抑制**的權力才會帶來罪惡。人本是善良的，他想做好，想被愛，也想愛人。仇恨與反叛只不過是被抑制的愛和被抑制的權力而已。

嫉妒

嫉妒是因占有欲而來。假如性愛是一種真正的自我轉移，一個人在看到女朋友與別人接吻便會感到快樂，因為他應該看到她快樂而快樂。但是性愛是占有性的愛，只有占有欲強的人才會因嫉妒而犯罪。

在特洛布里安群島（Trobriand Islands）上沒有任何性嫉妒，因此嫉妒可能是我們這複雜文明的副產品。嫉妒是因愛與占有欲而引起。一個嫉妒的丈夫常常不射殺和他太太一起逃跑的情人，卻射殺他的太太，這也許是他想把他的占有物置於在別人垂涎不到的地方。就像母兔一樣，假如人與小兔接觸太多，牠就會把牠們吃掉。嬰孩的自我常想占有東西的全部，要不然就全部拋棄，他不能分享。

嫉妒與權力的關係，比嫉妒與性的關係更為密切。嫉妒是一種受了傷的自我反應。「我不是第一個，我不是被寵的，我是次等的。」這種嫉妒心可以在歌星或喜劇明星身上看見。我在學生時期，要是說別的喜劇明星一錢不值，就會贏得某些演員的友誼。

嫉妒總有一部分是怕失去的恐懼。歌劇明星恨其他歌劇明星，實際上是因為懼怕對手搶去他的聽眾。一個人怕失去尊嚴而引起嫉妒心，比全世界怕失去愛人所引起的嫉妒心也許還要來得多。在家裡的嫉妒大部分要依照年長的孩子感情有沒有被看重而定。假如孩子自由發展，從小就很獨立而不需經常獲得父母的贊許，那麼他對新來的孩子就不會像一個不自由、永遠在媽媽裙帶上的無法獨立的孩子那麼嫉妒。這不是說父母只站在一邊冷眼旁觀大孩子的反應。從一開始，任何可以加強嫉妒的行為，像把嬰孩特別炫耀給客人看等等都應避免。各種年齡的小孩都有強烈的公平感受，聰明的父母會使孩子不覺得弟弟得到更多寵愛，當然，這是「說時容易做時難」。

媽媽餵嬰孩奶對大孩子來說也許是不公平的，但如果大孩子在哺乳時被滿足，也許就不盡然。在做這定論以前，我們當然還需要許多證據。自由發展的兒童對後來的嬰孩有什麼感覺，我沒有實際經驗，因此我們不知道嫉妒是不是人的固有天性。

在和孩子長期相處的經驗中，我發覺許多孩子都會保留一些在幼稚園被不公平對待而感到憤怒的印象，尤其是大小孩代替小小孩挨罰的事。「我總是錯的」是許多大孩子的口頭語。在任何爭吵中，只要小小孩哭起來，媽媽差不多自然會責怪大孩子。

八歲的吉姆有見人就吻的習慣。他的吻不是吻，而是吸吮。我斷定吉姆在嬰孩時期對吸吮的興趣還未滿足，就買了一個奶瓶給他，吉姆便每天帶著奶瓶上床。起初被其他較大的孩子笑得前俯後仰（其實是在掩飾他們自己對奶瓶的興趣），不久他們都對吉姆嫉妒起來，其中有兩個也要奶瓶。吉姆突然間變成從前獨占媽媽乳房的小弟弟。我為他們全部買了奶瓶。那些男孩要奶瓶，證明他們還保持著對吸吮的興趣。

在餐廳尤其要注意避免引起嫉妒的事。一些教職員嫉妒客人特別加菜。如果廚子只給某個學生蘆筍，別的就要大吵廚房不公平。

幾年前，一些學生帶工藝箱來給學校增加不少麻煩。那些父親沒錢供他們工具的孩子變得非常嫉妒。一連三週，他們都成為反社會份子。有一個明明會用刨機的孩子向人家借了一個去，他用鎚子敲刨機裡面的鐵片的鋒利部分，以便將它取出，當然刨機就弄壞了。他故意告訴我說他忘掉怎樣才是對的使用方法。不管他知覺與否，那是一種嫉妒的行為。

也許家庭裡不可能每個孩子都有單人房間，但是每個孩子都應該有一個屬於他自己的角落。在夏山教室裡，每個學生有一張他自己的桌子和他的地盤，每個人都快樂地裝飾他自己的角落。

嫉妒有時因個別談話而起。「為什麼瑪瑙可以去個別談話，而我不可以？」有時候，會有一些女孩故意裝成問題兒童，因此她們也可以列入個別談話名單。有一次，一個女孩打破了幾扇窗子，人家問她原因時，她說：「我想讓尼爾找我個別談話。」這種女孩，多半認為父親對她們不夠好。

小孩把他們的家庭問題與嫉妒都帶到學校來。我最怕的就是家長的來信。有一次我不得不寫信給一個家長：「請不要寫信給你兒子了，每次你來一封信，他就變壞。」那位父親沒有回我信，但是他也不再寫信給他兒子。兩個月後，那男孩又收到父親一封信，我有點懊惱，但沒有作聲。那天晚上約十二點鐘的時候，我聽見那孩子房間裡有尖叫聲，我及時衝進他房間，才把幾乎被勒死的小貓救下來。第二天我到他房間去找信，結果找到了，信上說：「上星期一是湯姆（弟弟）的生日，莉莎阿姨給他一隻小貓。你聽了一定會很高興。」從嫉妒引起的幻想是不知要犯什麼罪的。嫉妒的孩子在幻想裡把對手殺掉。有一對兄弟假期要從夏山坐車回家，哥哥突然害怕起來，一直說：「我怕在路上把弟弟丟掉。」他害怕他的夢想成真。

一個男孩和我談到他的小弟弟，他說：「我並不是真的想他死。但是他如果到很遠很遠像印度一樣的地方去旅行，然後長大了才回來，那我才求之不得呢！」

每個新生到夏山來，差不多都要被其他原來的學生恨上三個月左右；孩子在家裡對新的份子也有恨的感覺，孩子覺得媽媽只注意弟妹，他跟媽媽睡，把媽媽的注意力都吸引了去。孩子對媽媽的恨常常以對媽媽特別好而表現出來。通常老大的恨最為強烈，因為小一點的孩子不知道在家裡稱王是何滋味。我們這裡心理狀況最糟的孩子不是獨子（或獨生女）就是老大。

有時家長會不聰明地故意惹孩子。「湯姆，你小弟才不會因為指頭碰破一點而那麼尖叫。」我記得小時候，另外一個孩子總是我的榜樣，他是個好學生，向來都考第一名，任何比賽也都得第一。後來他死了，我記得去參加他的葬禮時我很高興。

老師常常被學生家長嫉妒，不止一次父母因為嫉妒孩子對夏山和我的感情而把孩子領回去。這是很自然的，在一個自由的學校裡，學生只要在不犯學校大會通過的法律範圍之內，都可以隨心所欲。常常小孩在假期不願回去，因為回去要受到嚴格的管理。那些不嫉妒的父母和我們夏山一樣地對待他們的孩子，他們相信孩子，給孩子自由，因此那些小孩都喜歡回家。

家長不應該與老師作對。假如家長以武斷的命令和紀律使小孩的愛變成恨時，孩子當然要到外面尋求愛。老師不過是父親或母親的替身，愛老師只不過因為對父母的愛受到壓抑，而老師比父母更容易愛的關係。

我不知道有多少父親因嫉妒而使孩子恨他們。有些像小飛俠一樣長不大的父親，因為要太太給他們母愛而恨兒子，而殘酷地打他。父親先生，你會發現家庭的三角情形會變得很複雜。孩子出生後，你多少要被冷落一點，有的女人在生育後對性的興趣完全消失。總之，家庭會有分裂的愛，你要了解這種情形，要不然你就會嫉妒自己的孩子。在夏山，我們看到許多父親或母親的嫉妒——多半是父親的嫉妒使他對兒子嚴厲甚至兇暴。假如一個父親要與兒子爭母愛，他的孩子多少都會變成病態。

我見過許多母親嫉妒女兒，因為她擁有媽媽已失去的年輕與美貌。通常這些母親都無所事事，她們還活在從前在舞會中被人逢迎的回憶裡。

當兩個年輕人墜入愛河時，我常常感到很不是滋味。我會先將自己的情緒合理化，認為我的不舒服，是因為怕面對難易應付的後果。等我認清這不過是一種對年輕人的占有性的嫉妒時，我的不舒服和害怕的感覺，就統統消失了。

的確會有人嫉妒青春。一個十七歲的女孩告訴我說，她從前在寄宿學校時，她的老師認為乳房可恥，必須帶很緊的胸罩。這無疑是個極端的例子，但它會有一個真理的誇大形式，這真理是我們想忘記的：失望的、被壓抑的年紀大的人都恨青春。

離婚

是什麼使孩子罹患精神疾病？在許多情形下都是因為父母之間沒有愛情。精神疾病的小孩極為需要愛，但他的家庭裡沒有愛，他聽見父母互相責罵，他們也許會努力隱藏祕密而不讓孩子知道，但孩子會感覺得到。他並不以他聽到的、而是用他看到的來判斷。沒有一個孩子會被父母間虛假親密的稱呼騙倒。

下面是我們學校的幾個例子：

- 十五歲的女孩，小偷，她知道媽媽對父親不忠實。
- 十四歲的女孩，不快樂，愛做白日夢，精神疾病，據說是因為看見她爸爸和他的情人在一起而發作。

◆十二歲的女孩，恨所有的人，父親陽萎，媽媽冷酷。
◆八歲的男孩，小偷，爸爸媽媽公開吵架。
◆九歲的男孩，在幻想中過日子（大多數是肛門性慾的），父母互相仇視。
◆十四歲的女孩，尿床，父母分居。
◆九歲的男孩，怪脾氣，離家出走，在華美的幻想中過活，父母婚姻不幸福。

我知道，假如家裡沒有愛，要醫治一個孩子有多難。一般做母親的常常問：「我應該對我的孩子怎麼辦？」我的回答是：「你自己去接受心理治療才是上策。」

家長常對我說，假如不是為了孩子，他們早就分居了。我覺得如果不相愛的父母果真分居了，對孩子倒好一點，也許好上千倍——沒有愛的婚姻生活造成一個不快樂的家庭，不快樂的氣氛對孩子心理來說是致命傷。我有時發現婚姻很不幸福的家庭中，男孩懷恨媽媽，他以虐待態度使媽媽受苦。另外一個男孩甚至咬抓他的媽媽。較輕微的例子是孩子一直要母親注意他。根據伊底帕斯情結（Oedipus complex，亦稱戀母情結）的理論，應該是倒過來。小男孩會認為父親是他爭取母親愛情的敵手。如果父親不得寵，兒子自然就成了母親愛的對象，而會對母親加倍的柔情。但我常常發現他對母親會特別表示仇恨。

婚姻不快樂的母親永遠會顯現偏愛。沒有性愛，她自然便把愛集中在孩子身上，孩子一生中最重要的事是被愛。但是婚姻不快樂的父母不能愛得恰當，他們不是給得太多，就是給得太少，這兩樣孰壞，我們不敢判斷。

缺乏愛的孩子，會成為恨的個體，反社會，也吹毛求疵。被愛得過多的孩子，會成為媽媽的心肝、膽怯、女性化，經常要尋求媽媽的庇護。而房子（在幽閉恐懼症中的）、教堂或母國，都會成為母親的象徵。

離婚法庭本來不干我的事，因為我並不對成人提供諮詢。不過，為了研究兒童，我不得不加以關心。父母如要家中生病的兒童有康復機會，必須先改變家庭。此一建議極為重要。必要時，**父母要有足夠的勇氣承認，他們對孩子的影響是壞的**。一個母親對我說：「可是如果我讓孩子離開身邊兩年，我會失去他啊。」

我回答說：「你已經失去他了。」的確是，因為他在家裡並不快樂。

父母的焦慮

我們可以說，焦慮的父母是無法給予的人——無法給予愛、榮譽、尊敬與信任。

最近一個新學生的媽媽來夏山拜訪。那個週末，她簡直在折磨孩子。他不餓，但是她要看著他吃中飯；當他聚精會神地在樹上蓋房子時，她卻把他叫下來回屋裡洗手洗臉；他把零用錢拿來買冰淇淋吃，她卻教訓說冰淇淋對胃多麼不好；他叫我尼爾時，她叫他改叫我尼爾先生。

我向她說：「你既然對孩子有這樣大驚小怪和小題大做的態度，為什麼要把他送到這個學校來念書呢？」

她天真地回答道：「為什麼？因為我希望他自由和快樂，我希望他長大成為一個獨立的人，不被外界影響寵壞。」

「哦！」我說，同時燃起一根煙來。這位母親一點也不知道她如何殘忍而愚蠢地對待她的孩子，她正在把自己充滿挫折的人生帶來的焦慮轉移給他。

有什麼補救的辦法嗎？我沒有好辦法，我只有舉出一些父母的焦慮造成的損害，希望在一百萬家中可能有一個人會說：「我從來沒想到。我一直認為我做的是對的，也許我是錯的！」

有一次一位迷惑的母親寫道：「我實在拿我十二歲的孩子沒辦法，他突然在百貨店偷起東西來了。求求你告訴我，我該怎麼做？」這就好像一個二十年來天天喝一瓶威士忌的人寫信來告訴我說，他的肝突然完全壞了。此時再叫他戒酒大概沒有多大用處。我通常規勸對問題兒童焦慮不安的母親，去看兒童心理學家或到附近兒童心理診所去。

我當然可以這樣回答這位迷惑的母親：「親愛的女士，你的兒子偷東西是因為他的家庭沒有滿足和幸福。你何不把你的家庭整頓一下呢？」假如我這樣做，我就給她良心的譴責。即使她百分之百同意，她也不能改變兒子的環境，因為她不知道該怎麼做。即使她知道，也未必有足夠的能力實現。

當然，因為兒童心理學家的幫助，一個合作的母親可以得到相當的啟發。一個心理學家可能會建議她與她不愛或不愛她的丈夫分居，或請婆婆搬出去。但不能改變的是那女人的內心，那個道德、焦慮和恐懼的母親，也是那個反對性和嘮叨的女人的內心。只改變外面的環境，對孩子的力量是有限的。

我提到害怕的母親，因為我記得和另外一個家長的談話。她那時預備送七歲的女兒來念書，她每個問題都是焦慮的。有沒有人監督他們一天刷兩次牙？她會不會沒人看管就跑到馬路上？她會不會每天上課？有沒有人每天晚上按時給她藥吃？焦慮的母親不自覺地把孩子變成他們未解決的問題的一部分。有位母親不斷憂慮她女兒的健康，她經常寫長信來說她小孩該吃什麼或不能吃什麼，她該如何穿衣等。有許多孩子的家長都是焦慮的，小孩也永遠承受父母的焦慮。慮病症（hypochondria）就是一種很普遍的結果。

瑪莎有一個小弟弟，她的父母都是焦慮的人。我聽過瑪莎在園子裡叫她弟弟：「不要到池邊，你的腳會濕。」或「別玩沙，你會把褲子弄髒。」從前聽瑪莎這樣說，那是她剛來的時候。現在，她弟弟髒得像掃煙囪的一樣，她也不管。只有到學校終了最後一個星期，她會重新焦急起來，因為她了解她又要回到一個充滿焦慮氣氛的環境裡。

我有時想，嚴格學校所以受人歡迎，是因為放假時孩子會很高興能回家。父母看見孩子臉上對家充滿愛的樣子（其實是對學校的恨），便會感到十分高興。小孩的恨是因嚴厲的老師而來，於是孩子的愛就會大量傾倒在父母身上，這和母親把小孩對她的恨轉移到父親身上的心理作用一樣：

「等你爸爸回來有你好看的！他會好好教訓你一頓！」

我常聽見醫師和其他專家說：「我把孩子送到私立學校，因為他們會學得言行有禮，同時會碰見將來對他們有益的人。」他們以為社會價值觀念一直不變。父母對將來的恐懼是非常深的。

權威大的家長喜歡送孩子到一個紀律嚴格的學校。嚴的學校繼續壓抑小孩，使他安靜、有禮貌和保持不適用的傳統。更進一步，這種學校對孩子頭腦給予極佳的訓練，對他的感情生活和創造衝動則加以限制，它訓練他們服從所有的獨裁者和上司。孩子從家中得到的恐懼，因為那些要權力的老師嚴格訓練而變本加厲。普通的家長看見小孩虛有其表的好禮貌和對足球的愛好，便很高興的覺得兒子學習成功。看見孩子在所謂教育的祭壇上被犧牲是一齣悲劇，嚴格學校只要權力，恐懼的家庭因此也就滿足了。

每一個自我都需要權力，教師的自我也會努力的把小孩拉到他身邊。想想老師是怎樣的一個假神，他是一切的中心，他下令要求學生服從；他是正義的監護人，在課堂上他差不多是唯一的發言人。在自由的學校中，這權力會遭到削除。在夏山，老師沒有機會炫耀他的自我，他爭不過更容易表現自我的小孩。小孩因此不但不尊敬我，而且叫我笨瓜或笨驢。這些名詞，通常都帶有親切的意味。在自由學校裡，一切以愛為首，用詞等等是不重要的。

小孩從一個多少是嚴格和焦慮的家庭來到夏山之後，他可以隨心所欲，沒有一個人批評他，沒有一個人要他注意禮貌，沒有一個人要他不出聲。這學校自然成了孩子的天堂，因為**孩子的天堂就是他可以表現自我的地方**，他便將能自由表現自我的快樂和我連在一起。我是給予他們自由的人，我是一個理想的父親。孩子並非真的愛我，一個小孩不會去愛，他只希望被愛。他的內在念頭是：我在這裡很快樂，老尼爾是個很好的人，他從不來打擾我們，他一定很喜歡我，要不然他會叫我出去。

假期到了，他回家去，在家裡他借了爸爸的手電筒，理所當然的將它遺忘在鋼琴上。爸爸說話了，孩子發覺不是一個自由的地方。一個孩子常常對我說：「家裡人不夠進步，你知道我在家裡不如這裡自由，我回家時要教教我的爸爸和媽媽。」我想他大概真的那樣做了，因為後來他被送到另一個學校去。

夏山許多學生受親戚的拖累。現在我有很強的欲望想和某些學生的親戚針鋒相對，其中包括兩位虔誠的祖父、四個虔誠和過於守禮的阿姨、兩個愛說教的叔叔。我曾經嚴厲禁止一個家長帶學生去見他那喜歡地獄火的祖父，但是他們說辦不到。可憐的孩子！在自由學校裡，孩子不受親戚干擾。現在，我預先警告他們不准打擾孩子。兩年以前，一個九歲孩子的叔叔帶他去散步，他回來後，在飯廳亂撒麵包。「散步好像使你不快樂，」我說：「叔叔講了些什麼？」

「哦！」他漫不經心地說：「他一直在說上帝和《聖經》！」

「他沒有講把麵包撒在水上的故事吧？」我問，他開始笑了起來。在這裡我要順便提一句，他後來不撒麵包了。但當這位叔叔再來拜訪的時候，這小孩便「暫不會客」。

一般說來，我對多數學生家長倒沒有不滿，我們和他們的關係相當和睦，絕大多數的家長始終支持我。有一兩個偶爾對我有疑問的，後來還是相信我了，我也永遠坦白地告訴他們我的方法，並且始終表明不接受就別讓孩子進來。一直贊成我的家長沒有理由嫉妒我，孩子在家裡和學校一樣自由，因此他們也很喜歡回家。

有些孩子的家長不相信夏山，因此孩子假期時不願回家，那些家長對孩子的要求實在過分。他們不知道八歲的孩子只對自己有興趣，他還沒有社會概念，也沒有真正的責任感。在夏山，他能夠度過自私的階段，也因為充分表現自私而能除掉它。這樣，有一天，他會變成社會化的人，那時他會基於對別人的權利和意見的尊重，而修正自己的自私。從小孩的眼光來看，家庭和學校不一致是很糟糕的。他開始產生衝突：家庭或學校，到底誰對？所以學校和家庭的目標和看法一致，對孩子的成長和幸福非常重要。

家長與老師不同意見的主要原因是嫉妒。有一個十五歲的女生對我說：「假如我要父親氣得發昏的話，我就說：尼爾先生這樣講的！」焦慮的父母往往對任何受歡迎的老師都嫉妒。這是人之常情，孩子到底是財產，他們是家長自我的一部分。

老師也是脆弱的。許多老師自己沒有孩子，因此就下意識的把學生當成自己的孩子，而不自覺的拚命和家長爭孩子。這樣的老師實在應該接受精神分析。分析並不是醫治百病的萬靈藥，它有它的限度，但的確有清理的功效，它能使人更易了解別人，也使他更仁慈一些。因為這些原因，加上老師主要的工作在了解別人，所以我竭力推薦給老師。接受過分析治療的老師會很愉快地面對自己對孩子的態度。他也因正視此一態度而改進它。

如果家庭會產生恐懼和衝突，它就是一個壞家庭。一個被焦慮的父母向前推得太快的孩子，可能感到憤恨，他會在潛意識中決定不讓父母贏。一個不曾在焦慮和衝突中長大的孩子，會以冒險犯難的精神面對自己的生命。

父母的自覺

自覺（awareness）是沒有偏見和幼稚的觀念。話雖如此，不論如何自覺，誰能在生命的初期免於被制約？自覺暗示著能滲透事實的表面而看清事實真相。因為自覺在情感的範圍之內，所以家長對孩子能自覺不甚容易。**我把孩子管得好糟！**這是幾十封家長來信中一致提到的話。老師因為對學生沒有很深的情感，所以較能清醒的帶領他們走上自由之路。

很多時候，我不得不寫信給家長說，除非他能改變作風，否則他的問題兒子是毫無希望的。我不得不指出，湯姆在夏山可以抽煙，而在家裡每次抽煙都要挨打，這兩種情況不可能並存。其他關於游泳、梳洗、不好學、罵髒話等等也一樣。

我從來不叫小孩反抗家庭，而是自由的影響使他們如此做，當然不自覺的家庭根本受不了這個挑戰，也不能了解自由的功效。

我想舉個例子說明家長的不自覺如何影響孩子。下面提到的孩子在各方面都是正常的，他們只是一個不明白小孩真正需求的環境裡的犧牲品而已。

米菊每次度完假回來，就變得討厭、愛爭吵，而且不誠實。她大聲關門，對她的臥室不滿，對她的床埋怨等等，總要差不多過了半學期才又變得很容易相處。她在假期中嘮叨，也被她的母親嘮叨個不停。她的母親嫁錯人。所有學校的自由也不能帶給她持久的安寧。還有，那段在家裡特別壞的假期使她在學校變成小偷。讓她了解這種情形，並不能改進她家庭環境中自覺的匱乏、恨，以及對她生活不斷的干擾。甚至在夏山，孩子們也不能夠完全逃出家庭的影響——我所指的是那種對孩子的思想和感覺，沒有正確評價和認識的壞家庭的影響。唉！要教人給孩子正確評價，真是談何容易！

八歲的約翰帶著滿臉不爽回到學校，便開始嘲笑和恐嚇比他弱小的小孩。他的母親相信夏山，但是他的父親是一個嚴格管教的人，在家裡他一定要絕對服從父母的命令，他告訴我他有時挨打。我們能幫他什麼忙呢？我真的不知道。

我寫信給一位父親：「你對孩子的任何批評都是致命的，不要對他發脾氣。最重要的，不要處罰他。」他兒子放假回去，父親到車站接他，看到他時講的第一句話是：「把肩膀挺起來，不要駝背。」

彼得的媽媽說，假如他每天早晨床都是乾的，他就得一分錢；我告訴他每次尿床就給三分，為了不讓母親處理的方法和我的有衝突，我勸她在我開始以前先停止她的。現在彼得在家尿床比在學校次數多。他尿床原因之一是他想做嬰孩，他嫉妒他的小弟弟。他大約知道母親要醫治他，我要讓他看知道尿床一點關係也沒有。換句話說，我三分錢的獎勵是鼓勵他一直做個嬰孩，直到他做夠為止，然後他就會自然地放棄尿床。一個習慣必須得到滿足，以引導或賄賂的方法改正那習慣會使小孩有罪惡感，並給他可恨的道德。尿床畢竟比將來做一個目中無人的道德家要好些。

小吉姆從家裡回來時說：「這個學期我一堂課也不會逃。」他的父母催促他考中學入學考試，他上了一星期課，然後一個月都不見影子。這證明光說不練是沒有用處的，更糟的是，說還可能有害。

這些孩子都不是問題兒童，在合理的環境和父母的了解之下，他們都會變成正常兒童。

有一次，一個問題兒童飽受母親不正確教導方法之害。我告訴他母親一定要將那個錯誤改正，她答應了。暑假完了以後，她把他帶回來，我問她：「你把那些禁忌打開了沒有？」

「打開了。」她說。

「很好，你怎麼跟他說的？」

「我跟他說，玩你的小鳥不是錯事，卻是一樁傻事。」

她把一種禁忌解開，卻又加上另一種禁忌，當然可憐的孩子會繼續反社會，不誠實，令人嫌惡和充滿焦慮。我與家長不同之處在於他們不願學習。我所有的工作都好像是在改正父母的錯誤。對那些誠實的、勇於改過而願意學怎樣對待孩子的家長，我感到同情與欽佩。但是另外一些家長則很奇怪的死守著一些無用甚至危險的教條，而不去適應孩子；更奇怪的是，他們嫉妒孩子對我的愛。

其實孩子愛「我不礙他們事的態度」比愛我本人更深。當他們父親說「不許鬧」時，我成了他們理想中的父親。我從來不要他們有好禮貌或者用客氣的語言，從來不叫他們洗臉，也從不要求服從、尊敬或榮譽。總之，**我像對待大人一樣的尊敬他們。**我知道，在他們父親與我之間並沒有真的競爭，他的工作是賺錢養家，我的工作是研究孩子，並將我全部精力奉獻給孩子。假如父母拒絕讀兒童心理學以促進自己對兒童發展的了解，他們應該料到自己會落後，通常他們的確是落後的。

有一個家長寫信給孩子：「假如不能比現在寫得更通順一點的話，我寧願你不要寫信給我。」這是一位家長寫給他那我們還不知道是不是智能不足的女兒的信。我不止一次地向那些埋怨的家長怒吼：「你的孩子是一個小偷，他尿床、反社會、不快樂和自卑，你倒埋怨說他髒手髒腳到車站去接你。」我是很不容易生氣的人，但是當我遇到一個家長不明事理和小孩行為孰重孰輕的話，我便禁不住要惱火。這也許是人家稱我反家長的原因。但是如果一個媽媽來訪，在園子裡看到她渾身是土的孩子，而喜悅的微笑著說：「他真是健康和快樂啊！」那時我就感到無限的快樂了。

是的，我知道要家長那麼說有多難。我們都有自己的標準與價值觀念，同時我們常以自己的標準衡量別人。也許我該道歉，因為我對孩子有點狂熱，而且對那些對小孩看法與我不一致的家長不耐煩。但是假如我道歉，我就是偽君子，因為我知道我的價值是對的——至少在關於孩子的教養方面是對的。

一個真心要改進他和孩子間不良關係的家長，可以誠實地先問自己幾個問題：我對孩子生氣是不是因為今天早晨與丈夫吵架了？是不是昨天晚上的性交沒有給我足夠的樂趣？或者是隔壁那位太太說我把乳臭未乾的孩子寵壞？或是因為我的婚姻是失敗的？或是在辦公室被上司責罵？問這樣的問題會很有用處。

許多畢生難改、根深柢固的問題不在知覺範圍內，一個生氣的父親很少會停下來問一問自己，他生氣是不是因為小時候被管太嚴、挨過打，和受過道德訓誨，對神恐懼，或曾被逼著遵守無意義的社會常規，或受到很深的性壓抑。這答案是常人所不能做到的深度的自我分析。但是這種自我分析會將許多小孩從精神疾病與不愉快裡解救出來，可惜很少人做得到。

我們都知道《聖經》上提到父作孽子受苦的教訓。千百年來，人們的理解僅止於肉體層次。即使目不識丁的人，也能了解易卜生的劇本《群鬼》（*Ghosts*）的含義。劇裡的兒子被父親的梅毒毀了。但是更常見的因為父親心理上的罪惡而對孩子造成的毀傷，卻無人了解。我認為避免孩子性格扭曲的惡性循環的唯一道路，就是給有自覺的父母有關孩子自由發展的早期指導。

自由發展當然比一般教育制度來得費神，父母至少要在孩子生下來後，前兩年中為他犧牲自己的時間與興趣。他們絕不能輕易的博取孩子的愛與感激，也絕不能把孩子當做親戚來時表演微笑或其他技巧的炫耀物。讓兒童自由發展表示父母不自私。我一定要強調，那些自以為讓兒童自由發展的青年父母，實際上不過在使小孩適應他們自己的便利，像讓孩子睡覺時間和他們看電影的時間配合，或者因為父親要在白天小睡片刻，就塞給孩子一個玩具等等。

「但是，慢點，」家長會說：「你不能這麼說，我們有我們生活的權利！」我要說在小孩最初兩年（或四年）時你們沒有那個權利。小孩最初幾年一定要受到非常小心的照料，因為他周圍一切都是反對自由發展的，因此大人不得不為小孩努力奮鬥。

對那些衷心要讓孩子自由發展、有個好的開頭的父母，我還有一些忠告。

把嬰兒車放在公園裡一小時以上而不去理會，是一樁相當危險的事，沒有人能體會小孩突然醒來而發現自己單獨在陌生地方的痛苦和孤單的感覺。那些偶爾在這種情況下聽見孩子大哭的人，或許可以想像那種做法的殘忍。

假如你要小孩長大而精神正常，你必然**不會也不敢不理他**。你一定不但在他遊戲時逗他玩，同時自己也要像孩子般的**和他一起玩**，你要進入他的生命，並接受他的興趣。假如你有一些大人無謂的尊嚴，你就做不到。

最好不要讓祖父母和孩子住在一起，因為老人家經常不是定規律管教孩子，就是一味的溺愛，弄得不好，便有四個人在管小孩。其實在好的家庭裡，祖父母也常把他們已過時的教養方法加在孩子身上。祖父母常常以太占有的愛寵壞孩子。這通常發生在一個家裡人都已長大而無事可做的祖母身上，第三代使她又有差事可幹。她總認為，兒子或媳婦不會教養孩子，非她來接管不可，於是小孩就無所適從，到底是聽父母還是祖父母的好。這樣他會經常兩方都不遵從。對小孩來說，家庭不和睦是表示家庭沒有愛。不管是媽媽與祖母之間或父母之間，雖然家庭爭吵有時是瞞住孩子的，但是仍騙不了他。他不自覺的**感覺到**家庭裡沒有愛。

上學也是個問題，你太太可能希望孩子進一個男女合校的進步教育學校（a coed progressive school），而你也許要送他到公立學校。你們之間可能對此會有衝突，還有更糟的就是，你們當中有一個是天主教徒。對此我沒有什麼忠告可給，思想上或宗教上的鴻溝很難溝通。我可以說，許多最嚴重的問題兒童都是由父母對子女上學的意見不同而來。一個不贊成夏山的父親為了息事寧人而准孩子來此上學，那孩子在這裡不會有什麼實質的進步，因為他的父親並不真的贊成他來此地。這種情形對任何孩子來說都是不幸的。他在這裡因為怕不知何時父親會把他調到一個嚴格的學校而毫無安全感。

家長與老師之間的意見難免有不和之處，老師也明白，因此他們有時設法以開家長會與家長取得更多的聯繫。這是很好的辦法，每個學校都該這麼做。老師應該了解他們對孩子的影響力絕對不如父母，這也就是為什麼家庭氣氛不改善，孩子的問題便永遠解決不了。

家長一定要了解，孩子遲早會離開父母。當然，我並不是說孩子應該離開父母，從此永不相見。我是說他們要在心靈上脫離，並解除孩童時代對家庭的依賴性。母親常使孩子依賴她，這是極自然的，我知道有許多女兒都在家裡侍養年老父母，我也知道在這種情形下那個家庭是不快樂的。

女兒的靈魂中一方面想過自己的生活，另一方面，她的責任感又逼她留在父母身邊。她內心永遠有衝突，這種衝突常常使她牢騷滿腹：**當然，我喜歡我母親，但是她真累贅**。

今天千萬婦女都在做世界上最沒趣的工作——煮飯、洗碗、洗衣服、打掃等等。她們是生活平淡不拿工錢的老媽子，她們的生活是枯澀的。等到孩子們離巢，她們的工作也就此完結。小鳥飛盡的巢永遠是寂寞的，我們不應責備母親而應該同情她。母性使她想把她的工作拖得愈久愈好，因此她也不自覺地一直不讓小孩長大。我認為每一個已婚婦女，都應有一行在母親職責做完以後可以繼續做的職業。

每個家庭中父母就是上帝，他們是嫉妒的上帝。父母有法定的權利以任何方式教養孩子！他們可以打小孩、嚇唬他，使他沒有好日子過。法律只有在孩子身體上受到嚴重傷害時才能干涉，而對最嚴重的心理損傷，它卻絲毫無能為力，不幸的是，父母總以為他們是對的。

人類的希望在於父親願意為最佳選擇展開行動。他們能夠覺醒，站在孩子那一邊，讓孩子在工作、知識及愛情等方面，都朝著自由的方向發展。假如這本書能使一位家長了解，他對孩子變好或變壞有多麼重大的影響，它就沒白寫了。

第七篇

問題與答案

夏山學校以教育自由兒童聞名於世，許多衛道之士卻譏之為「放任學校」，對尼爾的教育成果抱持懷疑、否定的態度。

在本書最後一篇中，尼爾針對世人發出的種種疑問，一一釋疑作答，語氣堅決而誠懇，從他的回答中，我們更能體會到「自由發展」對兒童的重要。

一般性問題

⊙你說人類反生命是什麼意思？我並不反生命，我的朋友們也是。

我這輩子已經看過兩場慘烈的戰爭，或許死以前還能看到更駭人的第三場。而在前兩場已經死了好幾百萬青年。當我還是個小男孩時，南非的帝國主義者讓人送命；一九一四到一八年間，人們在「終結所有戰爭的戰爭」中死去；一九三九到四五年的人，則是死於打倒法西斯主義。到明天，或許會有更多的人為了摧毀或是捍衛共產主義而死。這些都表示，大多數人都願意捨棄自己甚至兒女的生命，以服從權力中央的基於與個人生活無關的理由所下的命令。

當我們是政治家、商人或剝削者的馬前卒時，便會反生命並且認同犧牲。而我們之所以為人卒子，則是因為我們被訓練從負面追求生命，謙卑地讓自己融入集權社會，隨時準備好為主人的理想付出生命。只有在浪漫小說的情節裡，人類才會為愛殉情；在真實世界中，他們只會為恨而死。

以上提到的是群體的觀點，但即使是在個人日常生活中，也是同樣的反生命。他做愛時總是覺得不能盡興，喜歡的盡是一些俗氣、廉價又逃避現實的嗜好。他還是個道德主義者，認為自然的生活是錯誤的，即使不完全錯，至少也只是不適當的，他就是用這種觀念訓練自己的孩子。

任何尊重生命的孩子，都不會被長期灌輸關於性、教義、上帝、禮儀或合宜舉止的種種善惡觀念。任何尊重生命的家長或老師，都不會體罰孩子。任何尊重生命的公民，都不會忍受我們的刑事規定、絞刑，以及對同性戀的懲罰、對私生子的惡劣態度。任何尊重生命的人，都不會坐在教堂裡說自己是卑賤的罪人。

在此我要強調，自己並不是什麼自由主義的擁護者。以下是一個簡單的測試方法：X先生的所作所為是否危害到其他人？如果答案為否定，則反對X先生的人就是反生命的表現。

有人會主張孩子們跳舞、旅行、遊戲、看電影、聽音樂會、玩耍，都是尊重生命的表現。這種說法也有它的道理存在，年輕孩子渴望想做的，是擁抱生命，是開心的活著並且滿懷樂觀，即使在權威的壓抑之下，還是能夠發現活著的樂趣。然後這種渴望持續下去，讓成大長人者產生矛盾心理：既想追求樂趣卻又心懷恐懼。

當我引用「反生命」這個詞彙時，指的並非想要尋死，而是害怕生存超過害怕死亡。所謂反生命並不意謂著嚮往死亡。反生命的態度代表支持權威、支持教會、支持心理壓抑、支持思想控制，或者至少，屈服在這些勢力之下。

總結來說，尊重生命意謂著歡樂、遊戲、愛、有趣的工作、嗜好、笑聲、音樂、舞蹈、為他人著想，以及信任人類。反生命等於責任、服從、利益和權力。綜觀人類歷史，反生命的一方總是勝利，而且還會繼續贏下去——只要孩子一直在成人的觀念下，被訓練得去適應眼前的世界。

⊙你不認為大部分的人類疾苦，都會在世界上大多數人的經濟問題解決後得救嗎？

發現我們的家庭和學校教育只是將大眾導向枯澀的生活，實在不是什麼令人開心的事。啊，是的，在商店或辦公室裡枯燥的工作是必要的；不必要的是那些對自己的辦公桌和銷售櫃檯心生厭惡、情感匱乏的人們的精神痲木，他們不得不在陳腐的電影、賽狗、畫刊和報紙的犯罪報導中尋找慰藉。

乘坐凱迪拉克的百萬富翁，內心並不會比鐵路搬運工快樂。原因是沒有人在內心靈魂輕視生命、輕視愛的情況下，還能夠享受經濟富裕的舒適或安全感。有錢人和窮人有一個共同點：他們都在一個不認同愛、害怕愛，視愛為猥褻笑話的世界裡被養大。

同意這世界上大部分的人都不快樂，許多會說只要所有經濟問題能夠解決，人們的生活就會富足、滿足和自由。但我本人無法相信這種說法。現在見到的小小經濟自由，並沒有帶來令人喜悅的結果。經濟自由實現了電器化的廚房，卻沒有為人們帶來更多的快樂或智慧；新廚房的一切只是提供更多的舒適，因此能夠很快的被視為理所當然，卻喪失了原本的情感價值。

我們的人格養成方法使英國成為一個在物質上成功的國家；這些方法給予我們高水準的生活。然而以上種種只是就「成功」這件事來說。整體看來，英國人還是不快樂。所以我的答案是不，單只解決經濟問題永遠無法消除這個世界的恨與災禍，罪惡與醜聞，精神上的與生理上的疾病。

⊙面對不快樂的婚姻時，我們應該怎麼辦？

許多中產階級的父母尋求以精神分析法解決問題，卻經常導致婚姻破裂的結果。不過就算分析的方法能夠再加以改進，我們終究無法分析整個世界。針對個人的治療工作不過是個小事件，無法對大眾產生足夠的影響力。

解救人類的方法在於正確地教養孩子，而不是治療精神疾病患者。我承認，對於如何解決現今的婚姻問題，我其實無話可說。這是個難解的習題，但如果布朗先生和布朗太太生活在一起不快樂，是因為他們在輕視生命的環境中被撫育長大，就沒有人能對他們的問題使得上力。

這種的論調聽來非常悲觀。唯一能夠讓我們樂觀看待婚姻的方法，就是努力提供孩子一個不再憎恨性與生命的環境。每當我看見孩子挨打、說謊，或是對自己的裸體感到羞愧，我看到是一場悲劇——他將成長為滿懷恨意的丈夫或妻子。

⊙你認為在婚姻中，夫妻雙方擁有相同的智識水準是很重要的嗎？

在婚姻中，智識是比較不重要的條件。基於理智而結合的婚姻乏味又冷淡；基於情感而結合的婚姻卻是溫情和付出。自然並不會讓男人或女人因為對方的聰明才智而陷入愛河，不過，在性吸引力消退的往後，相同的知性興趣將能使一對夫妻相處得更快樂。相同品味的幽默更是婚姻快樂長久的徵兆。

⊙什麼是造成人們過分憂慮工作的因素，又為什麼今天有這麼多的年輕人選擇自殺這條路？

我懷疑有什麼孩子擔心過工作的問題。現在我們看得見的憂慮情緒其實有很深的源頭，而且幾乎總是來自手淫的罪惡感。沒有這種罪惡感的孩子，面對工作通常都很敏捷、積極。史德喀爾（Stekel）曾說：「自殺是最後的性行動。」禁止手淫導致孩子痛恨自己身體和靈魂，而自殺便是他們合理的反應。如果身體是這麼髒的東西，最好盡快拋棄它。

⊙你對社會工作者的看法如何？

我十分尊敬這些進入問題兒童所屬貧窮家庭的社會工作者。他們把工作做得很好，但是他們做得夠深入嗎？

沒有人期待這些社工對貧民窟的父母進行心理治療，大家都知道他們的任務十分艱難。他們無法消滅製造反社會兒童的貧民窟，也不能改變無知的父母——這些人以壞的餵養阻礙孩子的生長，也使孩子把性看成只能躲在衣櫃裡的骯髒的探索。

社會福利工作者都是英雄。他們致力於幫助年輕人抗拒貧窮家庭生活的邪惡。但即便是全然相信自由的社會工作者，他要如何才能將自己的原則注入貧窮的家庭中呢？他能夠對一個母親說：「格林太太，妳的兒子之所以偷東西，是因為醉鬼老爸曾經毆打他，因為妳在他兩歲撫摸自己的陰莖時打他屁股，因為你從未對他有過愛的表示」嗎？格林太太聽得懂這些嗎？

我並不是說人無法再教育。但我真的認為單憑社會工作者（或其他任何人）說幾句話，是無法達成再教育的。我們面臨的有一部分是經濟問題，至少應該先從消滅貧民窟開始著手。

關於夏山的問題

⊙在夏山的制度下，孩子的意志力怎麼發展？假如他可以隨心所欲，他怎能控制自己？

在夏山，孩子並未被允許隨心所欲，他自己內在的法律會在各方面護衛他。他只能對自己的事隨心所欲。假如他願意，他可以整天遊戲，因為工作與讀書只影響他個人。但是他不可以在教室內吹小喇叭，因為這樣會干擾別人。

什麼是意志力？我能決定讓自己不抽煙，卻不能決定使自己陷入愛河，或喜愛植物。沒有一個人能使自己做好或做壞。

你不能訓練人使他有堅強的意志力。假如你給孩子自由教育，他們會**對自己更了解**，也會更有意志力。因為自由使許多潛意識變成知覺。夏山孩子對生命很少迷惑。他們知道自己要什麼，我也認為他們會得到自己想要的一切。

請注意，所謂意志薄弱，通常只是缺乏興趣的徵兆。一個本來不想打球，卻很容易被說動去打網球的軟弱的人，正是一個不知自己真正興趣所在的人。只有訓練奴隸的奴役制度，才鼓勵人繼續軟弱和無能。

⊙假如孩子在夏山做危險的事，你會由他去嗎？

當然不會。人們常常不知道給孩子自由並不是去做笨瓜。我們不讓年幼小孩自己決定什麼時候睡覺，也不讓他們接近機器、汽車、碎玻璃或者深水的危險。

你不應該給孩子他不能擔負的職責。但是請記得，一大半孩子遇到的危險都是因為不良教育而來。孩子會因火而發生危險，是因為他被禁止了解火的真相。

⊙夏山的小孩會不會想家？

我知道當一個不快樂的母親把孩子帶到夏山來的時候，他會抓住她哭，叫著要跟她回去。我發覺假如小孩叫得不夠，媽媽會不高興。她要她的孩子想家，孩子愈想家，就表示愈愛她。常常痛苦萬分的小孩在媽媽火車開了五分鐘以後，就會興高采烈地玩起來。

我不知道為什麼家庭不快樂的孩子在開始上學的時候會想家，也許因為他不快樂的家庭給他很深的憂慮，他會憂慮家裡又變成怎樣了。最可能的情形是一個不快樂的母親得不到丈夫的愛，便把她所有的愛和恨都轉移到孩子的身上。想家是一個壞家庭的象徵，這個家有太多的恨。想家的孩子不是想念家中的愛，而是要家裡的衝突和保護。這看起來好像很矛盾，其實不然，因為家庭愈不幸福，小孩愈需要保護。他在生命中沒有停靠之處，因此誇張了被他稱為家的那個地方的停靠作用。因為離開了家，他便把家理想化。不是思念真的家，而是思念他所想要的家。

⊙你們夏山收不收笨學生？

當然。不過要看怎麼笨法，我們不收智能不足的學生。但是一個孩子在學校成績不好，又是另一回事。許多小孩因為學校枯燥無味而成績不佳。

夏山說到「笨學生」，我不以考試和成績來論斷孩子的智力。在許多情形下，笨孩子只是因為有不自覺的衝突和罪惡感而心不在書本而已。如果潛意識那個問題「我是不是壞？」在打擾他時，他怎能對數學或歷史感興趣呢？說到笨學生，我內心頗有感觸，因為我小時候簡直就學不會東西。我口袋裡裝滿破銅爛鐵，當我一看書的時候，我腦筋裡就去打這些小玩意的主意。

我還沒碰過一個所謂「笨學生」沒有從事創造性工作的潛能，以學校功課來斷定孩子的智力不僅無益，而且有絕大的害處。

⊙如果孩子拒絕付學校大會通過的罰款，你們怎麼辦？

孩子們從來沒有拒絕過，但是我可以想像假如處罰不公平，他們會拒絕。我們的上訴制度可以補救任何不公平的審判。

⊙你說夏山的孩子都有乾淨的頭腦，那是什麼意思？

一個乾淨的頭腦是一個不大驚小怪的頭腦。大驚小怪就是你對使你大驚小怪的東西懷有壓抑的感情。維多利亞時代的女人一聽到「大腿」兩字就吃驚，因為她們對大腿有不正常的興趣，與大腿有關的東西是性感和被壓抑的東西。因此，在夏山這種不把性、禁忌及罪惡連在一起的氣氛下，小孩不需要暗地私語和嘲笑而感到性不乾淨，他們對性就像對別的東西一樣真誠。

⊙七歲的威利第一學期結束從夏山回來後談吐不雅，因此鄰居都不讓他和他們的孩子玩，我該怎麼辦呢？

對威利來說這是很不幸、沮喪和痛苦的。但是有什麼辦法呢？假如你的鄰居因為說一句該死、去你的就感到大驚小怪，他們都是被壓抑而不該去碰威利的人。

⊙夏山的兒童對於電影的看法如何？

他們看各種電影，我們從不審查。結果，他們離校時對電影已經有很好的鑑賞能力，較大的孩子對看起來不大感興趣的電影就不看。那些看過法國、義大利和德國好片子的年長學生，對普通好萊塢的片子更是挑剔。還未到達青春期的孩子對愛情片不感興趣。

⊙小孩頂嘴時你怎麼辦？

夏山從來沒有頂嘴的孩子。小孩只有在被高高在上的人瞧不起時才頂嘴。在夏山我們採用孩子的言語，假如一位老師訴苦孩子頂嘴，我知道一定是這位老師不行。

⊙你對一個不肯吃藥的孩子怎麼辦？

我不知道，夏山沒有一個孩子不肯吃藥。我們的飲食非常平衡，疾病在夏山不是問題。

⊙夏山年長的孩子照顧年幼的孩子嗎？

不，年幼的孩子不需照顧。他們有自己重要的事要忙。

⊙你們夏山有沒有教過黑人小孩？

有過兩名。依我的觀察，別的孩子並未注意到他們皮膚的顏色。其中一個兇橫霸道，不受歡迎；另外一個是很可愛的小傢伙，而且特別逗人喜歡。

⊙夏山有沒有教童子軍？

沒有，我不相信夏山的孩子會對日行一善有胃口。日行一善是自覺的自負，童子軍運動的確有很多好處，但是對我來說，它已被它的高尚道德及中產階級的是非與純淨觀念所破壞。在夏山我從不提童子軍，但我也未見到任何孩子對此表示過興趣。

⊙你對在虔誠宗教氣氛中出來的孩子的政策如何？你允許這樣一個孩子在夏山信教嗎？

是的，孩子可以不顧教職員和其他學生的反對而自由的信他的教。但我發現沒有一個自由的孩子願意信教。有些新生做了幾次禮拜後就不去了。教堂太乏味。我發現崇拜並不是小孩的天性，罪惡的感覺除去後，祈禱就用不著了。

通常從宗教家庭出來的孩子都是不真實和被壓抑的，這在一種對生命的愛已經成了對死的恐懼的宗教制度下是免不了的。你可以灌輸給小孩對上帝的敬畏，而不能灌輸給他對上帝的愛。自由兒童不需要宗教，因為他們的生活在精神上充滿創意。

⊙夏山的孩子對政治感興趣嗎？

不。這也許是因為中產階級家庭出來的孩子從未經歷過貧窮。我不允許教職員在政治上影響孩子。政治就像宗教一樣，應該讓孩子長大後再做個人選擇。

⊙夏山的孩子長大後從不從軍？

到現在為止，只有一個學生參加英國皇家空軍。也許軍隊對自由孩子來說太缺乏創造性。夏山的孩子當然會和別的孩子一樣，隨時願意為他們的國家打仗，但他們會想知道為何而打。我們的畢業生曾參加第二次世界大戰，有一些也陣亡了。

⊙你為什麼要讓男孩與女孩分開住宿？

夏山是英國的一家學校，因此我們一定得遵守英國的法律與社會傳統習俗。

關於養育孩子的問題

⊙你認為每個看過你的書或聽過你演說的父母，會改變教養方式，對孩子好一點嗎？要治療受傷的兒童，是不是需依賴父母的正確知識？

不許孩子有獨立思想的母親，在看書時會感到良心譴責而維護自己：「我並不願意傷害我的孩子，但我控制不了。你診斷起來當然容易，但是有什麼補救方法呢？」

對一個生活呆板而充滿恐懼的母親來說，是沒有補救方法的；對一個以為兒子是天下獨一無二的寶貝的父親來說也沒有。最糟的是，那些不知道自己在做些什麼的父母，和那些只要你稍微提到他們養育孩子的方法有一點不對時就火冒三丈的父母，對他們來說有什麼補救方法呢？除非家長**情感上**已有接受新知識的準備，也能學以致用，否則知識本身不會有多大用處。

⊙為什麼你如此強調要使孩子快樂，天下有快樂的人嗎？

這個問題不大容易回答。天下當然沒有永遠快樂的人，我們都有牙痛、戀愛不順或工作不愉快的經驗。快樂是一種內在的愉快與平衡，以及對人生知足的感覺。只有自由的人才會有此感覺。

自由兒童的臉孔是開朗無懼的，被嚴格教養的兒童看起來卻是膽怯、痛苦和害怕。快樂也可以說是一種人生受到最低限度壓抑的境界。快樂的家庭是一個充滿愛的家庭，不快樂的家庭則是一個緊張的家庭。

我標榜快樂第一，是因為我標榜生命第一。寧可讓孩子自由、滿足但不知小數點的算法，也不要使他為了通過考試熬夜讀書臉上長滿痘痘。我很少在快樂少年臉上發現青春痘。

⊙假如孩子有絕對自由，他要多久才會知道自由發展是重要的，他會不會知道呢？

世界上沒有絕對的自由。任何人讓孩子永遠要什麼就有什麼的話都是危險的。沒有任何人能有社會自由，因為他一定要尊重別人的權利，但每一個人都應有個人自由。具體一點：沒有人有權利逼孩子學拉丁文，因為學習是個人的選擇，但是如果孩子在上拉丁文課時不停地搗亂，那麼就應該將他趕出教室，因為他干涉了別人的自由。

給自治下定義也不是一件容易的事，它往往只是大人把自己的道德觀念灌輸在孩子心裡，讓他自我克制而已。真正的自治不包括壓抑與接受，它尊重別人的權利與幸福。這就是說，努力修正個人自己的看法而與別人和平相處。

⊙你真的相信讓一個懶惰的孩子自在地浪費時間是對的嗎？當他對工作不感興趣時，怎樣才能使他工作？

世界上沒有懶惰這回事。懶惰的孩子若非生病，就是對大人認為他應該做的事不感興趣。我從未見過十二歲以下到夏山來的孩子懶惰過。許多「懶惰」的孩子都是從嚴格學校轉來的。他們在這裡繼續「懶惰」很久，在他們從以前的教育中恢復過來以前，我不讓他做不感興趣的事，因為時候還沒有到。像你我一樣，他一生將要做很多他不喜歡做的事。假如他現在玩夠了，將來他便可以面對任何困難。依我所知，沒有一個夏山畢業生是懶惰的。

⊙你贊成和孩子玩嗎？

我女兒珠綺小時候有一次被關門聲音嚇哭了。我太太將她抱起來，親熱地摟住，然後抱著她讓她的四肢可以自由運動。

在孩子緊張的時候，家長應該逗孩子，使他的肌肉可以自由運動。我發覺和四、五歲的小孩打著玩也是很有效的方法，當然每次你一定要打輸才行。笑是放鬆情感和身體緊張的一種極佳的發洩方法。一個健康的嬰孩笑口常開。搔癢常常可以逗笑嬰孩，這裡我要提一下，有一派兒童心理學家認為碰觸小孩會使小孩對父親或母親有不正常的好感，我認為這是一派胡言。我相信父母可以摟抱孩子、搔他癢、拍他和撫摸他。

我們應該避免不敢正視生命的心理學家所主張的「不可和孩子同睡或逗他」的學說。這種禁忌背後的潛意識是，任何身體的接觸會引起嬰孩的性的感情，這對與孩子身體接觸懷有病態快感的父母來說，也許是危險的，但是我現在是指普通正常和感情成熟的父母而言，而不是那些停留在嬰兒期的父母。

⊙一個想法前進的家長對於別的孩子的侵略性有何辦法？

當威利的父母送自由發展的威利到公立學校時，他一定會受到別的兒童殘忍的、強橫與仇恨的對待，他的父母是不是要讓威利自己發現，他是否能忍受那些仇恨和強橫呢？

當彼得三歲的時候，他的父親告訴我，他教孩子打拳擊以便自衛。在我們所謂基督精神的社會裡，不回手主義已不再是愛和慈善的象徵，而被認為是懦弱。彼得的父親是對的，假如我們不讓孩子有自衛的能力，他們會吃虧的。

⊙你對體罰的意見如何？

因為體罰是殘酷和懷恨的，所以它是罪惡的，它使打人的和挨打的均生恨。它也是一種不自覺的性變態。在許多禁止手淫的地方，處罰的對象是手淫的工具——手。在同性戀被禁止的男子學校裡，體罰經常是打屁股，因為屁股是被渴望的目標，宗教對肉體強烈的恨使體罰在許多教區裡流行。

體罰永遠是一種投射動作。打的人恨自己，於是把他的恨投射在孩子身上。母親因為恨她自己而打孩子，因此也恨她的孩子。

至於對大班級的老師來說，打手心不大會是恨，而是要求管理方便，這是比較簡單的方法，因此把大班級取消，體罰也可以消失。假如學校是遊戲的地方，而且給孩子學習或不學習的自由，體罰自然就會消失。從一個老師知道他們職責所在的學校裡，處罰也是從來不需要的。

⊙你真的相信打破孩子壞習慣的方法是讓小孩繼續做壞事嗎？

壞事？誰說他們做的是壞事？

至於壞習慣，你也許說手淫吧？

強迫孩子改掉習慣不是治本之法，唯一的根治方法是滿足孩子對那個習慣的興趣。要知道，可以手淫的孩子比那些不准手淫的孩子更少沉迷於手淫。體罰會延長戒尿布的時間。將嬰孩的手綑起來會使他變成終身變態的手淫者。

一些所謂的壞習慣根本不是壞習慣，那些只不過是自然的傾向。壞習慣的稱呼來自家長的無知與仇恨。

⊙家庭的正當養育能糾正學校錯誤的教育嗎？

大致上說來是可以的。家庭比學校更重要。假如家庭中沒有恐懼與處罰，小孩不會相信學校是對的。家長應該誠實地告訴孩子，他們對壞學校的想法如何。荒謬的是，父母往往對最笨的老師維持忠誠。

⊙你對聖誕老人的看法如何？

孩子們都喜歡神仙故事，憑這一點就知道那些故事有足夠的存在價值了。至於聖誕老公公，我想不必為他苦惱，因為孩子很快就會知道他是假的。但是他和仙鶴送子的故事關係密切。那些要孩子相信聖誕老公公的家長通常都是對生育撒謊的。我從來不講聖誕老人給孩子聽，即使我講，我們的四歲的孩子也會嗤之以鼻。

⊙你說創造比占有好，但是當你允許孩子創造時，他做出來的東西變成了擁有之物，而且過分重視它的價值，這應怎樣處理呢？

他不會如此。小孩珍視自己做的東西的時間大約只有一天或一星期。他們天生占有心弱而會把新腳踏車丟在雨地裡，或者衣服隨地丟。他的快樂在創造，真正的藝術家在作品完成之後就對它失去興趣。沒有任何一件藝術作品能滿足它的創造者，因為他的目標在追求完美。

⊙對一個任何事情都無恆心的孩子該怎麼辦？他一會兒喜歡音樂，一會兒喜歡跳舞等等。

我會由他去，這就是人生。我自己的興趣也曾從照相移到裝訂書籍，然後是木工，再轉移到銅工，人生中充滿片段的興趣。我在從事鋼筆素描多年之後，才發覺我不過是第十流的畫家，於是我就放棄素描。

孩子的嗜好不斷地在改變，他對任何事都會嘗試，這就是他學習的方法。夏山的孩子花了幾個星期造船，但是如果有一個造飛機的此時來參觀，那些孩子馬上就忘掉造了一半的船而開始造起飛機來。我們從來不要求孩子將他們的工作做完。假如他們的興趣已經沒有了，再逼他去做那工作是不對的。

⊙我們應該譏諷孩子嗎？你想這會幫助孩子發展他們的幽默感嗎？

不應該，譏諷與幽默無關。幽默是愛的表現，譏諷則是恨的表現。譏諷小孩會讓他感到自卑，更覺得自己沒用。只有不好的教師與家長才會譏諷孩子。

⊙我的孩子總是問我該做什麼、玩什麼，我應該怎樣回答？幫小孩出玩的主意是錯的嗎？

給孩子一些有趣的事做，對孩子來說是好的，但並非絕對必要。讓小孩自己找事做最為理想。因此夏山老師從來不告訴孩子要做什麼，老師只有在孩子問及東西如何做的技術性問題時，才給予協助。

⊙你贊成給孩子禮物以表示你對他的愛嗎？

不贊成，愛不需要外在的表徵。但是大人應該在生日、耶誕節等等節日給孩子禮物。不過你不應該期望或者要求孩子表達感激。

⊙我的孩子逃學該怎麼辦？

我想你的孩子大概很活潑，而學校卻太呆板。

大致來說，逃學是表示學校不夠好。假如可能，請將你的孩子送到一個更自由、更有創造性和更多愛的學校讀書。

⊙我該不該給孩子存錢筒並教他如何儲蓄？

不應該，小孩不會顧慮明天。等她長大一點，要買一件貴東西時，她會自動儲蓄。讓我再強調，孩子一定要按他自己的速度生長，許多家長都因揠苗助長而造成嚴重後果。

絕對不要幫助孩子做他自己單獨能做的事，當一個小孩想爬到椅子上去的時候，急切的父母便會協助他爬，因此把他最大的快樂——克服困難的快樂——給剝奪了。

⊙我九歲的孩子往家具上釘釘子，我該怎麼辦？

把鎚子拿開，告訴他這是你的家具，而你不許他損壞不屬於他的東西。假如他還不停止，我親愛的女士，你應該把家具賣掉，去找專業的心理師，他會幫助你了解怎麼會將你的孩子教成一個問題兒童的。

除非家具是家中唯一可以釘釘子的東西，否則，沒有一個自由快樂的孩子會想破壞家具。防止這情形的第一步，就是在另外別的房間內給他預備木頭和釘子。假如你的小傢伙不要往木頭上釘釘子，而仍然要往家具上釘的話，那麼他就是恨你，而想惹你生氣。

⊙你如何面對一個倔強不聽話的孩子？

我不知道。我在夏山很少見到倔強的孩子，當孩子自由的時候，他就不會倔強。小孩不聽話永遠是大人的過錯。假如你對孩子採取愛的態度，你不會使他倔強。每個倔強的孩子都有他的苦處，如果我是你，我就會去發現那苦處的究竟。我猜想多半是因為你對他不公平。

⊙我的六歲兒子畫猥褻圖畫，我該怎麼辦？

當然鼓勵他囉！但同時也要省視你的家庭，因為家庭中任何的猥褻都是由你而來的。六歲的孩子不會天生猥褻。

因為你自己對人生有猥褻的態度，你才會從他的圖畫中看出猥褻來。我猜想你所謂的猥褻大概與大小便和生殖器官有關。對這些東西要自然，而不要以錯或對的觀念判斷，我想你的孩子就會像他度過其他童稚的興趣一般，這方面的幼稚興趣也會成為過去。

⊙為什麼我的兒子撒這麼多謊？

也許是在模仿父母。

⊙假如五歲和七歲的兄妹經常爭吵，我怎樣才能阻止他們？他們彼此倒很喜歡。

是嗎？是不是媽媽特別寵其中的一個呢？他們是不是在學爸爸和媽媽呢？有沒有人使他們覺得他們的身體是骯髒的？他們常被處罰嗎？假如對以上問題的回答都是否定的，那麼爭吵不過是一種正常要爭奪權力的行為。不過，兄弟姊妹也需要和別的孩子來往，小孩必須以別的與他們沒有感情糾葛的孩子來估量自己，因為有許多像嫉妒、受寵等錯綜複雜的情感，所以孩子以兄弟姊妹來估量自己比較困難。

⊙我怎樣才能使孩子不吮指頭？

不要阻止他。如果你阻止成功，也許會使孩子退化到吮指頭以前的一段感情狀態中。吮指頭有什麼關係呢？許多正常的人小時候都吮過指頭。

吮指頭表示他對母親乳房的興趣還未被滿足，因為你不能再給八歲的孩子乳頭，你只可能盡量給他培養創造興趣的機會。但是這並不能治本，我們學校有極高創造性的孩子，他們一直到青春期還在吮指頭，任由他去就是了。

⊙為什麼我兩歲的孩子老是拆玩具？

最合理的解釋就是他是一個很聰明的孩子，普通玩具通常毫無創造性。孩子拆玩具常常是在想發現裡面到底是什麼？但是，我不知道你的孩子的情形到底如何。假如你曾經打罵和教訓他而使他恨自己，他必然會毀壞任何他碰得到的東西。

⊙怎樣才能使小孩整齊清潔？

為什麼要小孩整齊清潔？絕大多數富創造性的人都是不整潔的，通常都是呆板的人才有整潔的房間和桌子。我發現九歲以下的孩子都相當愛整潔，從九歲到十五歲，同樣的孩子會變得不整潔，這段時期的孩子簡直不知整潔是什麼。但是再大一點，他們又會自然而然整潔起來。

⊙我們的十二歲的兒子吃飯以前不肯洗手，該怎麼辦？

為什麼覺得洗手那麼重要呢？你們有沒有想到洗手也許對你們有象徵的意義？你們能不能肯定你們對他乾淨的關懷不是在掩飾自己怕他道德不乾淨？

不要向孩子嘮叨。請相信我，你的潔癖是主觀的個人興趣。如果你覺得不乾淨，可能是你太過分重視清潔了。假如你一定要他在飯桌前出現時乾乾淨淨，因為瑪麗阿姨來作客而她很可能留給姪兒一些遺產，那麼最好的方法就是不准他洗手。

⊙怎樣才能使一個十五個月大的孩子不靠近火爐？

將火爐裝上防火架就是，但是你也可以讓他指頭稍微被火燙一下，使他可以對火爐有真正的認識而不敢接近它。

⊙如果我為小事批評女兒，你會說我恨她。可是，我真的不恨她呀！

你一定恨你自己。小事是大事的徵兆，如果你連小事都批評，你一定是個不快樂的女人。

⊙父母要等孩子到什麼年齡才准許他喝酒？

我不知道，因為我對酒有偏見。我個人喜歡喝一大杯啤酒，或一小杯威士忌，薄酒、烈酒我都喝，所以我顯然不是極端主張戒酒的人。但是我很怕酒，因為我年輕的時候看見酒所造成的災害實在太多了，所以我不贊成孩子喝酒。

當我的女兒小時候要嘗我的啤酒和威士忌時，我讓她去，她嘗了嘗啤酒後說：「難喝死了。」而對威士忌卻說：「好喝。」但是她以後再也沒有要過。

在丹麥時，我曾看見自由兒童要柑香酒喝，他們每人都得了一杯，而且一口氣喝完，但他們再也沒有要過。我記得從前有個農夫在冬天雨季時常到學校接他的孩子，他總帶來一小扁瓶威士忌，同時給每一個孩子喝一小口。我父親總是搖頭，而且很憂慮地說：「瞧著吧，將來他們大了都是醉鬼。」他們大了以後每個都滴酒不沾。

遲早孩子將會遇到喝酒問題的，只有那些不能適應生活的人才會酗酒。

當夏山畢業生回校時，他們會到鎮上酒吧去喝酒慶祝，但是從沒有一個人喝過頭的。

也許有人會主張應該讓孩子自己發現喝酒是怎麼一回事，但我不允許在學校喝酒，說來有點不合邏輯，但我自有道理。

⊙對不吃飯的孩子怎麼辦？

我不知道，我們夏山從來沒有這種情形，假如有，我會立刻懷疑他是在反抗父母。曾經有一兩個孩子因為不肯吃飯而被送到夏山來，但是他們在這裡從來沒有絕食過。比較棘手的情形是，情感可能還停留在乳房時期的孩子，我會嘗試用奶瓶餵他們。我懷疑可能父母對食物太囉嗦，強迫孩子吃他不喜歡吃的東西，所以他才不肯吃。

關於性的問題

⊙猥褻到底是什麼？

這問題不易回答，我想大概是一種對性和其他身體機能的下流的、令人厭惡的態度。它和那些被壓抑的小孩在學校牆角落竊竊私語，以及在牆上寫些有關性的字句的出發點是一樣的。絕大多數性的故事都是淫褻的，有些講故事的人則以幽默或機智掛羊頭賣狗肉。和大多數男人一樣，我聽過也說過無數關於性的故事，但是現在回想起來，只有一兩個是值得重複的。我發現通常性故事專家都是性生活不愉快的人。假如每個性故事都是因為性壓抑而起，也許太籠統一點，因為這樣我們就必須以同理解釋幽默，那就不太通了。我看見卓別林（Charlie Chaplin）穿著游泳衣往兩吋深的水裡跳水時捧腹不已，但是我對跳水並沒有壓抑，不管是性方面的一切可笑情形中，都有幽默的存在。

在我們今日的社會中，沒有人能清楚分辨什麼是淫褻、什麼不是，那些在學生時代引我入勝的故事，現在想起來百分之九十九都是猥褻的。

通常淫褻只不過是性加上罪惡感而已，那些因喜劇演員暗示的淫褻笑話而捧腹的人，都是對性有不正常態度的人，當大人向小孩說性故事的時候，他們自己還停留在對性看法不成熟的階段。

假如每個孩子都自由而對性有正常看法，大人的猥褻便不會影響他們。但是因為數百萬孩子對性都是無知和有罪惡感的，成人的猥褻只會再加重孩子對性的無知和罪惡感。

⊙是否有一些性行為是不正當的？

只要雙方愉快，任何一種性行為都是正當的，性只有在不能給參與的雙方帶來最高樂趣時才是不正常的。婚姻和正當的性是連在一起的，這就是有限制的性。年輕人即使接受父母性生活是自然的概念，但在想像父母有各種性行為時也常會感到震驚。

我們社會裡有權威的中流砥柱人士，將性的遊戲盡歸到淫褻與猥褻的範圍內，因此使得一些追隨者不敢縱情於性。一旦他們沉溺其中，他們很可能會經驗到強烈的侵略感，並沉迷於因為被禁止而誘發的肉欲興奮之中。

只要是浸浴在愛與柔情之中，沒有什麼性是不正當的。

⊙孩子為什麼手淫，我們怎樣才能阻止他們？

我們一定要區別嬰孩手淫與成人手淫。嬰孩的手淫根本不是手淫，而是源於好奇。當嬰孩發現他的手、鼻子和腳趾時，媽媽高興得很；當他發現他的生殖器官時，媽媽就快快地和厭惡地把他的手拿開。結果對嬰孩來說，生殖器官變成身體上最感興趣的部位。

嬰孩的性敏感區是嘴，當小孩不受富有道德色彩手淫禁忌的影響時，他們對自己的生殖器官很少有興趣。假如小孩是個手淫者，唯一治療的方法就是贊成他這習慣，因為只有如此，孩子才不會放縱於此行為的衝動。

對手淫的贊同，也可以使青春期的少年減少這種行為。但是要記得，性一定要有發洩的方法，因為青年人沒有經濟能力，所以結婚總是較遲，性方面成熟的人只有兩條路可走，手淫或者暗中進行性交。道德家對這兩樣都定罪，卻不提出解決方法。當然他們主張貞潔，忍受肉體的煎熬，但是顯然只有少數像僧侶一樣清心寡欲的人，才能將肉體永遠摒棄。普通人不能不使性有正常的發洩。

除非婚姻不受經濟條件影響，手淫的問題仍會相當嚴重。我們的電影和小說激起年輕人對性的興趣，而未婚青年人又不允許有性行為，因此他們不得不手淫。這仍是不夠的，婚姻好像仍是唯一解決的方法，但是只要性與罪連在一起，這還不是解決的方法。

言歸正傳，告訴你的孩子手淫不是罪惡。假如你已說了手淫會產生疾病或是精神疾病等後果的謊話，鼓起勇氣告訴他，你說的是謊言，只有那樣，手淫才不會對他有那麼大的重要性。

⊙我的十二歲的女兒喜歡讀不乾淨的書，我該怎麼辦？

我會把所有能買到的不乾淨的書都買來給她看，然後她對這就不會感興趣了。但是她怎麼會對這有興趣呢？她是不是在尋求你未曾告訴她的性的真理？

⊙你會不會責備一個十四歲就講色情故事的孩子？

當然不會，我會講更好的給他聽。絕大多數成年人都講色情故事。當我是學生的時候，最好的色情故事是從一位牧師那裡聽來的。對性興趣的定罪是道地的假冒偽善。

色情故事是直接由性壓抑而來。它想發洩因性壓抑而起的積鬱。在自由之下，色情故事會自然消滅，也許不會完全消滅，因為性是一個基本的興趣。

⊙誰應該給孩子性的教育，老師或家長？

當然是家長。

關於宗教的問題

⊙為何你反對宗教教育？

這個嘛，為了其他一些因素，多年來我在與孩子們的相處中發現，通常最神經質的孩子，幼年都曾接受過嚴格的宗教教育。而嚴格的宗教教育總是過分強調性的重要性。

宗教的指導對孩子的心理是一種傷害。因為宗教皈依者大都接受原罪的觀念。如猶太教與基督教義都憎惡肉欲。同時保守的基督教教義一再暗示孩童自己一出生就是不潔淨的。做為一個傳統的蘇格蘭小孩，我自小就被灌輸一種觀念：自己隨時都有墮入地獄身受烈火的危險。

有一次，一位英格蘭中產階級家庭的九歲小男孩來到夏山，我們的對話是這樣的：

「誰是上帝？」

「不知道，但是你做好事就可以上天堂，做壞事就要下地獄。」

「那地獄是什麼樣的地方呢？」

「統統是黑的，魔鬼很壞很壞。」

「喔！那麼是哪一種人會進地獄呢？」

「壞人呀！那些說髒話、謀殺別人的人。」

我們何時才能了解教孩子這些是多麼荒謬的事：宗教教育竟然教孩童把口出惡言褻瀆話語

的人與謀殺犯劃上等號，同樣判定這兩種人永不得饒恕的刑罰。

當我再詢問他上帝的形象時，他說他一點也不清楚上帝長得什麼樣子。但他很肯定地說他愛上帝。當他說他愛上帝時，他的心中其實根本不知道上帝到底是誰，僅只是遵循他所被教導的刻板行為，說自己愛上帝。然而事實上，他畏懼上帝。

⊙你信耶穌嗎？

幾年前，有位傳道者的孩子是夏山學生。某天晚上，大家聚在一塊跳舞。這位傳道者搖搖頭對我說：「尼爾，這真是一個了不起的地方。但是為什麼，為什麼你不信神呢？」

「布朗，」我答道：「你一生站在肥皂箱上，對人們鼓吹如何如何才能被解救。其實你是空口談救贖，而我們卻活在救贖中。」

沒錯，我們並不是在意識上追隨基督教教義。但若以一種比較開放的觀點來看，夏山卻是全英格蘭唯一的一所學校，遵循著耶穌會認同的方式對待兒童。喀爾文教派的牧師在南非用體罰教導孩子信仰神，天主教的神父也用體罰來教導孩子信仰神；但在夏山，我們給孩子愛與讚許。

⊙孩童應該如何認識上帝？

誰是上帝？我不知道。對我來說，上帝是在我們之間的內在善性。如果你想教導孩子一個連你自己也不清楚的形象，只會帶給孩子傷害多於好處。

⊙你不認為詛咒是冒瀆上帝之名的行為嗎？

小孩子的咒罵起因於性和自然的作用——無關上帝。當然，對於一個死板接受宗教觀念，把上帝當成神聖標竿，認為《聖經》故事是不可懷疑事實的老實教徒，你沒有辦法質疑他為何無法接受這種觀念。如果上帝真的是一個充滿愛，而非帶來恐懼的象徵，那麼就不會有人把祂的名字掛在嘴邊來咒罵別人。唯一解決這個問題的方法，就是讓我們信仰的神祇變得更可親愛、更接近人性。

關於學習的問題

⊙你並不贊成教授拉丁文與數學，那麼要如何發展孩子的心智？

我不知道何謂「心智」。我從未發現哪個拉丁文或是數學專家得依靠一個偉大的「心智」

做研究。

⊙你對高階數學教育的反對態度，是否影響夏山的孩子們學習數學？

我從不對孩子們談數學。雖然我個人很喜歡數學計算，有時甚至以解幾何、代數題目來尋求樂趣。

但我反對數學教育的原因，是這些教育內容對孩子來說太抽象。幾乎所有的小孩都討厭數學。孩子們可以輕易地分辨兩顆蘋果，但是其中只有極少數可以了解X顆蘋果的意思。

再者，基於和我反對拉丁文與希臘文的同樣理由，我反對數學：對一個未來要做修車匠或是賣襪商人的孩子，二次方程式的教學有何意義？根本是種愚蠢的行為。

⊙你覺得家庭作業有用嗎？

我甚至不相信學校課程，除非它們是孩子自願選擇的。家庭作業一向是惹孩子討厭的東西，這就足以說明它不應該存在。

⊙為何某些學童只有在體罰的威脅下才會乖乖學習？

如果我知道不會背誦《可蘭經》要挨打，我想我會學習背誦。當然，這麼做可能導致的一個結果是：我永遠討厭《可蘭經》，討厭鞭打我的人，甚至討厭我自己。

⊙課堂上，當老師正努力教學時，發現有個男孩也正玩著鉛筆，他該怎麼做？

鉛筆等同陰莖，男孩玩鉛筆是因為他被禁止玩他的陰莖。矯正方法是找他的父母來，告訴他們不要阻止小孩自慰。

關於心理學的問題

⊙為什麼每個人長大後好像都會有些精神問題呢？難道無法避免？

佛洛伊德發現，人的潛意識是造成問題行為的根本。每個分析師在花那麼多的時間分析一個病患時都會感覺到，假如他小時候是自由發展的，這些工作都是不必要的。

雖然我們不想斷言，因為世界上沒有一件事是可以斷言的，但是我仍認為，讓兒童自由發展是避免他將來心理出問題的最佳方式。

我的女兒是自由發展的，有一天她也許會到心理師那裡說：「醫生，我需要幫助。我深受戀父情結之苦。我已對被人稱為Ａ．Ｓ．尼爾的女兒感到厭倦。人們對我期望過高，他們好像覺得我應該是十全十美的。我的父親已經死了，但是我不能原諒他在書上一再提到我。現在，我是不是要躺下來請你分析？」誰也不知道這會不會發生。

⊙對自己的仇恨是怎樣表示出來的？

以孩子來說，他表現在反社會、易爭吵、仇恨、毀壞和壞脾氣上，所有自己的恨都會投射或者說轉移到別人身上。

私生子的母親會對別人性行為不檢點定罪。多年來欲克服手淫的老師會打孩子。將性昇華或壓抑的老處女，會以揭露醜聞和毒辣表現對自己的恨，所有的恨都是對自己的恨。對猶太人的迫害是那些恨自己的人幹的，你也可以在人種混雜的團體中看出來，歐非混血的南非人和亞歐混血的人一樣，往往比白人更不能容忍當地的原住民。

⊙當你和小孩站在一邊時，這不也是你試圖掌控孩子的一種方式嗎？

是又怎樣？只要對孩子有幫助，我的方法有何相干呢？

⊙我知道一個八歲女孩只要在母親面前就口吃，這是什麼原因？

口吃常常是為了拖延談話的時間掩飾自己的想法。當我演講到困難問題的時候，我常常以「呃……哎……」掩飾我的無知與思想的混亂。

這個女孩好像怕她的母親，我猜她母親是個道學家。

我發現有個小男孩口吃，因為他想掩蓋自己手淫的事實，並對此有罪惡感。治本的方法是告訴他手淫不是罪惡。口吃心理學至今仍有待研究。

⊙配偶可不可以互相分析？

家裡人切勿互相做心理分析。我知道有時丈夫分析妻子，或者妻子分析丈夫，這些分析都不會成功，而有時是絕對有害的。沒有一個家長敢以分析的態度對待自己的孩子，不管他信哪一種心理學派。

⊙為什麼這麼多成年人對他們童年的嚴師表示感恩？

多半都是由於驕傲的心理，一個在開會時站起來說「我小時被鞭打過，這對我很有好處」的人就是在說：「看看我，雖然我早期挨過打，我還是成功的。」一個奴隸並不是真正要自由，他還沒有欣賞自由的能力。外在的紀律使人變成奴隸、自卑的人和被虐待狂，他們甚至對枷鎖也心悅誠服。

⊙一個普通的老師可以從事心理分析嗎？

我想不能，他一定先要被分析過。因為假如他的潛意識是未知的領域，他在探討孩子心靈未知的領域時也不可能深入。

附錄

二十周年紀念版
導讀及序言（二〇〇三年版）

〈推薦導讀〉

夏山：台灣教育的希望種子

陳伯璋

沒有一個社會是完美的，但教育卻給我們走向完美社會的希望，夏山學校像一顆希望的種子，散布在教育的理念和實踐中。我們確信，豐富人性與注重情意的夏山模式，不會只是「烏托邦的理想」。教育改革之所以未能成功，主要原因是忽略人性的存在和發展，因此，今後教育的發展應強調知性與感性的平衡，以及促使兒童發展成為一個具有人味的健全個體。

夏山的創辦人尼爾對兒童的教養主張採取一種適性而自然的方法。依我之見，本書的重要性在於它揭示出真正勇者無懼的教育原則，在夏山學校中，權威並不是一種控制的系統。夏山學校並沒有複雜的教育理論，作者只是為四十年來實際「自由活動」的工作作見證而已。

尼爾在本書很簡單而且明瞭的呈現重要原則，下面是這些原則的摘要：

一、尼爾所堅持的信念是：兒童善良的本性。他相信一般兒童不是生來就是有缺陷、膽怯或呆滯的；事實上，他擁有熱愛生命的潛能。

二、教育的目的——亦即生命的目的——是愉快的工作和發現快樂。根據尼爾的看法，快樂就是對生命的熱愛，或是誠如我說的，不是以理性而是以整個人格面對生命。

三、教育應該包含知性和感性。在當代社會中，我們已發現二者逐漸分離，人們以理性——而不是內心直接的感受——面對日常生活。事實上，這種分離已使得現代人的心理變成精神分裂的狀態，而無法健康的生活。

四、教育應該注意兒童心理的需要和能力。兒童天生不會利他的，他還沒有發展出成人的成熟之愛。兒童利他主義的表現，是後來才發展出來的。

五、嚴格的管教、獨斷的要求和處罰，會使兒童產生懼怕，懼怕進一步會產生敵意。這種敵意也許並不明顯，同時也不易察覺，但它會使純真的感性麻痺，而過度的嚴格教育會阻礙心理正常的發展。

六、自由並不意味著放縱。這是尼爾非常重要的原則，其精神是尊重個體。教師不能使用外力強制兒童；同樣的，兒童也不能使用此能力反抗教師。兒童不能因為他是兒童，就以此為藉口而強迫成人或為所欲為。

七、與上一原則有關的是教師要有誠意。根據作者的現身說法，他在夏山四十年中，從不向學生撒謊，任何讀過本書的人，也許會認為言過其實，但我們認為這確是很簡單的道理。

八、人類正常的發展必須注意到，兒童最終仍然會斷絕與他的父母和社會的親暱關係，如果要變成真正獨立自主，他必須單獨地面對這個世界。他會學著發現他的安全感不是建立在共生的基礎上，而是他有能力在知性、感性和創造性上掌握這個世界。他應該運用自己的力量尋求與世界的聯繫，而不是透過壓抑或宰制尋求安全感。

九、罪惡感使小孩受制於權威，對獨立性的發展是有害的。罪惡感會使原先的反抗變成後悔，再成為順服，而又產生新的反抗，如此不斷惡性循環。在當今社會中，罪惡感不是對良心的反動，而是對權威反抗和害怕報復的一種自覺。這不外乎是生理的懲罰，或是失去愛的顧慮，或是變成局外人的遺憾，這些罪惡感會產生恐懼，而恐懼更促成仇恨和偽善。

十、夏山學校不實施宗教教育。這並不意味著它不關心人類最基本的價值。尼爾簡單明瞭地說：「這種爭論不在於相信神或不相信神，最重要的是相信人的自由與壓制人的自由，」他又說：「總有一天，我們新的下一代將不會接受絕對的宗教和神話。如果有一新的宗教出現，它將會拒斥人原罪的理念，此新的宗教將會使人感到快樂而讚揚上帝的偉大。」（節錄）

〈推薦導讀〉

夢土夏山

丁凡

二十年前，遠流出版公司出版了《夏山學校》這本書。自此，「夏山學校」就像是一個美麗迷人的夢，一直存在許許多多人的心中。有的人為了圓夢，不惜把孩子送到遙遠寒冷的英國，成為夏山的一員。有的人或是捨不得孩子，或是希望在自己的家鄉也能發起開放式教育的風氣，乾脆就不畏千辛萬苦的自己辦起學校來了。

四十年前，美國的另類教育標竿「瑟谷學校」創校時，就是受到夏山學校的影響。十多年前，台灣第一所體制外學校——森林小學——創校時，也是受夏山的影響。森小還曾經請夏山的老師到台灣舉辦教育座談會。

如果在網路上搜尋中文的「夏山學校」，會跳出來四百多筆登錄。搜尋英文網站的話，更有一萬六千多筆登錄。全球民主教育年會（International Democratic Education Conference）年年邀請夏山的校長演講。其世界性的影響力真是不容小看。

但是，對大多數的家長而言，這一切畢竟是遙不可及的。對於被分發到各個公立學校的師院畢業生，面對既有的教育體制，無法使力，理想和熱情只有深埋心中，徒呼負負了。

大家一面羨慕著夏山，一面嘆著氣照樣過日子。（節錄）

校閱者的話

張水金

尼爾一八八三年生於蘇格蘭。年輕時代就在父親的學校當小老師，當他二十五歲從愛丁堡大學畢業時，已有多年助理教師的經驗，以後就順理成章的擔任教職。三十八歲時和朋友一起創辦了一所國際學校，從此找到自己一生的志業。後來他回到英國在 Lyme Regis 一個小山丘上的房子繼續辦學，命名為「夏山」（Summerhill）。所以，夏山原來真的是在山上。後來學校搬到 Suffolk 的小鎮 Leiston，雖然不復有山，仍然保有夏山之名。有意思的是，本書英文版原名（*Summerhill*），中文版譯為《夏山學校》，二十多年後，本書一九九〇年修訂版果真改名《夏山學校》——這不會只是巧合吧！

由於尼爾在美國知名度並不高，因此本書一九六〇年在美國出版時，並不被看好。結果這本教育的冷門書，不但破天荒的成為暢銷書（至今已行銷四百多萬冊），而且引發了美國學生前往夏山就讀的浪潮——所謂「美國人入侵」。夏山在美國教育史上激起的浪潮，有起有伏，無法一一盡述，但可以肯定的是至今猶未衰歇。多年來它不但是許多大學教育科系的必讀書籍，我們還可以在近年風起雲湧的特許學校（charter school）及在家教育（home schooling）等學校中，看到夏山的影子。近年來流行的自我實現、情感教育、多元智慧等觀念，乃至國內的森林小學，教改人士高呼的鬆綁、給孩子快樂的童年等口號，讀者都會在這本四十多年前的書中發現許許多多的「古已有之」。（節錄）

新版譯序

王克難

一九六四年我在紐約偶然讀到尼爾（A. S. Neill）的 *Summerhill* 感動得流淚，心中只有一個念頭：就是將它翻譯成中文，獻給國內讀者。我寫信給尼爾，徵詢是否可以將這本書翻譯出，他回信說好，我開始夜以繼日地翻，後來由「立志」出版（書名為《愛的學校》），但出版兩個月後「立志」倒閉關門，*Summerhill* 也就絕版。

在原譯序中我曾經寫著：「二十世紀真是個複雜的世紀。物質文明飛躍進步史無前例。科學的發明給人類帶來無數物質方面的福利，但也帶給我們無窮的破壞與恐懼……今日的社會是反自然和反生命的社會……人們有太少的愛與太多的恨。人們在仇恨與不自由的氣氛中長大，也把仇恨與不自由延長到下一代身上，而人類很可能就在這惡性循環下趨向毀滅與死亡……

「……有位英國教師看清了這病根，乃向社會提出解決這危機的方法，創辦了一個以愛心為宗旨的『夏山學校』，他的名字是尼爾。

「……尼爾是位篤實的實行家，他不說空話，不講假話。這本書是他幾十年來同孩子們接觸，對他們深刻了解的經驗談。他的贊許、幽默和愛心把夏山學校的孩子們帶上幸福的康莊大道，也給全世界從事教育工作的朋友也帶來很多鼓舞。」（節錄）

此處為節錄，完整內容請由此掃碼下載閱讀。

大眾心理學 379
夏山學校
實驗教育百年經典，愛、自由、與自主學習的實踐

作者／尼爾 A. S. Neill
翻譯／王克難

編輯四部
總 編 輯／王秀婷
主　　編／李佳姍

特約校對／林怡君
行銷企劃／游雅君
封面設計／謝佳穎
內頁排版／薛美惠

發行人／王榮文
出版發行／遠流出版事業股份有限公司
地址／ 104005 台北市中山北路一段 11 號 13 樓
郵撥／ 0189456-1
電話／ (02) 25710297　傳真：(02) 25710197

ISBN 978-626-418-059-7
2025 年 2 月 1 日　初版一刷
售價新臺幣 480 元
缺頁或破損的書，請寄回更換

YLib.com 遠流博識網 http://www.ylib.com
e-mail:ylib@ylib.com

國家圖書館出版品預行編目 (CIP) 資料

夏山學校：實驗教育百年經典，愛、自由、與自主學習的實踐 /A. S. 尼爾 (Alexander Sutherland Neill) 著；王克難譯. -- 初版. -- 臺北市：遠流出版事業股份有限公司，2025.02

面；　公分

譯自：Summerhill

ISBN 978-626-418-059-7(平裝)

1.CST: 兒童教育 2.CST: 初等教育 3.CST: 英國

523.841　　113018717